江苏高校品牌专业建设工程资助项目

皇皇者華

學禮堂访谈録

王锷 主编

凤凰出版社

学礼堂师生合影

孙钦善先生

孙先生与王锷合影

孙先生八十寿诞时弟子献花

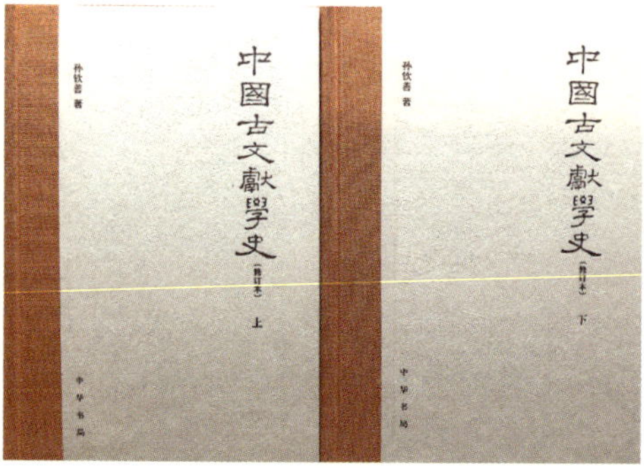

《中国古文献学史》（修订本）

《论语本解》（修订版）

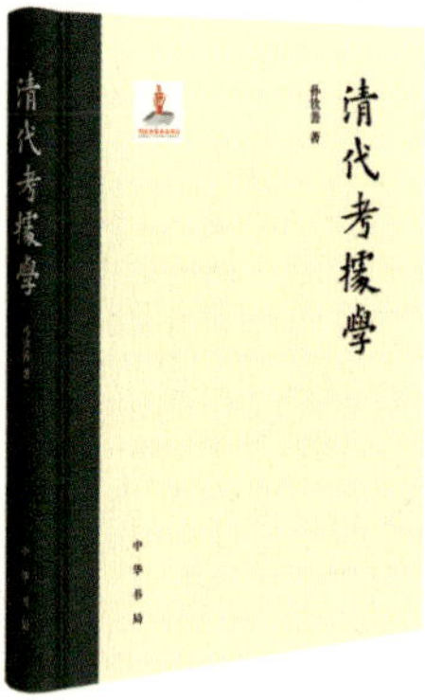

《清代考据学》

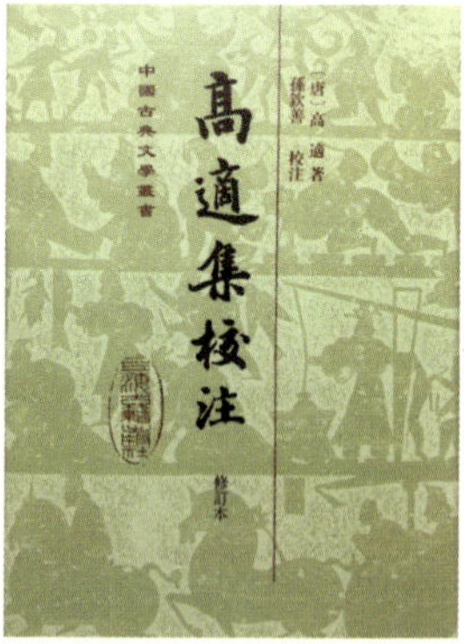

《高适集校注》（修订本）

罗琳先生

罗先生与王锷合影

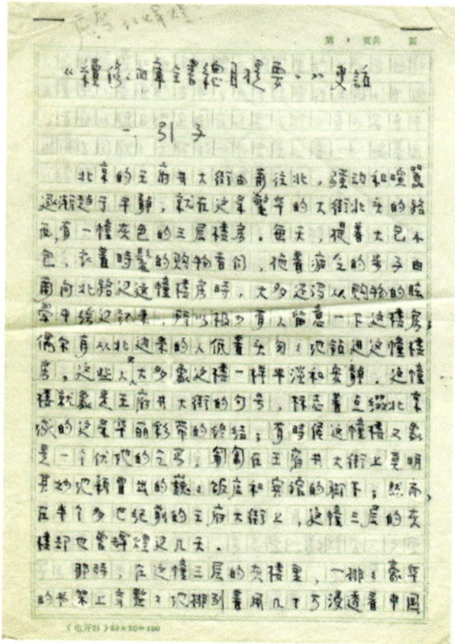
《續修四庫全書總目提要》史話

一、引子

北京的王府井大街由南往北，穿过和喧嚣逐渐趋于平静，就在这条繁华的大街北头的路西，有一幢灰色的三层楼房。每天，提着大包小包、衣着时髦的购物者们，拖着疲乏的步子由南向北路过这幢楼房时，大多还没从购物的眩晕中缓过神来，所以很少有人留意一下这楼房；偶尔有从北边来的人低着头匆匆地踱过这幢楼房，这些人大多象这楼一样平淡和安静。这幢楼就象是王府井大街的句号，标志着点缀北京城的这条华丽彩带的终结；有时候这幢楼又象是一个伏代的无号，匍匐在王府井大街上那明晃晃地矗立出的巍巍饭店和宾馆的脚下；然而，在半个多世纪前的王府大街上，这幢三层的灰楼却也曾辉煌过几天。

那时，在这幢三层的灰楼里，一排排豪华的书架上齐整整地排列着用几十万元浸透着中国

1989 年 4 月《续修四库全书总目提要史话·引子》底稿

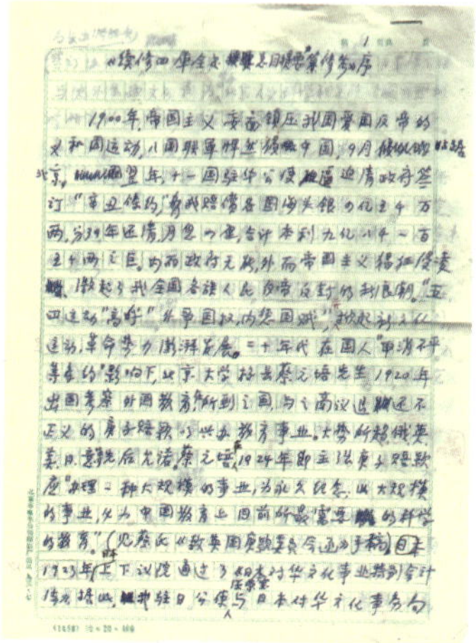
《续修四库全书总目提要纂修考》序

1900年，帝国主义为了镇压我国爱国反帝的义和团运动，八国联军悍然入侵中国，9月攻陷北京。翌年，十一国驻华公使逼迫清政府签订"辛丑条约"，勒索赔偿各国海关银四亿五千万两，分39年还清，月息四厘，合计本利九亿八千二百三十两之巨。内而政府无能，外而帝国主义疯狂侵凌，激起了我全国各族人民反帝反封的浪潮。"五四运动"高呼"外争国权，内惩国贼"，掀起新文化运动，革命势力澎湃发展。二十年代在国人"申请评弄"的影响下，北京大学校长蔡元培先生1920年出国考察外国教育所到之国，与之商议退还不正义的庚子赔款以兴办教育事业。大势所趋，俄、英、美、日、意等先后允诺。蔡元培1924年即主张庚子赔款应"办理一种大规模的事业，为永久纪念。此大规模的事业，必为中国教育上目前所最需要的科学的教育。"（见蔡氏《致英国庚款委员会函》手稿）日本1923年时上下议院通过了《日本对华文化事业特别会计法》提出，经驻日公使与日本对华文化事务局

1994 年傅振伦先生《续修四库全书总目提要纂修考·序》手稿

《中国科学技术史》

部分"四库学"著作

徐兴无先生

徐先生在学礼堂接受王锷采访

《经纬成文：
汉代经学的思想与制度》

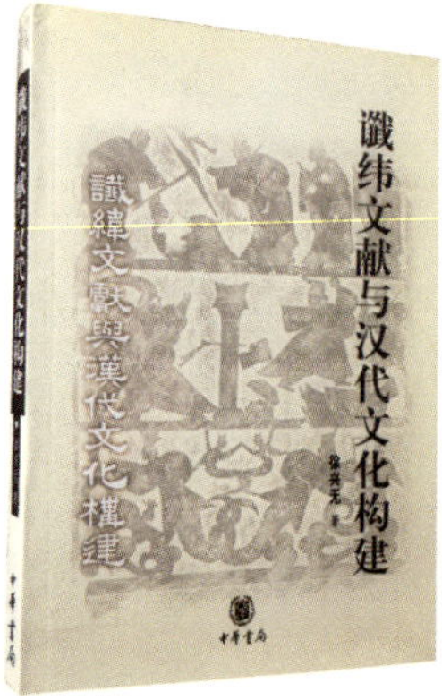

《谶纬文献与汉代文化构建》

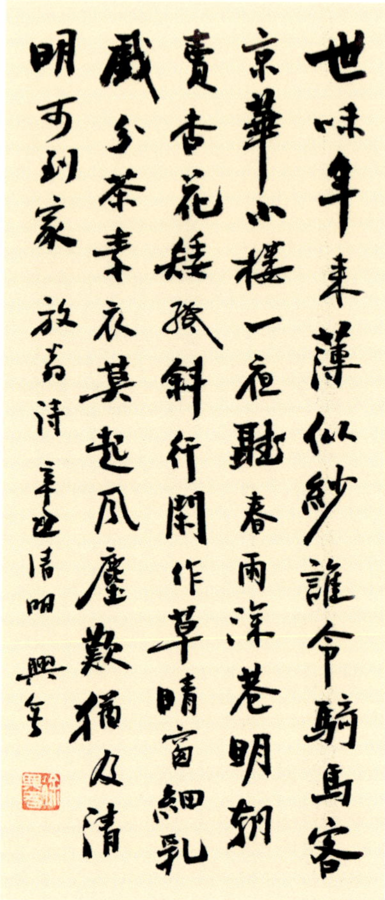

徐先生书法作品

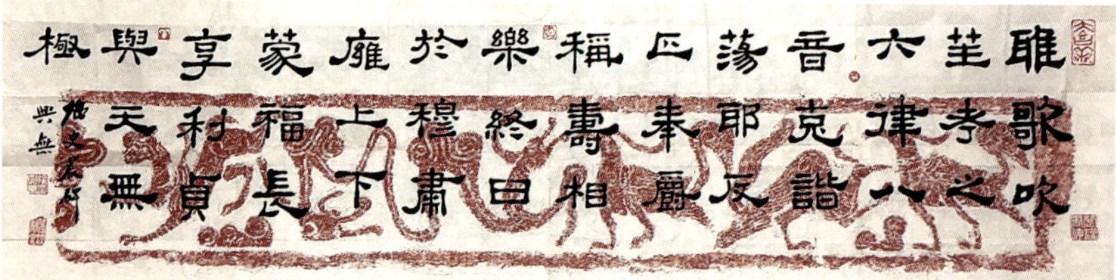

徐先生临《史晨碑》

序

王锷

中华文化博大精深，源远流长，其赖以传承有序、绵延不绝者，是有汗牛充栋文献之缘故。西汉改秦之弊，大收篇籍，开献书之路，置写书之官，建藏书之策，充秘府之藏，兰台石室，插架渐备。汉成帝时，刘向、刘歆父子整理图书，编《别录》，奏《七略》，班固“今删其要，以备篇籍”，著《汉书·艺文志》，分六艺、诸子、诗赋、兵书、数术、方技六略，著录图书。唐代贞观年间，修《梁书》《陈书》《北齐书》《周书》《隋书》五部，命颜师古、孔颖达等人撰《五代史志》30卷，其中有《经籍志》4卷，即《隋书·经籍志》，分经、史、子、集四部，收录唐初所见典籍。文献又名艺文、坟典、图书，或曰经籍、典籍、书籍，故正史中，或云“艺文志”，或曰“经籍志”。艺文经籍之作用，《隋书·经籍志》总序曰：

> 夫经籍也者，机神之妙旨，圣哲之能事，所以经天地，纬阴阳，正纪纲，弘道德，显仁足以利物，藏用足以独善，学之者将殖焉，不学者将落焉。大业崇之，则成钦明之德；匹夫克

> 念，则有王公之重。其王者之所以树风声，流显号，美教化，移风俗，何莫由乎斯道？故曰："其为人也，温柔敦厚，《诗》教也；疏通知远，《书》教也；广博易良，《乐》教也；洁静精微，《易》教也；恭俭庄敬，《礼》教也；属辞比事，《春秋》教也。"遭时制宜，质文迭用，应之以通变，通变之以中庸，中庸则可久，通变则可大，其教有适，其用无穷，实仁义之陶钧，诚道德之橐籥也，其为用大矣，随时之义深矣，言无得而称焉。故曰："不疾而速，不行而至。"今之所以知古，后之所以知今，其斯之谓也。是以大道方行，俯龟象而设卦，后圣有作，仰鸟迹以成文，书契已传，绳木弃而不用，史官既立，经籍于是兴焉。……夫仁义礼智，所以治国也，方技数术，所以治身也；诸子为经籍之鼓吹，文章乃政化之黼黻，皆为治之具也。（唐魏徵等《隋书》，第 4 册第 1023—1029 页，中华书局 2019 年 1 月）

经籍之中，蕴含精微玄妙之旨意，圣贤哲人之能事，通达天地，经纬阴阳，端正纲纪，弘扬道德，彰显仁德利于万物生长，潜藏功用可以独善其身，学习文献者日益进步，不学典籍者落后退步。建功立业者重视经籍，可以成就美好德行，普通百姓专心读书，即可获取王公之位。帝王之所以树立声望、流传尊号、重视教化、移风易俗者，哪位不是从图书教化入手的？所以，《礼记·经解》说："为人温柔敦厚，是《诗经》教化的结果；通晓远古，是《尚书》教化的结果；心胸广阔，是《乐经》教化的结果；清静精微，是《周易》教化的结果；端庄恭敬，是《礼经》教化的结果；为文叙事，是《春秋》教化的结果。"因时制宜，文质互用，适时变通，符合中庸之道，既可持久，亦能光大。六经之教适当，作用无穷，就像是包含仁义之转轮、重视道德之风箱，功用巨大，与时俱进，其义深刻，几乎无法用言语形容。所以说："不快而迅速，不行而到达。"今天之所以知晓古代、后代又能了解当代，都是文献的功用。大道通行之时，俯察龟背而画八卦，仰观鸟迹制造文字，文字流传，结绳记事弃置不用，设立史官，经籍艺文之用兴盛。……仁义礼智，是治国之本，方技数术，是立身之本，诸子鼓吹经籍，文章修饰政教，皆为治国之方略。

文献之作用，至大且巨，"学之者将殖焉，不学者将落焉"。儒家重视《诗经》《尚书》《乐经》《周易》《礼经》《春秋》六经之教，小则修身，大可安邦，然学习六经不得其法，拘泥死板，则适得其反，故《经解》说"《诗》之失，愚;《书》之失，诬;《乐》之失，奢;《易》之失，贼;《礼》之失，烦;《春秋》之失，乱"。如果对六经深刻钻研、活学活用者，则受益无穷。《经解》说："其为人也，温柔敦厚而不愚，则深于《诗》者也；疏通知远而不诬，则深于《书》者也；广博易良而不奢，则深于《乐》者也；洁静精微而不贼，则深于《易》者也；恭俭庄敬而不烦，则深于《礼》者也；属辞比事而不乱，则深于《春秋》者也。"

六经如此，四部文献无不如是，这几乎是深受儒家思想熏陶之学者的共同认识。刘勰《文心雕龙》五十篇，前三篇是《原道》《征圣》《宗经》，郭晋稀先生《白话文心雕龙》说：

> 圣人的思想，既与造物者的道心一致，又和神理相通。圣人所著的经书，文章形式既合于天地万物的自然之美，内容也

发扬了道心神理创造美的用心，所以圣人既与神、道合德，圣文自然是反映了天地万物之美的伟大经书。圣人与大道同心，与神明同德。

道心和神理既创造了万物，同时又赋予它以美的属性，而道与神的这种功能，又只有圣人才能理解，所以圣人所写的经书，《宗经》说：“经也者，恒久之至道，不刊之鸿教也。故象天地，效鬼神，参物序，制人纪，洞性灵之奥区，极文章之骨髓者也。”换句话说，就是六经与天地合德，与造物同心。

《原道》说：人“为五行之秀，实天地之心，心生而言立，言立而文明，自然之道也”。但这个人，是指的整个人类，不是指的圣人，一切作家所写的诗文，也不是六经，所以一切作者都要“征圣”“宗经”，只有“征圣”“宗经”，才能向着道心与神理迈进。

由于刘勰认为文学艺术之美，本源于道心与神理，所以以《原道》为第一篇，又说“本乎道”（《序志》）。由于这个道心和神理，只有圣人才完全明白，后人必须向圣人学习，所以将《征圣》列为第二篇，又说“师乎圣”（《序志》）。更由于只有圣人的经书才发扬了道心和神理，所以将《宗经》列为第三篇，因为“文能宗经，则体有六义”（《宗经》），又说“体乎经”（《序志》）。

原道、征圣、宗经是三桩事，刘勰认为三者却熔为一炉，三位本来是一体，不可分割。“道沿圣以垂文，圣因文而明道”。没有道，就无所谓圣人与经书；有了道而没有圣人，道就永远是个混沌，是个谜；有了道，又有了圣人，如果圣人不依据道心和神理，著为经书，则后人没有探索道的桥梁，神之奥秘，道之本质，美的根源，就不能揭示出来，不能为后人所理解。所以刘勰作《原道》《征圣》《宗经》是把文学作为哲学范畴内的认识论看待的；他还要在纬候中去伪存真，又告诉人《离骚》也包藏经义，同时他又认为屈原“虽非明哲，可谓妙才”，然而究竟不是圣人，所以说“变乎骚”。然后他总结说，以此五者为“文之枢纽，亦云极矣”（《序志》）。（郭晋稀译注《白话文心雕龙》前言第18—19页，岳麓书社1997年）

圣人撰写经书的目的是为了明道，“六经与天地合德，与万物同心”，因此，所有著书立说者，都应该“原道”“征圣”“宗经”，外加“正纬”“变骚”，实乃为文之关键。所以说，作文能否传之久远，文献经籍能否传承，与其是否“原道”“宗经”关系密切。

经史子集四部文献是文化的载体，文人学者是文献的创造者和弘扬者。文人著书立说，惟有“宗经”“征圣”，才能“原道”。没有学者的创造，就不会有文献；没有文人对经典文献注释训诂、收藏校勘和阐释刊刻，文献就无法流布传播，中华文明也就无法延续并推陈出新。

《学礼堂访谈录》第六辑《皇皇者华》收录对孙钦善先生、罗琳先生和徐兴无先生的访谈。他们既是中国古典文献的传承者，也是中华文化的弘扬者。

孙钦善先生于1955年9月由山东省立青岛一中考入北京大学中文系汉语言文学专业，1960年7月本科毕业，攻读古典文献专业研究生。1963年3月研究生毕业，留本系任教。现为北京大学教授、中国古典文献学博士生导师、全国古籍整理出版规划领导小组成员。曾兼任北京大学古典文献教研室副主任、古文献研究所所长。先后应邀赴中国香港、中国台湾和美国、日本参加学术会议和演讲。2002 年退休，2004 年被学校返聘，参加北京大学《儒藏》编纂研究中心工作，任《儒藏》总编纂（四人之一）及博士生导师。主要从事中国古文献学兼及中国古代文学、古代思想文化研究。主要著作有《高适集校注》《龚自珍诗文选》《论语注译》《论语本解》《论语新注》《中国古文献学史》《中国古文献学史简编》《中国古文献学》《中国古文献学文选》《清代考据学》《全宋诗》(合作主编)、《儒藏》(合作总编纂）等。

我认识孙先生快三十年了，其为人也，温雅敦厚，奖掖后进；其为学也，立足文献，实事求是。孙先生的学术成就，主要体现在《论语》研究、高适与龚自珍诗文研究、古文献学研究和参与《全宋诗》编纂、主持《儒藏》等方面，《论语本解》《中国古文献学史》《中国古文献学》等著作，享誉学界。先生高足漆永祥兄的《业师孙教授钦善先生学行述略》总结其学术说：

> 清代学者阮元在给乾嘉时期的学界大师钱大昕《十驾斋养新录》撰序时，称钱氏之学为他人所不能者有“九难”，依次为道德、性理、经术、史学、天算、地理、文字音韵、金石、诗文等方面。今吾师承继乾嘉，借鉴西学，守先待后，开新造大，继美前修，轨范来学。永祥以为在今日学界，吾师为他人所难能者，亦有九焉。现自揣冒昧，兢兢述之如下：
>
> 吾师生长东鲁，承阙里遗范，儒风早沐，夙惠天成；又复

负笈京师，肆业国学，从游师长，皆宗匠宿儒，故学养深植，骏德充沛。魁伟弘毅，敦厚温雅。阮元所谓“人伦师表，履蹈粹然”者，吾师备焉。此人所难能者一也。

吾师之学，上承清儒，下启后昆。以小学为根柢，义理为终极。考证必求其据，义理必探其本。实事求是，不务奇炫。以经解经，以孔释孔。音声训诂，求本溯源；知人论世，返其本初。孔门微言，诸经大义。经术性理，一以贯之。此人所难能者二也。

近人诗古文学，论说释解，流于赏鉴；疑义剖辨，日趋晦涩。吾师早年，即参与《中国文学史》《近代诗选》《关汉卿戏剧集》之编纂。故集部坟典，凡诗文别集，小说戏曲，皆泛览博涉，比堪异同。宪章文物，烂然于心。先生之阐释高适、龚自珍诗文，不为迂曲凿空之论，务为典丽平实之语。校注赏析，熔为一炉。言简意约，深得风人之旨。而校本选注，风行海内。此人所难能者三也。

近代以降，诗分唐宋。而尊唐卑宋，流俗毋论，通人类然。究其缘由，则康熙时所纂《全唐诗》，为学界所谙熟；而宋诗传本，或深锁馆阁，或散佚民间，辑校无由，获睹为难。吾师主持编纂《全宋诗》，书海兀兀，穷年矻矻。荒野拾骨，断崖觅碑。细大不捐，终成全诗。唐宋诗歌，双璧相埒。煌煌巨编，千载不灭。此人所难能者四也。

吾师之治古文献学，纵横千年，参稽四部。古典非旧，朴学时新。以史为经，以人为纬。山林隐逸，钩沉抉隐；累代文献，汇萃都凡。纠谬正讹，别辨精审。拓塞辟蓁，创获寔多。筚路蓝缕，承前启后。开新造大，自成体系。此人所难能者五也。

明季曹学佺，清代周永年，皆倡言编纂儒藏，而时暗世乱，终付空山。今太平之世，祥瑞之年，国学设馆，纂修《儒藏》。吾师为总编纂之一，如临深渊，如履薄冰。谨慎戒惧，知难而进。既总其事，又兼点勘。丹黄涂乙，拾遗补阙。典型既立，拟者可操。此人所难能者六也。

吾师治学，远宗汉儒，重其师承，明其源流。而复会通古今，触类旁通；借鉴西学，为我所御。治学授课，遵循教学与科研结合，博涉与专精结合，古文献整理与古文献学研究结合，传统文献与出土文献比勘结合，理论与实践结合，继承与开创结合，考据与义理结合。是渡海之梯航，诚不二之法门。故教学相长，著述等身。此人所难能者七也。

吾师自入国学，即从事古典文献之整理与研究，五十年间，荣辱与共。壹力专心，倾情奉献。培根护叶，终至繁盛。弟子后昆，遍布宇内。植之以学，蕙之以德。师友兼爱，同好称是。经师人师，谐美兼备。此人所难能者八也。

吾师八十上寿，体健魄壮，行敏履绥。学术青春，再焕新彩。笔耕不辍，期颐可待。师母景福，相敬如宾。子孝亲和，一门渊睦。此人所难能者九也。

（漆永祥、王岚主编《刊落浮词求真解——孙钦善先生八十上寿纪念文集》第 45—47 页，世界图书出版公司 2013 年 12 月）

诚哉斯言！可谓实录！

罗琳先生是中国科学院文献情报中心（中国科学院图书馆）研究馆员，中国科学院大学教授、博士生导师，国家图书馆专家咨询委员会委员，中国图书馆学会“古籍整理与文献保护专业委员会”委员，文化部“全国古籍保护工作专家委员会”委员。主要从事古文献整理与保护工作，整理出版《续修四库全书总目提要》（经部）、《续修四库全书总目提要》（稿本）；曾任《四库全书存目丛书》编目室主任、《四库禁毁书丛刊》编目部主任、《四库未收书辑刊》主编、《四库提要著录丛书》总策划及执行主编、《四库全书底本丛书》主编，遴选目录，征访文献，鉴定版本，筹划影印。主持“中国科学院文献情报中心古籍目录网络数据库”及“中国科学院古籍联合数据库”和“中华古籍保护计划”之“（汉文）古籍普查登记平台”研发工作。先后荣获“中国科学院自然科学奖二等奖”和中华人民共和国文化部颁发的“全国古籍保护工作先进个人”。

罗先生为人豪爽，极重义气。2019 年 12 月初，我去北京燕山出版社、北京服装学院、清华大学进行学术交流。刘蔷女史专门组建“12·7 日欢迎王锷兄到访清华园”微信群，邀约罗琳、漆永祥、刘石、夏艳等先生于 12 月 7 日晚在“牛麒荟潮汕牛肉火锅”（双清路店）聚餐。席间罗先生说，当日有大学同学突然来京，不能不见，故于傍晚先赶到城东看望同学，饮水一杯，握手别过，便从城东驱车 50 公里至城西双清路参加聚餐。记得他进包厢时，气喘吁吁，仍不忘答应漆兄之物，胳膊肘夹雪碧一瓶，供其陪酒。友朋聚会，我与罗、刘（石）二位猜拳饮酒：哥俩好啊，五魁首啊，八大仙啊，十满堂啊……他人或斟酒，或观战，或拍照，兴尽而归。

上世纪 80 年代初，中国台湾商务印书馆影印文渊阁《四库全书》，此举极大推进了“四库学”研究。近三十多年来，罗先生长年累月、孜孜矻矻于“四库学”研究，翻烂《四库全书总目》《续修四库全书总目提要》数套，整理《续修四库全书总目提要》，参与《四库全书存目丛书》《四库禁毁书丛刊》，主编《四库未收书辑刊》《四库提要著录丛书》《四库全书底本丛书》的影印，被学术界同行戏称“六条裤子”。《续修四库全书总目提要》和《四库全书存目丛书》《四库禁毁书丛刊》《四库未收书辑刊》《四库提要著录丛书》《四库全书底本丛书》已经成为“四库学”研究的代表作。另外，他在全国古籍保护、古籍普查和古籍数据库方面，经眼目验，鉴别真伪，甄选善本，超前设计，引领着古籍保护和数据库建设，堪称“四库学”研究、古籍保护与数据库建设的领军人物。

徐兴无先生 1983 年就读于南京大学中文系汉语言文学专业，1993 年获得文学博士学位，留校任教。现为南京大学教授、博士生导师，南京大学文学院院长，兼任教育部全国高校中文教学指导委员会委员、江苏文库“精华编”主编。曾任美国哈佛大学燕京学社、中国香港科技大学访问学者，中国台湾大学人文社会高级研究院客座研究员。主要从事谶纬和中国古代思想文化、中国古代文学的研究，出版《谶纬文献与汉代文化构建》《经纬成文：汉代经学的思想与制度》《刘向评传》《龙凤呈祥：中国文化的特征、结构与精神》《白日薄西山：大汉帝国的衰亡》等，主持国家社科基金重大项目“中国经学制度研究”和国家社科项目“谶纬文献与战国秦汉间文化构建”“‘五经总义类’文献经学史研究”等；讲授“《孟子》研究”“经学研究”“《左传》研究”等课程，2014 年获国家优秀教学成果一等奖。

谶纬以及谶纬文献的研究，是经学研究中的冷门课题。然而，中国经学史尤其是汉代经学研究，离不开谶纬和谶纬文献。徐兴无教授从攻读硕士研究生开始，关注谶纬，给郭维森先生提交的课程作业《论汉代对谶纬之学的批判》，刊发于《南京大学学报》1990年第1期。硕士论文题目是《中国古代的国家神话——汉代谶纬学说研究导论》，部分章节修改以《谶纬与经学》为名，刊发于《中国社会科学》1992年第2期。博士论文是《谶纬文献研究》，后经补充完善，改名《谶纬文献与汉代文化构建》，由中华书局于2003年出版。《经纬成文——汉代经学的思想与制度》(凤凰出版社2015年)收录《五岳与三公——汉代经学与山岳祭祀》《石渠阁会议与汉代经学的变局》《东汉古学与许慎〈五经异义〉》《议郎与汉代经学》《论赵岐〈孟子章句〉》等十二篇论文，内容涉及先秦至两汉经学文献的思想史和汉代经学的学术制度考察，皆与经学、经学文献和谶纬有关。这些论著，大多数我拜读过，启发甚多。因经学研究的共同喜好，常常与其在经学研讨会见面；近五六年来，由于江苏文脉工程，相见的机会更多，对其学术研究有一定了解。其为人爽快，洒脱自如；其为学聪明，思想敏锐；其与人往来，干净利落，犹如其书法，横竖撇捺，张弛有度，浑然天成。

孙钦善教授、罗琳研究馆员和徐兴无教授，或在高校教书育人，或在科学院图书馆典藏古籍，然其共同点是皆与中国古典文献结下不解之缘，或注释研究，或阐释解读，或整理刊布，或弘扬传承。《皇皇者华》是《诗经·小雅》之一篇。其诗曰："皇皇者华，于彼原隰。駪駪征夫，每怀靡及。"《毛序》曰："君遣使臣也，送之以礼乐，言远而有光华也。"毛亨《传》曰："言臣出使能扬君之美，延其誉于四方，则为不辱命也。皇皇，犹煌煌也。忠臣奉使，能光君命，无远无近，如花不以高下易其色。”郑玄《笺》曰：“无远无近，维所之则然。”朱熹《诗集传》曰：“骁骁，众多疾行之貌。征夫，使臣与其属也。怀，思也。君之使臣，固欲其宣上德而达下情，而臣之受命，亦唯恐其无以副君之意也。故先王之遣使臣也，美其行道之情，而述其心之所怀曰：‘彼煌煌之花，则于彼原隰矣。此骁骁然之征夫，则其所怀思常若有所不及矣。’盖亦因以为戒，然其词之婉而不迫如此，诗之忠厚，亦可见矣。”《仪礼·乡饮酒礼》曰：“工歌《鹿鸣》《四牡》《皇皇者华》。”郑玄《注》曰：“《皇皇者华》，君遣使臣之乐歌也。此采其更是劳苦，自以为不及，欲咨谋于贤知而以自光明也。”《皇皇者华》乃歌颂忠臣出使，宣扬上德，通达下情，咨询贤智。故乡饮酒礼，乐工歌之，词虽委婉，忠厚之意，爱国之情，溢于言表，令人钦羡，故本辑取名曰《皇皇者华》。

2021 年 3 月 26 日初稿

2021 年 3 月 28 日定稿

目 录

重考据兴义理　结硕果植桢干

——孙钦善先生访谈录

孙钦善先生简介

孙钦善先生，偶用笔名闻贤，1934年3月出生于山东省烟台市，祖籍山东乳山。1955年9月由山东省立青岛一中考入北京大学中文系汉语言文学专业，1960年7月本科毕业，继续攻读本系古典文献专业研究生。1963年3月研究生毕业，留本系任教。历任助教、讲师、副教授、教授，中国古典文献学博士生导师。曾兼任古典文献教研室副主任、北京大学古文献研究所所长。先后应邀赴中国香港树仁学院讲授研究生课程；应邀赴中国台北台湾大学、辅仁大学、高雄中山大学参加学术会议，顺访台北“中央研究院”；应邀赴美国访问美国密歇根州立大学，顺访密歇根大学、芝加哥大学、哥伦比亚大学、哈佛大学、国会图书馆；应邀赴日本富山参加第二届“东亚洲出版文化国际学术会议”，作基调讲演《中国古文献学——考据与义理》，会前顺访东京宫内厅书陵部、内阁文库、东洋文库、东京大学东洋文化研究所，会后顺访京都大学东洋文化研究所、东京静嘉堂文库、大东急文库。2002年退休，继续承担本系古典文献专业研究生课程。2004年被学校返聘，参加北京大学《儒藏》编纂研究中心工作，任《儒藏》总编纂（四人之一）及古典文献学儒家思想与典籍研究方向博士生导师。现兼任全国古籍整理出版规划领导小组成员。从事中国古文献学兼及中国古代文学、古代思想文化研究。主要著作有《高适集校注》《龚自珍诗文选》《论语注译》《论语本解》（2013年获第六届高等学校科学研究优秀成果奖）、《论语新注》《中国古文献学史》（1995年获国家教委全国高校首届人文社会科学研究优秀成果著作一等奖）、《中国古文献学史简编》《中国古文献学》《中国古文献学文选》《清代考据学》《全宋诗》（合作主编）、《儒藏》（合作总编纂）等。个人2007年被中国校友会网、《大学》杂志和《21世纪人才报》等联合完成的《2007中国杰出社会科学家研究报告》遴选入中华人民共和国成立以来首届"505位中国杰出社会科学家名单"。2008年、2011年（《报告》暂止年份）继续入选。

一、求学经历

王锷：孙先生，您好！很高兴您能接受学礼堂的访谈，请您先谈谈上学的经历。

孙钦善先生：我1934年出生于山东烟台，小学先就读于烟台养正小学，后来因为迁徙，又进入青岛复真小学。1949年夏，进入青岛礼贤中学（今青岛第九中学）初中部学习。1952年夏，就读于山东省立青岛第一中学高中部。1955年夏高中毕业前，对于学文、学理还有些犹豫不定，后来在高中班主任尚伴樵先生（尚先生毕业于山东大学中文系）的鼓励下，报考了北京大学中文系汉语言文学专业，并顺利被录取。

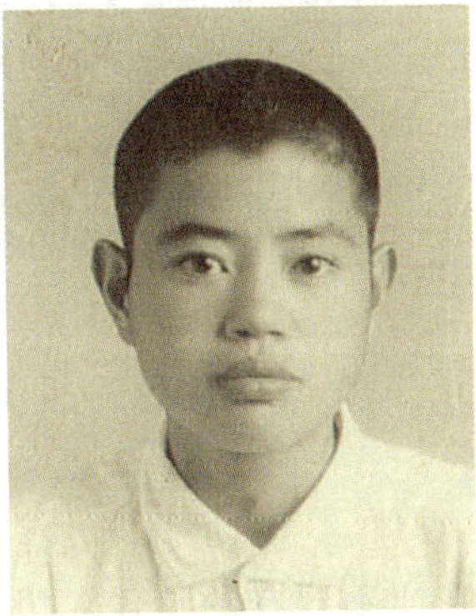

孙先生年少时留影

孙先生儿时与同学合影

关于五年的大学生活，我写过一篇《大学生活三部曲》的文章，收在北大中文系1955级回忆文集《开

孙先生 1955 年高中毕业合影

花或不开花的年代》里面。所谓三部曲，第一部曲就是头两年扎扎实实、按部就班的学习；第二部曲是上山下乡，开门教改；第三部曲是集体科研、编书。三部曲的一头、一尾，对我们的成长，关系极大。主要说说这一头、一尾。一头，指大学本科五年的前两年。1955 年是北大中文系由四年制改为五年制的启始之年，有完整系统的新教学计划，稳健切实，学习生活有条不紊，大家得以潜心钻研。入学第二年，即 1956 年，国家提出“向科学进军”的口号，给我们的学习注入极大的动力。当时语言文学不分专业，一、二年级要学汉语、文学两方面大量的基础课。到三年级开始分专门化，这是苏联的模式。中文系汉语言文学专业，分为汉语、文学两个专门化，我选的是文学专门化。那会儿有一点很重要，就是系主任杨晦先生的办学指导思想，杨先生是搞文艺理论的，但是他非常重视传统小学，非常重视语言方面的知识和技能。所以他坚持分专门化之前，学生对汉语和文学两方面的一系列基础课都要学好，而且安排两方面知名的老师来分别讲授这些课程，例如文学方面，游国恩先生讲“先秦两汉文学史”，林庚先生讲“魏晋南北朝文学史”，冯钟芸先生讲“隋唐文学史”，吴小如先生讲“宋元文学史”，季镇淮先生讲“近代文学史”，王瑶先生讲“现代文学史”，吴组缃先生讲“《红楼梦》研究”，杨晦先生讲“中国文艺思想史”，吕德申先生讲“文艺学引论”，郑奠先生讲《文心雕龙》，等等；语言方面，魏建功先生讲“古代汉语”，王力先生讲“汉语史”，高名凯先生讲“普通语言学”，周祖谟先生、朱德熙先生讲“现代汉语”，梁东汉先生讲“文字学”，等等；为加强文献基础知识的教学，根据杨晦主任的建议，周祖谟先生还为我们开出了“古代要籍解题”。教学计划中还有一些外系的课，如冯友兰先生讲“中国哲学史史料学”，李世繁先生讲“逻辑学”，历史系老师讲“中国通史”，外语系老师讲“东方文学”“西方文学”，等等。课堂教学不仅让我们学习到知识，而且学习到名师的治学方法和道德风范。除了上课之外，我们1955级同学独立性都比较强，虽然三分之二的是高中升上来的，三分之一的是调干生，但基础和能力都比较高。大家结合课堂教学，都在努力自学，读课外参考书，读有关原典。我记得在学习先秦两汉文学史时，在图书馆开架阅览室通读了线装的朱熹《楚辞集注》。回想杨晦主任强调语言、文学课程有机联系，确实非常重要，尽管我们深受其益，当时却不甚理解，往往从个人兴趣出发，总希望有所偏重。记得 1958 年教改，有过一张大字报……

漆永祥：题目叫“有鸡联系”。

孙：啊，他知道。这张大字报是我们年级一位爱好文学的同学贴的，要求系里把语言、文学分成两个专业，指望学文学专业的同学可以少学一些“比较枯燥”的汉语方面课程。

漆：老师您当年也是想学文学吧?

孙：是的，而且我偏重于古代文学。这张大字报，是一张漫画，画着一个学生两手托着两摞书，一摞是语言方面的，一摞是文学方面的，累得大汗淋漓。两摞书上画了只大公鸡，大公鸡的两只爪子一只踩着这摞，一只踩着那摞，横批是“有鸡（机）联系”。这显然是冲着杨晦先生办学思想来的。但是杨晦先生不以为然，反复跟大家辩论，坚持他的意见。作为过来人，后来我们冷静地想了想，还是杨先生的意见对，而且在那种情势下，他能勇于坚持真理，更是了不起。

王：确实如此。

孙：杨先生主持制定的教学计划是从我们那个年级开始实行的，大家得益匪浅。我后来搞古文献学，有更深的体会，如果没有汉语方面的小学的基础，古文献学根本搞不了，这个传统很重要。

第二部曲是从 1957 年反右派斗争开始，紧接着就是 1958 年的“大跃进”和“教育革命”。先是参加修十三陵水库，以后几番下乡下厂劳动，体验人民公社化和“大跃进”。

“教育革命”，“大跃进”，最后都要结合本职业务落实到整改。我们怎样整改？有同学提出要集体编写一部与旧观点决裂的《中国文学史》，而且要鼓足干劲利用1958年的一个暑假编成，向国庆节献礼。这个建议得到本年级大多数同学的拥护，也得到校系领导的支持，于是轰轰烈烈地奏响了大学生活第三部曲。当时日夜奋战，图书馆为我们提供方便，食堂也每天准备夜宵，大家热火朝天干了一暑假，终于完成初稿。人民文学出版社积极配合，果真在国庆节前出版了两卷本的红皮《中国文学史》，北大中文系1955级便因此出了名。对这次集体科研，应一分为二客观分析。当时参加的每个人都分配了一定的章节，大家凭着前两年学到的知识和写学年论文取得的初步科研经验，查阅原始资料和参考书，认真进行编写，并通过实干增长了才干。我在红皮文学史编写中，主要承担魏晋南北朝部分的内容，具体写了陶渊明一节，还参加了魏晋南北朝部分的统稿工作。另外写了明代抗倭英雄戚继光一节。戚继光不仅是著名的抗倭武将，也写了很多抗倭爱国的诗篇，思想艺术俱佳，不愧是难得的诗人，但文学史上从未提到过他。我从图书馆找到他的《止止堂集》，仔细阅读、研究，很受感动，饱含深情写出他的专节。

漆：你们那时候就有学年论文了？

孙：有学年论文。

漆：老师们当时怎么给你们改呢？

孙：我的学年论文选题，是“鲍照诗研究”，由阎简弼先生指导。后来还没写完，就参加集体科研编文学史了。通过编文学史，自己受到切实的锻炼，我深感不是写一篇学年论文所能收到的效果。例如，当时自己分工写陶渊明一节，如果简单按现实主义和反现实主义来套，陶渊明的归隐，很容易归入反现实主义。但是鲁迅先生说他有两面性："又如被选家录取了《归去来辞》和《桃花源记》，被论客赞赏着'采菊东篱下，悠然见南山'的陶潜先生，在后人的心目中，实在飘逸得太久了，但在全集里，他却有时很摩登，……就是诗，除论客所佩服的'悠然见南山'之外，也还有'精卫衔微木，将以填沧海，刑天舞干戚，猛志固常在'之类的'金刚怒目'式，在证明着他并非整天整夜的飘飘然。这

1960 年北大中文系 1955 级一班毕业合影

‘猛志固常在’和‘悠然见南山’的是一个人，倘有取舍，即非全人，再加抑扬，更离真实。”(《且介亭杂文二集·〈题未定〉草（六）》）这对自己很有启发，在仔细研究陶渊明的全部作品之后，感到确实如此，因此在分析、评价时，就避免了简单化。首先，着意于他归隐的隐衷：“不为五斗米折腰”，看到他不满现实、顽强对抗的气节，这正是他“金刚怒目”的根由。进而，在他的飘逸之中，发现了他对现实不平的轻蔑、对美好理想的执著。同时看到陶渊明既受道家思想的影响，又保持着深厚的儒家人文关切的胸怀。例如他以孔子为先师，安贫乐道，说：“先师有遗训，忧道不忧贫。”(《癸卯岁始春怀古田舍》二首）又如他做彭泽令时，不带子女，以免拖累，送一仆人照顾儿子，写信嘱咐说：“汝旦夕之费，自给为难，今遣此力，助汝薪水之劳。此亦人子也，可善遇之。”(萧统《陶渊明传》）这段话意思是：“你是我的儿子，我派一个仆人照顾你的生活；这个仆人也是别人的儿子，你应当善待他！”这不正是孔子讲的推己及人的“忠恕仁道”吗？因此当时自己全面审视、评述陶渊明，收获颇大。

王：两卷本的红皮《中国文学史》具体是怎么编的？

孙：当时编红皮《中国文学史》，大家分工编写，都受到锻炼。当然，就书的内容而言，无疑有幼稚之处，也有错误之处，如套用现实主义和反现实主义的框框，简单化的批判和评价，等等。当时系主任杨晦先生曾不时提醒我们，社会和学术界的反应也是既肯定成绩又指出不足。记得冯钟芸先生带领我们到社科院文学研究所参加征求意见的座谈会时，何其芳先生和曹道衡先生等都参加了，他们一方面保护青年人的积极性，一方面坦诚地指出问题，使大家很感动。当时也向几位中央领导赠了书，陈毅同志回信感谢赠书美意，给予鼓励。康生也回了信，写得很长，大谈批判资产阶级权威，火药味十足，比他同年在《光明日报·文学遗产》上发表的关于批判《西厢记》研究的文章有过之而无不及，旨在煽动，往邪路上引。倒也奇怪，大家并没有听他那一套，而是总结经验教训，坚持真理，修正错误。所以在修改红皮《中国文学史》、编成四卷本时，观点平稳得多，还争取老师的指导。在编成《中国文学史》后，《近代诗选》《中国小说史》《成语小词典》等项目继续上马，均是师生结合，有老先生指导。我参加了《近代诗选》组，季镇淮先生指导我们几个同学一起编选注释，师生结合得更加紧密。季先生待人谦和，治学严谨，言传身教，使我们获益匪浅。我们还经常带着注释中的问题去请教游国恩先生，游老博学多闻，给我们留下深刻的印象。游老治学极端严谨，对于生僻疑难的典故从不轻易作答，总是留待查查书再说。游老循循善诱，诲人不倦，常常因指导我们误了用餐，记得有一次阳历年“除夕”也是如此。编注《近代诗选》时，图书馆在文史楼三楼阅览室专门开辟了一个隔断的阅览桌供我们使用。当时同学纷纷下乡，阅览室空了，才有这个条件。老燕大图书馆原藏有丰富的清人文集，并入北大图书馆后集中藏在第三阅览室，编注《近代诗选》时，我们用集体借书证一下子借出大量近代人的集子，码在一块活动黑板上，接连几趟抬回文史楼翻阅选诗。当时的风气非常强调突出政治，但我们选诗，坚持全面观点，虽以反帝爱国为主线，也不排斥其他内容，而且坚持思想性和艺术性的统一。例如诗人张维屏，我们既选了他反映鸦片战争抗英的诗歌《三元里》

和《三将军歌》，又选了他的富有生活情趣的《新雷》和《夜行》，如《夜行》：“风里村春未肯停，隔林灯火远逾青。野田月落路能辨，荞麦一畦花似星。”后来听杨晦先生说，冯至先生非常喜欢这首绝句。冯先生既是学者又是诗人，他的欣赏，不仅因为诗本身好，也是对我们编选工作的肯定。这些情况说明，我们的集体科研不是一成不变的，不是简单的数量堆积和重复劳动，而是在干中学习，在干中磨炼，不断进步和成熟。响应“大跃进”竟出乎意料，歪打正着落实到集体科研，其实并非偶然，是与大学生活第一部曲接应交响，一头打下基础，一尾着重实战，才奏出了美妙的乐章，回荡在1955级学子成材的起步路上。对自己来说，不仅参加了真刀真枪的实战锻炼，还埋下了后续课题研究的伏笔，如“龚自珍研究”等。

漆：我觉得你们当时受的就是现在的研究生的教育，就等于本科生提前进入研究生阶段学习。

孙：那是，这一点很重要。在系统学习、打好基础的前提下，及早动手，接触实际，真刀真枪练本领，我们1955级的这一段经历和经验很重要，值得总结。关于怎样办大学本科，一直有争论。现在似乎大学本科应该培养通才，已经成为主流意见，其实未必正确。应该辩证地处理好通才与专才的关系，本科加强基础和通识教育是对的，但不能没有专业方向，泛览无归，如果把目标定为培养通才，容易忽视独立思考和科研能力的培养。

王：所以，实际上通过编书写了很多东西，学了很多东西，也增长了才干。

1962 年北大中文系 1960 级研究生合影

孙：是的。后来在研究生阶段，我们承续并发展这个优良传统。本科毕业后，我继续读中文系古典文献专业研究生。当时上研究生不是报考，而是随大学毕业分配一起由组织安排，因此自己之所以与古典文献结缘，并非完全出于自愿，而是半推半就。推，指的是组织安排，组织既根据古典文献这个新专业培养人才的需要，同时又照顾个人的特点；就，则除了个人志趣之外，还因为自己在读本科时参加过《近代诗选》的选注工作，对古籍整理研究有一些粗浅尝试，体味到其中的甘苦，有心深入下去。但是说心里话，在当时学术界“以论代史”“厚今薄古”的大潮流下，自己也觉得学这个涉嫌“材料挂帅”“钻故纸堆”的专业颇有些不甘心情愿，总以为不合时尚。通过研究生阶段的学习，对古典文献专业才不断找到感觉，而且越来越深，以致达到情感上的执著，深刻体会到对于古代学科来说，掌握古文献学就像扎根，根深才能叶茂。在读研究生时，听了魏建功先生的“文字、音韵、训诂”课，辅以课外阅读，加深了传统小学的根基。听了王重民先生的“中国目录学史”课，丰富了目录版本的学养。围绕专书选读课，结合自学，扩大了古文献原典的研读范围。更可贵的是延续本科起始的科研实践，使自己受益无穷：一是教研室重视“授人以渔”的培养方法，安排我们参加师生结合的集体科研项目《贾谊集》整理；一是我们古典文献专业同届四人组成的研究生班选择了《高（适）岑（参）诗选》的整理研究课题，从实干中提高科研能力。在前一课题中，自己除了承担部分校注稿外，还写了《贾谊〈过秦论〉分篇考》(发表于《文史》)、《关于贾谊〈新书〉真伪问题的探索》(执笔，发表于《北大学报》)的论文；在后一课题中，除了合作完成《论高适和岑参的诗》的论文（发表于《北大学报》）和《高岑诗选》专著（由人民文学出版社出版，后收入《古典文学读本》丛书）外，还独立发表了《高适年谱》（载《北大学报》)，据说当时这篇文章受到学报主编任继愈先生的赞许。傅璇琮先生在《唐代诗人丛考》中也予以肯定。当时强调马克思主义经典著作的学习，自己结合专业学习与科学研究，阅读了《德意志意识形态》《政治经济学批判序言》《路德维希·费尔巴哈和德国古典哲学的终结》《家庭、私有制和国家的起源》《自然辩证法》等马克思主义经典著作，甚为辩证唯物主义和历史唯物主义的观点、理论和方法所折服，并试着在业务实践中加以运用，得益匪浅，影响至今。以至于有人认为拙著《中国古文献学史》和《论语本解》中历史观点“有些陈旧”，或许是指坚持运用辩证唯物史观分析有关问题而言，那么自己非但无悔，反而甚感庆幸。

研究生学业顺利完成，于1963年2月提前半年毕业，留在中文系古典文献教研室任教，开始了在母校服务的第二个时期，至今已届55个春秋。其间除“文革”十年动乱之外，一直坚持古文献方面的教学和科研工作。虽然2002年退休，仍一度继续承担古典文献专业的研究生课程，后又被学校返聘，担任《儒藏》总编纂，参与其事，同时招收培养儒家典籍与思想研究方向博士生。执教时期个人专业方向虽然兼及中国古代文史和古代思想文化，但始终围绕古文献学这个中心，通过教学和科研实践，为发展、完善古文献学科而尽力。开出多门基础课、专业课，培养了不少硕士生、博士生，发表、出版了一系列论文、专著，还参与主持、主编大型科研项目，既出成果，又培养人才。尽管由学生转为教师，身份变了，但是“教然后更知不足”，益发体会到母校是培育自己的沃土，古典文献专业是自己学术成长的根基。

2007年春，孙先生与夫人刘济芬游览京西大觉寺合影

二、《论语注译》

王：孙先生，您后来做《论语》研究，并出版了《论语注译》《论语本解》两本书，影响很大，请您谈谈关于《论语》研究的情况。

孙：好的。我研究《论语》是从教《论语》专书课开始。我研究生毕业以后，留在中文系古典文献教研室，开始讲两门课，一门“校勘学”，是与陈铁民老师合开的。后来《论语》专书没人讲，我就接过来了。《论语》专书，第一次是给古典文献专业1964级本科生讲授，从此以后，连续不断地为古典文献历届本科生开设，并接受外专业、外系的旁听生。授课内容分两个部分：先讲概述，包括孔子的时代、孔子的生平、孔子的思想，《论语》的成书、流传，等等。后讲本文，按着篇章顺序挑着讲一部分，同时要求同学结合讲授自学，通读全书。讲本文严格遵照古文献学的方法，强调对语言文字的准确理解，对名物典制的扎实考证，以此为基础，分析义理，讲孔子的思想。现在看来，当时的讲授方法，已经涵盖后来自己在《论语本解·引言》中全面总结的阅读、研究孔子及其《论语》的科学方法的要点。

在改革开放、拨乱反正以前的思想和学术界背景下，讲孔子和《论语》，有两个问题颇为纠结：一个是孔子时代（春秋末期）的社会性质，一个是孔子及其仁爱思想的阶级属性。关于前者，当时思想和学术界已把由奴隶制向封建地主制过渡的观点定

孙先生在图书室查阅资料

为一尊。自己对此不敢苟同，而同意当时思想和学术界的非主流观点，即由封建领主制向封建地主制过渡的主张，因为从西周到春秋时期，中国以农耕为主体的社会，是封建领主制（亦即封建农奴制），不仅有大量文献资料作依据，而且为考古资料和我国某些少数民族民主改革前的农奴制社会状况所印证。关于后者，自己不同意孔子是“奴隶主的代言人”的论断，也不敢苟同孔子的仁爱是剥削阶级“习惯性的伪善”以及孔子实际只是对奴隶主讲爱的说法，因为这不符合《论语》及其他有关文献所表现的实际情况。而且我发现以公田、私田为特征的所谓“井田制”的源头，是原始社会农村氏族公社制，封建领主制的“井田制”袭用原始氏族公社“井田制”的躯壳，而实质已发生变化。原始公社有头人和社员，但头人是被推举出来管理公务的领袖，他们与公社社员是平等的，不像封建领主与农奴之间存在剥削与被剥削的阶级关系。原始公社的公田和私田，私田用于维持公社社员的家庭生活，公田所获，用来维持公益事业。但是发展到封建领主制，私田用以维持农业劳动者的家庭生活，以保证劳动力的延续不断，其性质与原始氏族公社“井田制”的私田类似，而农奴在公田上的无偿劳动，以劳役地租的形式，变成农奴主不劳而获的私利。封建领主就是这种利用残存的氏族公社形式，组织农奴的公田劳动和各种公役，因此实质上的封建领主对农奴的统治、剥削关系，又往往被形式上的原始民主关系假象所掩盖。又如先公后私，本是原始公有制的观念，但在形式上也被封建领主制所利用而延续下来，如“雨我公田，遂及我私”(《诗经·大田》)，“言私其豵(小兽)，献豜(大兽)于公”(《诗经·七月》)。现实社会的这种两面性特点，从大家比较熟悉的《诗经·豳风·七月》等文献中可以清楚地看出来。

因此自己认为孔子的思想正是这种社会背景的反映，例如孔子思想体系的核心“仁”，既包含反映血缘宗法等级人际关系的“爱有差等”的内容，也包含推己及人“己所不欲，勿施于人”“己欲立而立人，己欲达而达人”的人与人互相同情、体恤的内容，以及广济博施“泛爱众”的原始人道、泛爱的内容。又，具有“公田”“私田”特点的井田制，其实就是马克思在《政治经济学批判序言》中所提到的“亚细亚生产方式”，马克思把其置于奴隶制社会形态之前。中国封建领主社会，不仅在生产方式上对原始氏族公社的井田制躯壳有所承袭，在其他方面对原始社会也有所承袭，如以“孝悌”为本的父系家长制家庭，本是原始社会后期的产物，竟成为血缘宗法等级社会的核心内容。封建领主社会的礼，以反映了血缘宗法等级关系的内容为主，但也有不少原始社会无阶级性的礼俗、公约等的遗存。孔子思想的复杂性，正是当时社会这种复杂性的反映。孔子“祖述尧舜，宪章文武”，前者是他的最高理想，即《礼记·礼运》篇所载孔子对“天下为公”大同社会的表述，表现出他对原始公有制社会的向往；后者是他的实际理想，即《礼记·礼运》篇所载孔子对“小康”社会的表述，表现出他对夏商周盛世“礼治”社会的追求。他认为“博施于民而能济众”“尧舜其犹病诸”，难以企及，所以才以夏商周特别是西周文王、武王的盛世为实际追求目标。但他的大同社会理想也并非没有现实意义，往往成为他对照、批判现实私有制社会弊端的镜子和依据。孔子主张“仍旧贯”，有时似乎在维护旧制，但也要具体分析，不可简单地定性为复辟、倒退。例如孔子反对“以田赋”（按田亩征收军赋）时，曾标榜井田制的军赋制度“丘甲法”，其实他的用意是主张减轻军赋，而不是恢复旧制，如说：“君子之行也，度（衡量）于礼，施取其厚，事举其中，敛从其薄，如是则以丘（井田制按丘出赋的丘甲法）亦足矣。若不度于礼而贪冒无厌，则虽以田赋，将又不足。”（《左传》哀公十一年）

孟子私淑孔子，是孔子的忠实继承者，《孟子》书中直接标榜井田制的言论很多，其用意主要有两点，一是轻赋（主张什一之税），一是维持农夫的“恒产”（即百亩份地亦即私田的固定使用权）。如《孟子·滕文公上》说：“滕文公问为国。孟子曰：‘民事不可缓也。……民之为道也，有恒产者有恒心，无恒产者无恒心。苟无恒心，放辟邪侈无不为已。……夏后氏五十而贡，殷人七十而助，周人百亩而彻，其实皆什一也。彻者彻也，助者藉也。……

方里而井，井九百亩，其中为公田，八家皆私百亩，同养公田，公事毕然后敢治私事，所以别野人也。’”又《梁惠王上》说：“五亩之宅（宅基地），树之以桑，五十者可以衣帛矣。……百亩之田，勿夺其时，数口之家可以无饥矣。”从以上的引述可知，孔子的言论只涉及“轻赋”而未涉及“恒产”，而孟子的言论两方面都涉及了，这是因为孔子所处春秋末期，尚未出现土地私有化和土地兼并的严重问题；而孟子所处的战国中期，已出现土地私有化和土地兼并的严重问题，当时情况，如汉荀悦《汉纪·前汉孝武皇帝四》所说：“商鞅之法，改帝王之道，除井田之制，富者田连阡陌，贫者无立锥之地。人专川泽之利，营山林之饶，荒淫越制，邑有人君之尊，里有王侯之富，小民安得不困。又加月有吏卒，征卫屯戍，一岁力役，四十倍于古，田税口赋，二十倍于古。或耕豪杰之田，见税什五，故常衣马牛之衣，食犬豕之食，又重以贪暴之吏，刑戮妄行，民无所聊生，逃亡山林，并爲盗贼。”因此孟子才提出“无恒产者无恒心”问题，维护井田制的“百亩之田”，以保证耕者有其田。值得注意的是，轻赋和均田（抑制土地兼并，保证耕者有其田）是贯穿整个封建农耕社会的要害问题，事关朝代的兴替，民生的荣枯，社会的安危。后来的封建社会，亦有人打着井田的招牌以行均田者，如北宋张载，其《经学理窟》上讲《周礼》云“治天下不由井地，终无由得平，周道止是均平”，“井田亦无他术，但先以天下之地棋布画定，使人受一方，则自是均”，“人主能行井田者，须有仁心，又更强明果敢及宰相之有才者”。能否保证耕者有其田，甚至关系到资产阶级革命、新民主主义革命、社会主义革命和建设的成败。例如，辛亥革命，就有实现耕者有其田的追求目标；土地改革，是新民主主义革命胜利的重要保证；改革开放，在农村是从安徽小岗村农民按手印实行家庭联产承包责任制开始的，他们敢于对“公社化”纠偏，重新得到对土地的主导权益，并且从包产到户经营，进而发展到集体经济持股分红的合作社经营，以致生活从温饱发展到致富。现今国家又免除了农业税，把“有恒产者有恒心”写入中央文件，深化农村承包地三权（所有权、承包权、经营权）分置改革，推行乡村振兴战略，使农民在土地集体所有权的前提下，靠稳固的土地承包权和经营转让权得以安居乐业。加之精准有力的扶贫举措，包括在自然条件太差的山区实行移民脱贫等等，农村富裕繁荣，大有盼头。永祥，你来自甘肃贫苦乡村，以前老是担心家乡的问题，现在怎么样啦？

漆：我们村一半人迁新疆了，农业税取消了，还有低保等，但也存在不少的问题。好在村里人的吃饭问题基本解决了，要更进一步，很难。

孙：现在可以不那么担心了。我们现在再回头去看春秋、战国时代的孔孟，那时候他们就抓准了对农民轻赋、保田的关键问题，一直为后世所借鉴，确实了不起。正因为他们关心民生，了解民间疾苦，所以问题才能抓到点子上。

王：您做孔子和《论语》研究，已经很久了，对孔子和《论语》的认识有一个发展过程。

孙：是的。如前所述，是从我 1963 年留中文系任教讲授《论语》专书课就开始的，一直未曾间断。而且我一直坚持用古文献学的方法讲授、研究，不断深入。但在义理辨析和孔子评价方面，以改革开放为界，前后变化较大。前面已经提到，改革开放前，对当时学术界的主流倾向和观点，自己虽然有过质疑，但始终处在纠结状态。改革开放以后，思想解放，继续深入思考钻研，才不断明晰、坚定起来。

关于此，自己有一篇论文可以参考。该文是《从孔子思想看传统文化的影响和继承》，最初于1994年夏在青岛举行的“中国传统文化与二十一世纪学术讨论会”(《传统文化与现代化》杂志社主办，山东大学协办）上宣读，后于1995年以《论孔子思想及其影响》为题，发表于《中国典籍与文化论丛》第3辑。论文分为三部分：第一部分结合孔子的时代背景分析其思想核心的仁学体系。如在具体分析孔子仁爱思想的层次之后，说：“孔子‘仁’的思想，既以宗法等级的人际关系为基本内容，又包含了原始人道、泛爱的成分。这两方面互相矛盾的内容不是简单硬凑在一起的，而是有着当时现实矛盾的基础。我们知道，西周农奴制还保留着原始农村公社的躯壳，封建领主利用残存的村社形式组织农奴的公田劳动和各种公役，因此实质上的封建领主对农奴的统治、剥削关系，又往往被形式上的原始村社的某些平等、民主关系假象所掩盖。这种两面性的特点从《诗经·豳风·七月》等文献中可以清楚地看出来。同样，以血缘关系为基础的嫡长子继承的宗法制，也保留着原始社会后期父系家庭制的躯壳，而内涵却已发生本质变化。同时，周代礼制中，除了反映领主等级关系的中心内容外，也有不少原始社会礼俗的遗存。孔子‘仁’的思想的两面性，正是现实社会这种两面性的反映。……尽管孔子‘仁’的思想具有两面性，但是这种两面性与现实中实际的两面性是不同的，现实中的两面，有躯壳与实质、次要与主要之分，而孔子对其仁学的两面都是认真的，都是要付诸实施的，没有丝毫伪善的意思。而且他看到现实私有社会人际关系的自私自利、压迫欺诈，极为忧虑，向往原始公有社会人际关系的平等、民主、人道、和谐，珍惜美好传统的遗存，怀抱大同理想，借助这些来针砭现实的弊病。因此孔子的‘信而好古’，决不是向后看，开倒车，就其改造社会弊端的目的来看，确有不自觉的瞻前意识，闪烁着理想主义的光辉，展示着人类社会的未来。这正是孔子仁学思想中带有永恒价值的部分，是我们今天勿需彻底改造或重新解释即可为我所用的原因所在。因此可以说，孔子的仁学实际是人学，他重视人，爱惜人才，强调人要自重自律，修养完美的人格；强调人要积极用世，追求充实的人生；强调推己及人，实现和谐的人际关系。这是一种积极的人道主义、人本思想，是人类精神文明的宝贵遗产。”

第二部分具体分析孔子经济思想、政治思想、治国思想、治国方法、教育思想、哲学思想等各个侧面，掌握其实质，分辨其良莠，以决弃取。第三部分探讨孔子思想的影响，总结、反思有关的研究方法问题，包括“左”的思潮和庸俗社会学研究方法的影响，“彻底决裂论”的荒谬，机械、教条的阶级分析法的危害，抽象继承法的质疑，等等。认为：“探讨孔子思想的现实意义，乃至全部传统思想文化的现实意义，必须尊重历史，不仅我们不可以任加解释、改造，赋予新的内容，而且要澄清前人的歪曲，还历史以本来面目。然后具体分析，区别对待：凡是属于反映客观真理的至理名言，凡是体现民族优良传统的善行美德，均有永恒价值，勿需重新包装，拿来就是。凡属具有合理内核的，要注意发掘、吸收。凡属瑕瑜混杂的，要注意分辨，以决弃取。有的纯属反面经验，也要认真分析，引以为戒，清除其现实影响。总之，还是要坚持用辩证唯物主义、历史唯物主义的观点和方法分析问题，只有这样才能对复杂现象作出科学的分析，准确的判断。”

王：《论语注译》和《论语本解》是怎样写成的呢？这两本书，它们之间有什么差异，有什么特点，请您讲讲这个问题。

孙：《论语注译》是1988年9月完稿，1990年6月由巴蜀书社出版的。此书既反映自己在改革开放以后成熟的关于孔子及其《论语》研究的理论观点，又是多年来讲授、研究《论语》成果的集结。当时全国高等院校古籍整理研究工作委员会策划编纂《古代文史名著选译丛书》，我应约撰著其中的《论语注译》一书（该《丛书》收的是“名著选译”，因为《论语》篇幅不大，我特别申请进行全注全译，获得批准）。本

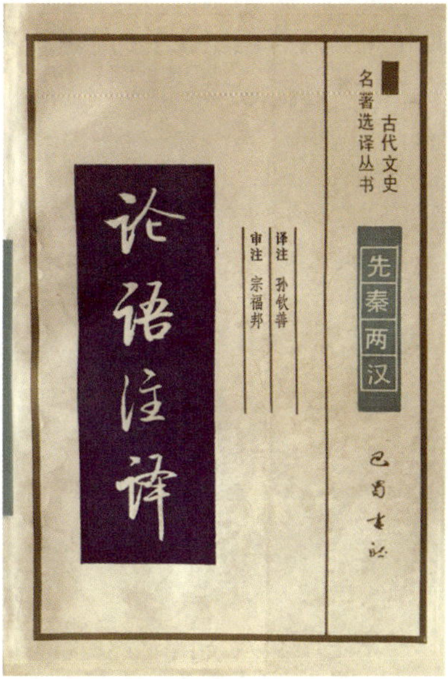

《论语注译》

书书名，之所以称为“注译”而不称为“译注”，不是简单地避免与杨伯峻先生《论语译注》一书书名雷同，而是更有其深意，正如我在后来的《论语本解·引言》中所阐明的：“对古文献的解释，应该是紧扣原文，而不可游离于原文，故只能以随文所作之注为主，以相对独立的翻译为辅，也就是说，只能在注释的基础上进行今译，阅读原文时应主要借助注释；译文也是阅读原文的辅助工具，宜用直译方式表达，配合注释，起到串解原文的作用。这里之所以称为‘注译’而不称‘译注’，正是为了体现古文献的这种解释规律，而不是故意颠倒其字以标新立异。”《论语注译》在注释方面，涵盖字词的语文解读、名物典制等内容考实以及义理辨析三个层次，同时注意用材料互证，特别是以《论语》前后互证的方法，求得三个层次的准确解释，阐明孔子的思想及有关文本的原意。

三、《论语本解》

王：您为什么又要写《论语本解》?

孙:《论语本解》是2009年由北京三联书店出版的，此书承续《论语注译》的成果，并有所开拓和发展。其内容和撰著宗旨、体例、方法，我在《引言》中作了说明，如:“《论语》是一部思想著作，此书在古文献中看似语言平实，但含义深奥，各条语录的具体语境又多不明确，必须对语言文字、思想内容，乃至历史背景作全面注释、考述，才能有助于真正读懂。”又说:“本书之所以名为‘本解’，旨在参考前人的积极成果，在个人独立研究的基础上，力求做到语言文字的解释与思想义理的辨析相结合，思想义理的辨析与时代背景的考述相结合，尽量对《论语》做出符合原意的解释，进而对孔子和《论语》作出实事求是的分析评价，以避免由于主观附会而‘诬古人，惑来者’(清代朴学家关于古文献校释的戒语)。”又说:“为贯彻上述宗旨，本书分‘注译’和

《论语本解》

‘附论’两部分。……注解除了注明生僻字词及人物、史实、典制、名物等具体内容之外，还多方取证，据以分析思想内容，力求做到训诂、考证和义理辨析相结合，尤其注意运用材料互证，特别是以《论语》前后互证的方法，以求准确阐明孔子话语和思想的本意。……译文力求做到‘信、达、雅’。坚持准确的直译，避免添枝加叶的解释或拖泥带水加括号说明的做法。在准确、通达的基础上进一步锤炼，以求译文语言的典雅。本书注译部分以拙著《论语注译》为基础，进一步作了补充、修订。‘附论’属于宏观专题分析论述的部分，对于思想类著作的阐释尤其不可或缺，以达到与注译部分密切配合、互相参照的目的。”“附论”包括五篇论文：《孔子的时代和生平》《〈论语〉的成书流传和整理》《〈论语〉和孔子的思想内涵及其历史影响和现实意义》《〈论语〉的语言价值和文学价值》《〈春秋〉及三传中有关孔子和〈论语〉史料的文献价值》（在《论语本解》修订本中，为压缩篇幅，最后一篇被删除）。

王：孙先生，请您举例来谈谈。

孙：关于互证法，例子颇多，我在《论语本解·引言》和2015年9月发表在《中华读书报》上的《怎样读〈论语〉》，列举过两个例子以见一斑，现转录如下：

《为政》“子曰：‘攻乎异端，斯害也已！’”

本章中的“攻”字有两种解释，一是治，一是攻击；“异端”也有两种解释，一是异端邪说，一是事物的两端（指两面性）；“已”字也有两种解释，一是实词“止”，终了之意，一是语气虚词。由于几个字词的不同解释，相互搭配，又使整句可以有几种不同的含义：一是“攻治异端邪说，这是祸害啊”，一是“攻击异端邪说，则祸害就会终止”，一是“攻治认为事物有两端的学说，则祸害就会终止”，一是“攻击认为事物有两端的学说，这是祸害啊”。

以上几种解释，都符合孔子的思想，究竟哪一种符合孔子这句话的本意？关键在于对“已”字意义的确定。通观《论语》，凡“也已”二字连称，均为语气词连用，如《学而》：“君子食无求饱，居无求安，……可谓好学也已。”《雍也》：“能近取譬，可谓仁之方也已。”《泰伯》：“泰伯，其可谓至德也已矣。”“周之德，其可谓至德也已矣。”“如有周公之才之美，使骄且吝，其余不足观也已。”《子罕》：“虽欲从之，末由也已。”“说而不绎，从而不改，吾未如之何也已矣。”《颜渊》：“可谓明也已矣。”“可谓远也已矣。”《阳货》：“年四十而见恶焉，其终也已。”《子张》：“日知其所亡，月无忘其所能，可谓好学也已矣。”只有一处似乎为例外，即《阳货》：“公山弗扰以费叛，召，子欲往。子路不说，曰：‘末之也已，何必公山氏之之也？’”这里“末之也已”，似乎是说“没有地方去就算了”，“已”解释为“止”；但是“已”字作语气词解则为穷途末路之叹，亦通。且此处“末之也已”，与前引《子罕》“末由也已”句结构、意义均同，可以互作语气词连用的内证。如此看来，对上面的四种解释，只有第一、第四两种可以成立，而在这两种中，又以第一种为优，因为通观孔子的思想，他对是否承认事物有两端的学说，还没有放到像不同道势不两立那样的地位（“道不同不相为谋”，“非吾徒也，小子鸣鼓而攻之可也”），故不至于说出第四种那样严厉的话。至于“异端”，杨伯峻《论语译注》说："孔子之时，自然还没有诸子百家，因之很难译为'不同的学说'，但和孔子相异的主张、言论未必没有，所以译为'不正确的议论'。"此说实难成立，所谓"道不同"，显然包括学说的不同。又，春秋时代，异端邪说不是没有，而是相当严重，曾引起孔子的极端忧愤，并不断有所贬斥，《论语》《左传》中不乏其例，事实确如孟子所说："世衰道微，邪说暴行有作，臣弑其君者有之，子弑其父者有之。孔子惧，作《春秋》。《春秋》，天子之事也，是故孔子曰：'知我者其惟《春秋》乎！罪我者其惟《春秋》乎！'……孔子成《春秋》，而乱臣贼子惧。"（《孟子·滕文公下》）

王：您对"已"字的解释，符合《论语》经文。敬请再举一例。

孙：《子罕》："子罕言利与命与仁。"

一般把两个"与"字解作连词，意思是说孔子很少谈利、命和仁（见杨伯峻《论语译注》，并为此说作详细辩解）。而孔子很少谈利是事实，很少谈命则既不符合孔子的天命思想，又不符合《论语》"命"字出词率的实际情况，很少谈仁更是如此。孔子的思想核心是仁，《论语》讲仁的地方随处可见。所以从义理上判断，这里的"与"字不应该是连词。这里的"与"字不是连词，还可以从句法上得到内证，因为《论语》中连词在几个并列成分之间的用法，跟现代汉语一样，没有在几个成分之间重复连用的情况，总是用一个连词放在最后两个成分之间，如《子罕》："子见齐衰者、冕衣裳者与瞽者。"《为政》："使民敬、忠以（连词，同‘与’）劝。”均可证。实际上“与命与仁”的“与”字是一个实词，义为赞同，则整句应标点成“子罕言利，与命，与仁”。“与”字作“赞同”解，《论语》亦有内证，如《述而》：“与其进也，不与其退也。”“人洁已以进，与其洁也，不保其往也。”《先进》：“吾与点也。”等等皆是。由此例可见，不仅字词互证非常重要，而且文献的字词解释与义理诠释往往是彼此制约、相互为用的。一方面义理诠释离不开字词解释，必须以其为基础；另一方面有时字词的确解，又须参据义理的恰切诠释来判定。

其他例子尚多，详见拙著《论语本解》及《论语校释丛劄》正、续篇（分别刊于《儒家典籍与思想研究》第二辑、第五辑）。

《论语本解》面世后，得到社会和学界肯定和欢迎。邱鸣皋教授在2010年3月24日《中华读书报》第785期发表了题为《以互注法注疏〈论语〉》的书评。该文开宗明义，一下子就抓住了拙著的写作背景和宗旨：“这几年乘国学之热，关于《论语》的研究，似有百家争鸣之势，各色有关著作，良莠杂出，一般读者，莫辨醇醨。孙钦善先生所著《论语本解》以独特的面貌应时而出，使读书人耳目一新。此书对《论语》原文既有逐篇逐章的注解和今译，又有在此基础上所作的思想内容阐释；既参考、吸收了前人的积极成果，更有其个人的独立研究所得，‘力求做到语言文字的解释与思想义理的辨析相结合。思想义理的辨析与时代背景的考述相结合，尽量对《论语》做出符合原意的解释，进而对孔子和《论语》作出实事求是的分析评价，以避免由于主观附会而“诬古人，惑来者”’。(《论语本解·引言》）故书名为《论语本解》。所谓‘本解’，即求其本义而解说之的意思，揭示了本书的要旨。”接着结合实例对拙著所用的互证法作了精细的分析，并指出：“孙钦善先生从《论语疏证》(杨树达著)得到启发，而在当代新的学术水平上运用互证法，不再像《论语疏证》引证材料那样的宽泛，而是抓住要领，即以《论语》本证为关键，研精覃思，涵泳义理，写成了一部不同于目前通行的各种《论语》译注本的、精确不磨的《论语本解》，为读者提供了一部合适的入门书，而对研究者也有重要的参考价值。”又如郭锡良教授，也曾论及《论语本解》，他在《〈论语〉语法分析词典·序》中说：“半个多世纪以来，注译式的《论语》今注本已有十多种，各有得失、特色，值得称道的有孙钦善的《论语本解》(2013年)和杨逢彬的《论语新注新译》(2016年)。《论语本解》特别重视‘以《论语》前后互证’，也考虑‘从句法上得到内证’(《序》)。因此，注释比较准确、精练，在今注本中口碑较好，影响较大。”(2017年4月)2013年，《论语本解》又出版了修订版，获第六届高等学校科学研究优秀成果奖(人文社会科学)。

四、《正平版〈论语集解〉》

王：孙先生，您为什么要整理正平版《论语集解》？

孙：这是应《儒藏》编纂的需要。因为《论语集解》的版本相当复杂，如何确定校勘底本和校本，颇费斟酌。而我本人对《论语集解》有过研究，所以就决定由我来整理了。自己是怎样整理的呢？需要具体说明一下。《论语集解》成书后，一直流传不废，《隋书·经籍志》著录：《集解论语》十卷，何晏集。《旧唐书·经籍志》著录：《论语》十卷，何晏集解。《新唐书·艺文

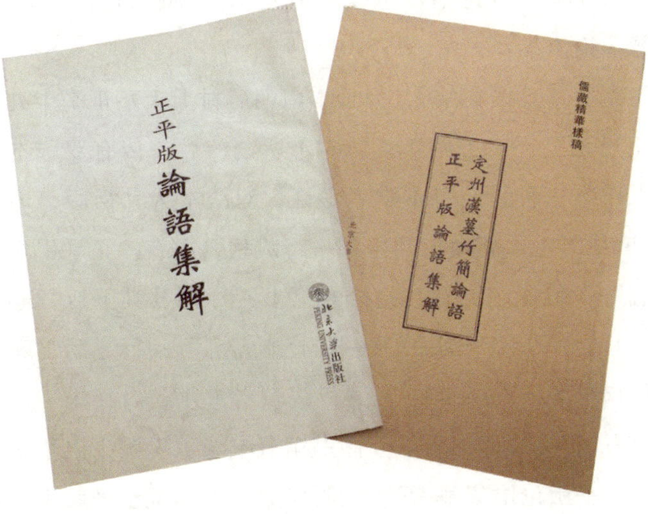

正平版《论语集解》

志》著录:《论语何晏集解》十卷。《郡斋读书志》著录:《何晏注论语》十卷。《直斋书录解题》著录:《论语集解》十卷，魏尚书驸马都尉南阳何晏平叔撰。《论语》单集解本今传已罕,《开成石经论语》十卷，为唐文宗开成二年（837）雕刻九经三传之一种，原石立于长安国子监两廊，宋元祐迁至西安府学。石经至今尚存，题何晏集解，唯只刻正文，未刻注文，文字略有残泐。民国十五年张宗昌皕忍堂曾予摹刻印行，残字亦经双钩补齐。经校勘，此本文字与邢昺疏底本《集解》正文基本相同，当属同一系统，而与皇侃义疏底本《集解》有差异。正文注文齐全的《论语》单集解本，国内早已无存，日本尚流传有抄本、刻本多种，最有代表性的是正平版（正平版曾被钱曾《读书敏求记》误为高丽本，黄丕烈《荛圃藏书题识》卷一有所辨正，但后人沿钱曾之误者亦复不少，直至阮元《论语注疏校勘记》、刘宝楠《论语正义》、今人程树德《论语集释》）。

正平版《论语集解》，为日本南朝后村上天皇正平十九年（甲辰，相当元至正二十四年，1364）所刻，后流传有双跋本、单跋本、无跋本三种。经日本学者考证，双跋本为其祖版，即卷尾有“堺浦道祐居士重新命工镂梓”一行跋款，次有“正平甲辰五月吉日谨志”一行题记，在“论语卷第十”标题及其下双行小注“经一千二百二十三字，注一千一百七十五字”一行之后，又有“学古神德楷法日下逸人贯书”一行跋款者（详武内义雄《正平版论语源流考》，见影印大阪府立图书馆藏本《正平版论语集解》十卷后附《正平版论语集解考》。大阪府立图书馆藏正平版第五卷《子罕》《乡党》、第六卷《先进》《颜渊》原缺，据单跋本配补）。正

《儒藏》编纂与研究中心所编《论语集解》

平版正文注文多同皇疏底本《集解》，而与邢疏底本《集解》多异。正平版与皇疏底本《集解》尽管多同，但两者的同异情况错综复杂，如邢疏本《学而》“不患人之不己知患不知人也”，皇疏本作“不患人之不己知也患己不人也”，正平版有后一“己”字，与皇疏本同；而又无前一“也”字，与皇疏本异。又如邢疏本《为政》：“从心所欲不逾矩。”注文“从心所欲无非法”，皇疏本“法”下有“也”字，而正平版“法”下有“者”字。又如邢疏本同上篇：“我对曰无违。”，注文“恐孟孙不晓无违之意”，皇疏本无“恐”字，正平版同，但亦无“之”字，与皇疏本异。又如邢疏本《子罕》：“改之为贵。”注文“能必自改之乃为贵”，皇疏本无“之”字，“贵”下有“也”字，而正平版作“能必改乃为贵也矣”，与皇疏本有同有异。又如《子路》：“亦可以胜残去杀矣。”

注文“胜残，残暴之人使不为恶也”，皇疏本作“胜残者，胜残暴之人使不为恶也”，而正平版无“者”字，余同。又如《卫灵公》：子曰：“赐也，女以予为多学而识之者与？”对曰：“然，非与？”注文“问今不然”，皇疏本“然”下有“也”字，而正平版“然”下有“邪也”二字。这些情况说明正平版渊源有自，是一个自成系统的单集解本，而并非出自皇疏本。

还有一点值得说明，《四部丛刊》影印本《论语集解》牌记“上海涵芬楼借长沙叶氏观古堂藏日本正平刊本影印”，其实叶氏所藏是正平版的影刻本，而非原刊本，两相比较，不仅字体走样，而且有异文，如《四部丛刊》影印本《子路》：“必也正名乎。”注文“马融曰：正正事之名也”，衍一“正”字，原正平版未衍。又《宪问》：“夫子道也。”原正平版“道”作“导”。甚或有误字，如《季氏》：“伯夷叔齐。”正平版“叔”字本为草书楷化字体，而《四部丛刊》影印本因形近误作“升”字。又“盖均无贫”，正平版“贫”字亦草书楷化字体，《四部丛刊》影印本本误作“贪”，注文中此字同误。这些错误当为影刻摹写时所致。又，《四部丛刊》影印本卷四末左栏外下侧有“朝虎风刻”字样，此为刻工标志，为正平版所无，显为影刻的痕迹。因此，《四部丛刊》影印底本不足为据。

《论语》古本，何晏《论语集解》以前的本子早已不存，只有残卷流传。现传《论语集解》有两个系统，一是皇疏系统，一是邢疏系统。皇疏和邢疏的《集解》底本各有所本，并不是在两疏之间前后流传中产生的差异，这一点可以从唐《开成石经论语》正文本和单集解正平版得到证明。根据以上情况，本人为《儒藏》

整理《论语集解》，以大阪府立图书馆藏正平双跋本为底本。至于校本，日本单跋本、无跋本及中国影刻本，皆源出双跋本，属于同一系统，无校勘价值，可以忽略；而皇疏所据《集解》及邢疏所据《集解》与单集解本属于不同系统，文字各有优劣，则有对校的必要，故列为校本，且不仅校是非，亦酌校异同，旨在反映各本面貌，以明其系统。

五、《定州汉墓竹简〈论语〉》

王：孙先生，您为什么要校点《定州汉墓竹简〈论语〉》?

孙：也是编纂《儒藏》的需要，事出有因。文物出版社 1997 年 7 月出版的河北省文物研究所整理小组整理的《定州汉墓竹简〈论语〉》，把 1973 年出土于定州八角廊村西汉墓中的《论语》作了整理并释文，具有重要的参考价值，影响颇大。北大《儒藏》编纂与研究中心对此书很重视，开始不仅决定入选《儒藏》，还准备收入《儒藏》样书先行出版，以作为范例。

但后来发现其中校勘、释文有错误，甚至是硬伤。关于校勘，如《公冶长》："道不行，乘泡浮于海。"原校云："泡，今

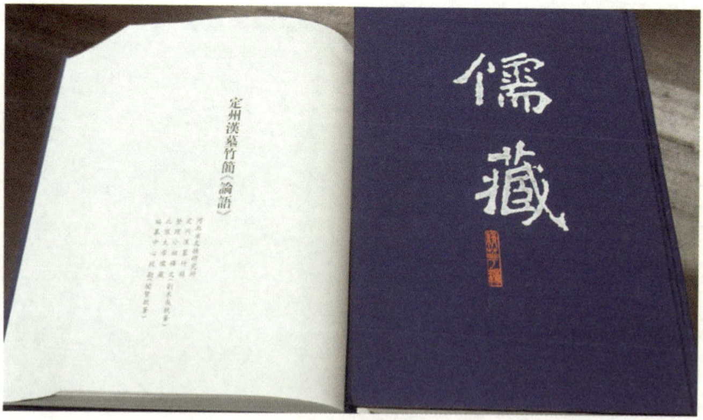

《儒藏》编纂与研究中心所编《定州汉墓竹简〈论语〉》

本作‘桴’，泡误。古桴、枹同通，枹、泡形近。”按，谓“泡误”，非，“泡”恰恰保存了古体。泡、桴古音近（泡，古音滂母幽部；桴，古音並母幽部；邻母，叠韵），可通假。“桴”之借字“枹”，亦从包得声。其实“桴”的本义是木杖或鼓槌，假借义为小筏。当筏讲的本字原作“泭”（古音滂母侯部，与“泡”“桴”双声，韵近），本从水，如《说文》释“泭”字云：“编木以渡也。”《国语·齐语》：“方舟设泭，乘桴济河。”韦昭注：“编木曰泭，小泭曰桴。”董增龄正义：“泭、桴得通名也。”《尔雅·释言》：“舫，泭也。”邢昺疏：“泭、桴音义同。”而“泡”亦从水，与“泭”，音近义同。又“泡”有“水上浮沤”（水面漂浮的泡沫）义，见《汉书·艺文志·杂山陵水泡云气雨旱赋》师古注、慧琳《一切经音义》卷四“浮泡”注引《考声》以及《广韵·肴韵》等；“泭”亦有“水上浮沤”义，见《玉篇·水部》《广韵·虞韵》等。可见“泡”“泭”音近义同，实为同源词。而“桴”当小筏讲，亦与“漂浮”义有关。由此可见，校记判断“泡”为误字，颇为不当。又如《述而》：“若圣与仁，则吾几（岂）敢？印为之不厌，诲人不卷（倦）。”原校云：“印，今本作‘抑’。《说文》云：‘抑从反印，作‘印’误。”按，谓“作‘印’误”，非。从声音看，印、抑音近可通（印，古音影母真部；抑，古音影母质部；二字双声，阳入对转）。又罗振玉把甲骨文“印”字释作《说文》认为“从反‘印’”的“抑”字古体，并指出“印”“抑”古本一字（《增订殷虚书契考释》卷中，东方学会，民国十六年）。裘锡圭在《关于殷墟卜辞的命辞是否问句的考察》中也认为罗说是正确的（《古文字论集》252页）。按，甲骨文“印”字，从爪（手），从人

（跪形），当为会意字，用手控制、压抑人之义。可见“印”实为“抑”之本字，判断为误字，甚不应该。

对于这样一部已出版的书籍，如收入《儒藏》，必须详加修订。当时由我写了近五千字的修改意见，具体指出原书的错误，说明修改的原因和依据，希望原整理者修改成新的书稿，收入《儒藏》。汤一介先生对此非常重视，把修改意见分别请庞朴先生、李学勤先生过目后，亲自寄给原整理者，希望他们参考修改。而原整理者认为原书是经过与一些老专家一起定稿的，坚持不作改动。事已至此，我们总不能知错不改，以讹传讹，于是不得不决定只采用原书的释文，保持原整理者的署名，改由我另作校勘。于是我照做了，署名闻贤，刊入《儒藏》281 册出土文献卷。后来本着学术为公器的原则，又把自己原来提供给对方的修改意见，改写为《定州汉墓竹简〈论语〉校勘指瑕》一文，发表于《文献》杂志，以期得到广泛商讨。

六、《论语新注》

王：学术研究当实事求是。您为何又撰《论语新注》？

孙：《论语新注》是应袁行霈先生主编《新编新注十三经》之约而作的。袁先生主编《新编新注十三经》的想法，在他发表于《北京大学学报》2009 年第 2 期上的文章《新编新注十三经刍议》讲得很清楚。其中对每一种新注的要求是这样说的："《新编新注十三经》必须建立在学术研究的坚实基础上，参考古代的各家之言，充分利用新出土的文献资料，吸取最新的研究成果，使之成为值得信赖的学术著作。我们的宗旨是为读者提供中华文化的元典，便于读者从文献的角度追溯中华文化的要义。编纂这套书是一项重要的文化建设和学术建设工作，对于弘扬中华民族优秀传统文化意义重大，而且现在编纂时机已经成熟。我们的原则是取精用宏、守正出新。取精用宏对于这套书来说格外重要，因

《论语新注》

为历代的版本和研究成果浩如烟海，我们既要充分掌握已有的资料，又要去伪存真，去粗取精。守正出新是我在1995年主编《中国文学史》时提出来的，实践证明取得了良好的效果。所谓守正就是继承优良的学术传统；所谓出新就是努力开拓新的学术格局，充分吸取新的研究成果，适当采用新的研究方法，使这套书具有时代的特色，以适应时代的要求。”服从这一总的要求，根据《论语》本书的特点，我又拟定了九条具体的写作体例，主要如：

第一，《论语》正文以南宋蜀刻本邢昺《论语注疏》（原藏日本宫内厅书陵部，线装书局2001年影印）为底本，校以清嘉庆二十年江西南昌府学所刻阮校邢昺《论语注疏》本，定州汉墓竹简残本《论语》、日本正平版双跋本《论语集解》、知不足斋本皇侃《论语义疏》、清覆宋理宗淳祐十二年刻本朱熹《论语集注》，并参考、酌收《经典释文》和阮元《论语注疏校勘记》（简称“阮校”）的校勘成果。

第二，校勘以校正误为主，酌校异同。校勘范围包括文字和分章。凡底本文字不误而校本误者一律不出校；凡底本文字有误而有充分证据改正者，予以改正，并出校说明；凡疑底本文字有误而无充分证据改正者，不改动底本文字，仅出校说明；凡校本异文属于两通者，择其有重要参考价值者出校。各篇分章，原则上依据底本，个别不合理处，参校他本予以调整，并在相关篇之解题中予以说明。

第三，正文各篇每章仿哈佛燕京学社引得编纂处所编《论语引得》正文的做法，标以篇章序号（杨伯峻《论语译注》正文的做法实本于此），圆点前一数字表示篇次，圆点后一数字表示章次，如2·5，2表示第二篇《为政》，5表示第二篇《为政》的第五章，以便查检和注明参见。

第四，《论语》是一部语录体的思想著作，看似语言平实，但含义深奥，各条语录的具体语境又多不明确，理解易生歧义。有鉴于此，本书注释内容包括由浅入深的三个层面：语词、文义的训释，名物、典制等具体事物的考释，抽象思想义理的诠释。即在注明疑难词语及复杂典制、名物等具体内容的基础上，多方取证，据以分析思想内容，力求做到训诂、考证和思想义理辨析相结合，尤其注意运用材料互证，特别是以《论语》前后互证的方法，以求准确阐明有关字词及其所表达之思想本意。

第五，历代关于《论语》的版本和校注之作极多，且异文繁多，解说纷纭，对此依据取精用宏、由博返约之原则，精确判断，严加取舍。对于分歧之异文、异说，力求辨明是非以存其是；对于义兼通而尚难定其是非之异文、异说，则不强行取舍，并存以供参考。

……

第八，每章立［辨证］一栏，对整章意旨或其中复杂的校释问题作综合辨析论证。

第九，末附录包括：1.《〈春秋〉及三传中有关孔子和〈论语〉史料的文献价值》；2.《论语》内容词条分类索引；3. 主要引用、参考书目。

《论语新注》继承自己以前的研究成果而又有所开拓和创新，写作的过程中颇有爬坡的感觉。该书已于2018年8月由中华书局出版。试举两例以见一斑：

1·5子曰："道千乘之国，敬事而信，节用而爱人，使民以时。"

〔**校注**〕用：财政用度。人：人民。爱人：即惠民，参见5·16"其养民也惠，其使民也义"，20·2"因民之利而利之，斯不亦惠而不费乎"。此句敦煌残卷伯（希和）2618号正作"节用而爱民"，并存《论语集解》文："包（咸）曰：节用，不奢侈。国以民为本，故养爱之。"案，费用取之于民，故将"节用"与"爱人"对举。参见12·9"哀公问于有若曰：'年饥用不足，如之何？'……对曰：'百姓足，君孰与不足？百姓不足，君孰与足？"又《荀子·治国》说："足国之道，节用裕民，……节用以礼，裕民以政。"《毛诗小序》："《駉》，颂僖公也。僖公能遵伯禽之法，俭以足用，宽以爱民，务农重谷，牧于坰野，鲁人尊之。"皆可与此互参。

使：役使。使民，指驱使老百姓从事兵役、工役（筑城、治河等）和杂役（如《诗·豳风·七月》"尚人执宫工"）。时：四时，季节。以时：按时，指不违农时（春种、夏耘、秋收）。此句《论语集解》："包曰：'作使民必以其时，不妨夺农务。'"案，古代社会经济，以农业为本，农业生产季节性极强，故干扰农时为治国之大。《管子·治国》有"耕耨者有时，而泽不必足"之言，可与此句互参。

〔**辨证**〕本章用简单三句话，概括了治国之大政方针，且贯穿以辩证思维。国事与民信是一组矛盾，惟有治理好国事，方能得到人民信任，而其中民信又是矛盾之主要方面，民无信则国家立不住；物用与人民是一组矛盾，物用属物力资源，人民属人力资源，而人民又是矛盾之主要方面，物质财富靠人民生产；徭役与农耕是一对矛盾，而农耕又是矛盾之主要方面，当时农耕是社会生产之基础。此处孔子之思想，不仅周密照顾到各个方面，而且恰当地强调了主要方面，参见12·7，12·9。

又本章"节用而爱人，使民以时"二句，为赵纪彬《论语新探·释人民》一节论证《论语》中"人"与"民"两个字之含义有阶级区分的一条重要依据，《新探》有一前提，即认为孔子所处之时代为奴隶社会，故根据此处对"人"讲"爱"，则认为"人"只能是指奴隶主，对"民"讲"使"，则认为"民"只能是指奴隶。实则此说难以成立。首先，从语言学上讲，语言本无阶级性，基本词汇不可能具有特定阶级含义；其次，从校勘上讲，本章"人"字或作"民"，文本依据发生动摇；复次，从训诂上讲，通观《论语》中"人"字有三种含义，须根据具体语例确定：第一种含义，与鬼神相对而言时，指人间之人，如"未能事人，焉能事鬼"（11·12）；第二种含义，与事物相对而言时，指人类，如"节用而爱人"（本章），"鸟之将死，其鸣也哀；人之将死，其言也善"（8·4），"伤人乎？不问马"（10·15）；第三种含义，与己相对而言时，指别人，如"人不知而不愠"（1·1），"不患人之不己知，患不知人也"（1·16），"己所不欲，勿施于人"（12·2，15·24），"己欲利而利人，己欲达而达人"（6·30），"学而不厌，诲人不倦"（7·34），"古之学者为己，今之学者为人"（14·24），"不患人之不己知"（14·30），"不怨天，不尤人"（14·35，案此例中的"人"字既与"天"相对而言，又与"己"相对而言），"修己以安人"（14·42）。故《论语》中之"人"字，并不如《论语新探》所言实指统治阶级奴隶主。《论语》中之“民”字有两种含义，亦须根据具体语例确定：第一种含义，与鬼神相对而言时，指人间之民众，包括各阶层、各阶级之人，如“务民之义，敬鬼神而远之”（6・22），“有民人焉，有社稷焉”（11・23）；第二种含义，与执政者相对而言时，指治下之民众，包括各阶层、各阶级之人，如“道之以政，齐之以刑，民免而无耻”（2・3），“季康子问：‘使民敬、忠以劝，如之何？’子曰：‘临之以庄，则（此下《义疏》本有“民”字，末句“则”字下亦有“民”字）敬；孝慈，则忠；举善而教不能，则劝。’”（2・20）“子贡问政。子曰：‘足食，足兵，民信之矣。’”（12・7）“刑罚不中，则民无所措手足”（13・3），“上好礼，则民莫敢不敬；上好义，则民莫敢不服；上好信，则民莫敢不用情”（13・4），“上好礼，则民易使也”（14・41）。所以《论语》中之“民”字，并不如《论语新探》所言实指被统治阶级奴隶。作人类群体讲的“人”和“民”都是中性的词，并没有不同阶级属性的差别，《论语》中的例子，如11・23：“有民人焉，有社稷焉”，“民”“人”与“社”“稷”对应，从意义上看，“社”与“稷”没有等级差别，“民”与“人”也没有被压迫者与压迫者的区别；《论语》之外的例子，如《诗・大雅・抑》“质尔民人”，《左传》昭公二十年“民人苦病，夫妇皆诅”，其中“民人”皆为两个同义词构成的短语“民人”又或作“人民”，如《周礼・大司徒》“大司徒之职，掌建邦之土地之图，与其人民之数，以佐王安扰邦国”，《周礼・小司徒》“乃均土地以稽其人民而周知其数”，《周礼・闾师》“掌国中及四郊之人民六畜之数，以任其力，以待其政令，以时征其赋”，《周礼・质人》“掌成市之货贿、人民、牛马、兵器、珍异”，《周礼·职方氏》“掌天下之图，以掌天下之地，辨其邦国、都鄙、四夷、八蛮、七闽、九貉、五戎、六狄之人民与其财用、九穀、六畜之数”，《孟子·尽心下》“诸侯之宝三：土地、人民、政事”，与“民人”结构、意义均同。因“人”“民”二字《论语》全书多见，并被人先入为主、穿凿附会进行歪曲解释，故于首见处详辨如此。

17·25 子曰：“唯女子与小人为难养也，近之则不孙，远之则怨。”

〔**校注**〕女子：古文献中有三种解释，其一泛指女人，其二指处女，其三指女儿。《论语》古注对本章“女子”一词，或阙而不注，如《论语集解》《论语义疏》，盖泛指女性；或概指一般女性，如邢昺《论语注疏》曰：“此言女子，举其大率耳。若其禀性贤明，若文母之类，则非所论也。”或连同“小人”以指臣妾，如《论语集注》曰：“此小人，亦谓仆隶下人也。君子之于臣妾，庄以涖之，慈以蓄之，则无二者之患矣。”综观《论语》，除本章可疑外，孔子对妇女并无轻视之言，如 8·20 孔子评论武王“予有乱臣十人”之言，谓“有妇人焉，九人而已”，妇人即邢昺疏所指“文母”（文王妃大姒），是很值得尊敬的。如果“女子”泛指女人，则孔子之母等长者、尊者女性亦难除外，则孔子必不会用不敬之辞“难养”称之。故此处“女子”当指女儿，参见〔辨证〕。

小人：此处当以身份而论，指地位低下而又关系亲密的近侍奴仆。养：蓄养。

“近之”二句：意谓稍有亲近就放肆不逊，稍有疏远就怨恨不已。远：疏远，此处指保持距离。案，孔子对其子女一向保持距离，以免过于亲昵，形成溺爱，《论语》有内证，见16·13“又闻君子之远其子也”。又案，《左传》僖公二十四年：“女德无极，妇怨无终。”杜预注：“妇女之志，近之则不知止足，远之则忿怨无已。”杜注盖据《论语》本章，然以“女子”泛指“妇女”，当非孔子本意。

〔**辨证**〕本章将“女子”与“小人”并论，且以“难养”为判，则“女子”非泛指女人。古代儿子、女儿通称曰“子”，《论语》亦如此，如5·1“以其子妻之”，5·2“以其兄之子妻之”，以上“子”指女儿；而16·13“又闻君子之远其子也”，此处“子”指孔子儿子孔鲤。本章“女子”当解为“女性之子”，即女儿。“女子”作“女儿”解，《左传》亦有其例，如《左传》襄公二十六年：“宋芮司徒生女子，赤而毛，弃诸堤下。”案，众所周知，通常“女儿”与“儿子”禀性不同，女儿往往容易撒娇，过细计较，而儿子则往往大大咧咧，满不在乎。故只有女儿极易产生“近之则不孙，远之则怨”的情况。

七、《高适集校注》

王：从《论语注译》到《论语新注》，完整呈现了您研究《论语》的成就。孙先生您出版过《高适集校注》，这本书在学术界产生很大影响，上海古籍出版社社长高克勤先生于2016年接受文汇报记者采访，介绍“上古出版社和《中国古典文学丛书》60年”时曾说：“当然，出版社从不排斥自动投稿的作者，甚至挖掘了很多彼时名不见经传、但很有学术潜力的年轻学者。《丛书》正式推出之后，来稿不少，北京大学中文系的一位年轻讲师就投来《高适集校注》，编辑们看了以后，觉得比已经出的一位前辈学者的整理本还要好，便接纳了投稿。这名投稿人就是后来成为《全宋诗》的主编、《儒藏》总编纂之一的孙钦善先生。作为北京大学中国古典文献学的领头人物，孙老今年也有82岁了。”（文汇报记者于颖《上海古籍出版社社长高克勤：一个出版社和一套丛书的60年》）您为什么要整理《高适集》？

孙：《高适集校注》是我长期研究高适的一个成果。前面已经讲过，我研究高适是从研究生学习阶段与陈铁民、武青山、何双生三位同学合作编著《高适岑参诗选》开始的。当时我和武青山负责高适诗的选注，书稿完成后，我持续不断对高适进行研究，多有创获：第一，撰写高适年谱。两《唐书》虽然有高适的本传，《河岳英灵集》《唐才子传》虽然有高适的小传，但皆比较简单，且错误又多又严重，难以为据。我根据有关墓志、高适的交游材料，特别是抽绎高适本人的诗文，撰成《高适年谱》，发表于《北京大学学报》(哲学社科版) 1963 年第 5 期，对高适传记资料及前人所撰年谱多有补正。后又撰《高适年谱诸疑考辨》，发表于《北京大学学报》(哲学社科版) 1983 年第 4 期，除考辨前人所撰年谱的疑点之外，还对自己第一稿《高适年谱》有所订正。继而撰成《高适年谱》定稿，收入《高适集校注》附录。第二，撰写《高适集版本考》(发表于《文献》第 11 辑，收入《高适集校注》附录)，对传世的高适诗文集进行翔实考证，理清其版本系统和源流。并特别对具有极高的补遗和校勘价值的敦煌写本加以考述和利用。第三，对高适诗文进行校勘、辑佚、辨伪。第四，对高适诗文作了系年考证和切实的注释。在以上诸方面成就的基础上，撰成《高适集校注》，1984 年由上海古籍出版社收入《中国古典文学丛书》出版。总而言之，《高适集校注》对高适诗文作了考证编年，对集外诗文作了钩稽补遗，对伪诗作了考辨剔抉。在考清版本源流的基础上，确定底本与校本，并首次利用敦煌残卷对高适集作了校勘，补正颇多。

王：钱玄教授也对《高适集校注》有过评价，1988 年钱老在《校勘学》一书中把《高适集校注》列为民国以来“利用新资料进行校勘，而成为目前比较完善的校本”的十例之一。

孙：承蒙贵校钱老肯定，很荣幸。钱老所说的“利用新资料进行校勘”，具体到《高适集校注》来说，就是指利用敦煌发现的写本残卷。敦煌残卷保存高适诗的主要有两种：一是《高适诗集》，伯 3863，凡三十六题，四十八首，为敦煌残卷保存高诗较多者，订讹补遗之价值很高。如其中有后世传本集外佚诗三首：《双六头赋送李参军》《遇崔二有别》《奉寄平原颜太守》。第三首思想艺术成就尤高，又是考证高适身世的重要资料。又如其中的《武威作》二首，即后世传本之《登百丈峰》二首，可据以订正后人严重妄改之误。二是《诗选》，伯 2552，其中高诗凡四十题，四十一首，校勘、补遗价值均很高。如其中有后世传本集外佚诗二首：《自武威赴临洮谒大夫不及因书即事寄河西陇右幕下诸公》《同李司仓早春宴睢阳东亭》。前一首思想艺术价值颇高，又是考证高适身世的重要资料。罗振玉辑印之《鸣沙室佚书》中署为《唐人选唐诗》之诗选残卷，存高适《信安王幕府诗》一首及《留上陈左相》前数句，下与伯 2552 高诗部分珠联璧合，实为此残卷割裂之部分。《信安王幕府诗》此本多佚句，可资校勘。其他如：诗选，伯 2555，有《塞上闻吹笛》、《别董大》二首其一；伯 2748，有《燕歌行》；伯 3195，有《燕歌行》(残)、《送萧判官赋得黄花戍》(佚诗)；伯 3619，有《饯故人》、无题‘一队风来一队砂’(皆为佚诗)；伯 3812，有《在哥舒大夫幕下请辞退托兴奉诗》(疑伪)；斯 288，有《古大梁行》(残)、《燕歌行》；斯 2049，有《汉家篇》(即《燕歌行》)，等等。《高适集校注》利用敦煌残卷校正传刻本重大讹误的情况很多，我曾撰《〈高适集〉校敦煌残卷记》做过总结，发表于《文献》第 17 辑。其中涉及诗作 67 首，校例 220 则。收在您和永祥编的《斯文不坠在人间》一书中的我的文章《校勘实例举隅》，也选了一些校例。有关具体校例说明，敦煌残卷的校勘价值确实极高，传世《高适集》版本的诸多讹误，非借助敦煌残卷不能纠正。

王：请您举例谈谈。

孙：例如（所标传世本文字，以明覆宋分体十卷本为底本）：

1. 单父逢邓司仓覆仓库因而有赠

此题伯 3862 作“单父逢邓司仓覆库因而有别”。

四人忽不扰：“四人”，当作“四民”，《穀梁传》成公元年：“古者有四民：有士民，有商民，有农民，有工民。”“人”，系避唐太宗李世民讳改。“民”讳改为“人”，高适诗亦有佐证，如《古飞龙曲留上陈左相》“天子富平侯”句：“平”，伯 2552 作“人”，清影宋抄本、《文苑英华》同。按作“人”是，“平”误。富人侯，即富民侯（“富民”为地名），典出《汉书·车千秋》：汉车千秋做丞相，并被汉武帝封为富民侯。唐陈希烈天宝五载官至左相，封许国公，与车千秋身份相值。“忽”，伯 3862 作“惚”，

孙先生与王锷访谈留影

为“總”字俗体。玩诗意，作“總”是。疑“惣”因形近而误（或妄改）为“忽”。

粲粲府中妙，授词如履霜：“授”，伯3862作“挍”，同“校”。挍词，盖捡校库藏的念词。履霜，即《周易·坤》“履霜坚冰至”之意，用为防微杜渐之戒。此谓校词精审谨严。

开襟自公余，载酒登琴堂：“公余”，伯3862作“公馆”，官府。按“自公馆”谓办完公事自公门而出，语本《诗经·召南·羔羊》“退食自公”。《诗经》下句为“委蛇委蛇”，闲适自得的样子，正与“开襟”相当。故以敦煌写本为是，作“余”，疑为后人妄改。

2. 睢阳酬别畅大判官

丈夫拔东蕃，声冠霍嫖姚：“丈夫”，伯2552作“大夫”，是，作“丈夫”乃形近而误，或无知妄改。《资治通鉴》天宝六载十月，胡三省注：“唐中世以前，率呼将帅为大夫，白居易诗所谓‘武官称大夫’是也。”

诸将出井陉，连营济石桥：“井陉”，伯2552作“冷陉”，清影宋抄本同，是。冷陉即冷口，为东北边塞长城之隘口，在今河北省迁安县东北七十里。作“井陉”则于地理不合。

王：高适有些诗，应该与西北边塞有关。

孙：是的。比如《登百丈峰》二首。

朝登百丈峰，遥望燕支道。汉垒青冥冥，胡天自如扫。忆昔霍将军，连年此征讨。匈奴终不灭，寒山徒草草。唯见鸿雁来，令人伤怀抱。

晋武轻后事，惠皇终已昏。豺狼塞瀍洛，胡羯争乾坤。四海如鼎沸，五原徒自尊。而今白庭路，犹对青阳门。朝市不足问，君臣随草根。

诗题：传世诸本同，唯伯 3862 作“武威作二首”，是，说详下。

朝登百丈峰：“百丈峰”诸本同，唯伯 3862 作“百尺烽”。按以敦煌写本为是。“烽”即烽火台，西北至今仍有遗址，相当高大，故素有百尺之称，如李益《暮过回乐烽》有“烽火高飞百尺台”句。高适此诗本作“百尺烽”，盖“烽”字因形近音同而讹为“峰”，中原人不解烽燧形制高大可称“百尺”，不悟其谬，反以“百尺”与山峰不协，妄改为“百丈”，致使面目全非，遂后又连及而改诗题，将“武威作”改为“登百丈峰”。“烽”“峰”讹混，唐诗皆习见，如李益诗：《暮过回乐烽》一首，因诗中有“烽火高飞百尺台”句，题中“烽”字不误，而《夜上受降城闻笛》首句：“回乐峰前沙似雪”，“烽”已讹为“峰”。幸《全唐诗》于“峰”下附注异文：“一作烽”，得以留其真迹。按回乐为唐灵州大都护府属县，绝非山名，回乐烽指筑于其地的烽燧。又王维《凉州赛神》诗云：“凉州城外少行人，百尺峰头望虏尘。”凉州即武威郡，州郡名称几经更易，盖“百尺峰”亦“百尺烽”之讹。

匈奴终不灭，寒山徒草草：“寒山”，伯 3268 作“塞下”，清影宋抄本注：“一作塞下。”按以“塞下”为是，作“寒山”则涉妄改之“百丈峰”而讹。

五原徒自尊：“五原”，伯 3862 作“五凉”；“徒”，伯 3862

作“更”。按以敦煌写本为是。五凉即十六国时的前凉、后凉、南凉、西凉、北凉，史称“五凉”，所据之地在今甘肃武威、张掖、酒泉及青海乐都一带。自尊，指不依附于晋朝而独立。“五凉”与此诗怀古之地相合。盖“凉”或写作“凉”，形近并涉“五原”而妄改为“原”（五原指长安之毕原、白鹿原，少陵原、高阳原、细柳原，妄改者或借以代指京城长安，然忽略了晋朝京城为洛阳），遂又改“更”为“徒”。古书致误或臆改的错综辗转复杂情况，由“百丈峰”及此例可见。

而今白庭路，犹对青阳门：“白庭”，伯3862作“白亭”，是。按白亭为西北边塞地名，因白亭海而得名，在今甘肃省北部，唐河西节度使于此置白亭守捉，正与此诗怀古之地相合。

八、《龚自珍诗文选》

王：您研究龚自珍、选注龚自珍诗文，与研究高适、校注《高适集》差不多同时？

孙：两个课题都是作为学生参加集体科研时埋下的伏笔。《龚自珍诗文选》是关于龚自珍诗、文、词的选注本，完稿虽然比《高适集校注》晚 3 年，但研究龚自珍及其诗、文、词，发端于大学本科时参加编注《近代诗选》，比研究高适始于攻读研究生阶段还要早。参加编注《近代诗选》时，我就觉得，近代诗人没有一个人能比得上龚自珍的，甚至在中国诗歌史和思想史上，他也不愧为一个大家。龚自珍的诗、文、词思想深厚，艺术也好，很吸引人，很值得研究。在研究生阶段，我写了一篇论文《试论龚自珍的诗》，对龚诗的思想和艺术作了全面论述，参加工作以后，发表于《北京大学学报》（哲学社科版）1981 年第 5 期。1983 年发表《说居庸关》《己亥六

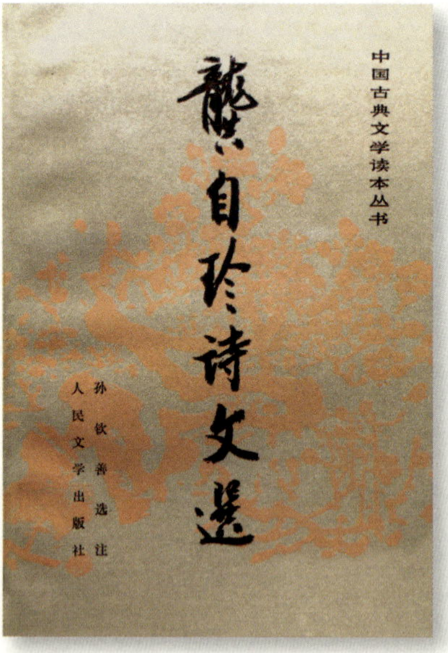

《龚自珍诗文选》

月重过扬州记》《病梅馆记》注释与鉴赏（见上海辞书出版社《古文鉴赏辞典》）。1984年接连发表两篇赏析文章：《刺向腐朽的利剑——谈龚自珍的三首讽刺诗》《滚动在心底的风雷——读龚自珍诗〈十月廿夜大风不寐起而书怀〉》（由中央电视台播讲，见《阅读与欣赏》八、九两集）。1984年5月《龚自珍诗文选》完稿，1991年7月由人民文学出版社出版，1993年12月收入《中国古代文学读本丛书》再版，2004年1月又易名《龚自珍选集》，收入《近代文学名家诗文选刊》丛书出版，可见得到了时间的考验，为学界所认可。1987年发表《论龚自珍的个性解放思想》（《中国文化与哲学》1987年号）。1989年发表《试论龚自珍的古文献学思想和成就》（《古代文献研究集林》第1集）。1993年发表《论龚自珍诗文的讽刺艺术》（台北《中国国学》第21期）。2006年出版《龚自珍诗词选》（收入中华书局出版的《古典诗词名家》丛书，以《龚自珍诗文选》为基础撰成）。

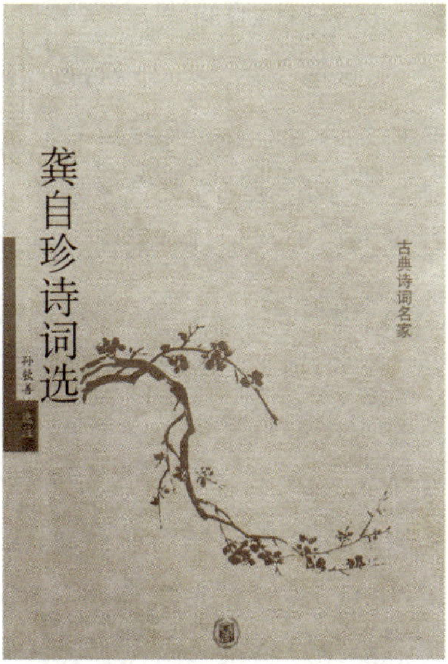

《龚自珍诗词选》

王：您是如何选注龚自珍诗、文、词的？

孙：入选《龚自珍诗文选》的诗、文、词，文字以中华书局上海编辑所1959年出版的王佩诤校订的《龚自珍全集》为据，个别地方据他本重新校定，均作说明。《全集》原存旧校异文，优者间采注中。三部分作品各按写作时间顺序编次。至于注释体例，每篇之前著一“说明”，交代写作时间、背景，简析思想、艺术。注释力求注明难词、名物、制度、典故及所涉人物、地理、历史事实。作者诗、文、词常用隐喻曲笔，对此综考有关篇什，参验核证（特别是用龚自珍作品互证），加以揭示，但注意避免龚诗解释中索隐一派的刻意求深，牵强附会。

王：请您举例谈谈。

孙：举几例为证，关于整首诗的说明和注释，如：《逆旅题壁，次周伯恬原韵》

〔**说明**〕这是一首和诗，作于嘉庆二十五年（1820）在北京参加会试落第后，五月初南归途中。周仪暐（1777—1846），字伯恬，江苏阳湖（今江苏常州市）人。嘉庆九年（1804）举人。初任安徽宣城县训导，后改授陕西山阳知县，又调署凤翔知县，不久以老病乞休。工诗，著有《夫椒山馆诗集》。徐世昌《晚晴簃诗话》：“伯恬工六朝文辞，尤深于诗，拟古诸作，往往逼真。中岁奔走中南诸名郡，足迹半天下，为诗尤激昂慷慨。数奇不遇，晚年始宰一山邑，不三载殁，可悲也。”周氏原诗为《富庄驿题龚孝廉自珍韵》（按，当为龚和周，此题盖周氏自谦而拟）：“何曾神女有生涯，渐觉年来事事赊。梦雨一山成覆鹿，颓云三角未盘鸦。春心易属将离草，归计宜栽巨胜花。扇底本无尘可障，一鞭清露别东华。”（见《夫椒山馆诗集》卷十八）知周氏与龚一起参加会试，失意同归，共宿富庄驿舍，相和作诗。周诗还仅限于个人身世的感慨，而龚诗寓意深远，身世国事交感并集，深刻揭示了社会的没落形势和危机，无情讽刺了醉生梦死的腐朽势力，并对自己心系国家而身遭沦落的境遇甚感愤慨。逆旅：客舍。次韵：和诗的一种形式，要求入韵之字与原诗依次相同。按，此诗与周诗第二句韵字有异。又作者同时作有词《南浦》，小序曰："端阳前一日，伯恬填词题驿壁上，凄瑰曼绝，余亦继声。"中有"羌笛落花天，办香鞯两两愁人归去。连夜梦魂飞，飞不到，天堑东头烟树"等句，可知时值阴历五月四日。

名场阅历莽无涯，心史纵横自一家。
秋气不惊堂内燕，夕阳还恋路旁鸦。
东邻嫠老难为妾，古木根深不似花。
何日冥鸿踪迹遂，美人经卷葬年华！

〔**注释**〕"名场"二句：是说仕途官场阅历已深，世人不过追逐名利而已，系念国家，顾往计来，心事纵横的，只有我辈有志之士。名场：科举考试的闱场，因系士子争名之所，故称。这里泛指官场及上层社会。莽：草木深处，引申为深邃。心：指济世之心，念国之情。史：指考察历史，熟悉掌故，引古筹今。作者《尊史》一文说："欲知大道，必先为史。"《对策》说："人臣欲以其言裨于事，必先以其学考诸古。不研乎经，不知经术之为本源也；不讨乎史，不知史事之为鉴也；不通乎当世之务，不知经、史施于今日之孰缓、孰亟、孰可行、孰不可行也。"

“秋气”二句：分别写在衰败没落的形势下，保守势力的麻木不仁，爱国志士的无限忧思。秋气：使草木凋残的秋天肃杀之气。宋玉《九辩》：“悲哉秋之为气也，萧瑟兮草木摇落而变衰。”龚诗屡以“秋气”比喻衰败的形势，如《自春徂秋，偶有所触，拉杂书之，漫不诠次，得十五首》其二：“四海变秋气，一室难为春。”堂内燕：比喻得势的达官贵人。《楚辞·九章·涉江》：“鸾鸟凤皇，日以远兮；燕雀乌鹊，巢堂坛兮。”前句谓贤者去朝日远，后句谓小人得势。刘禹锡《乌衣巷》：“旧时王谢堂前燕，飞入寻常百姓家。”王、谢为南朝大族，“堂前燕”喻依附权势之人。燕为候鸟，冬去春来，这里说不为秋气所惊，讽其醉生梦死，麻木不仁。又燕多喻趋炎附势之人，居安则可，遇危则飞散，如作者《明良论二》：“如是而封疆万万之一有缓急，则纷纷鸠燕逝而已，伏栋下求俱压者焉尟矣！”夕阳：比喻没落的形势，参见《杂诗，己卯自春徂夏在京师作，得十有四首》其十二“忽忽中原暮霭生”句及注。恋：思念，顾及。这里是“为……所念”之意。路旁鸦：比喻自己和周氏一类沦落失意的忧国之士。句意本温庭筠《春日野行》诗“鸦背夕阳多”及马致远《天净沙》：“枯藤老树昏鸦，……夕阳西下，断肠人在天涯。”

“东邻”二句：比喻年华将逝，难以永葆青春，奋发有为。东邻：司马相如《美人赋》：“臣之东邻有一女子，云发丰艳，蛾眉皓齿。”嫠（lí）：寡妇。似：嗣，继续。《诗经·小雅·斯干》：“似续妣祖。”毛传：“似，嗣也。”花：用作动词，开花。

“何日”二句：是说有朝一日隐逸出世，以美人相伴，读佛经遣日，葬送年华。这是失志时表示愤慨的话。冥鸿：高飞天空的大雁，比喻隐逸之士。参见《鸣鸣硁硁》“不然冥冥鸿，无家在中路，恝哉心无瑕，千古孤飞去”四句及注。

王：每首作品都有这样的说明吗？

孙：是的。

王：龚自珍诗、文、词反映了作者什么思想？

孙：关于辨析思想义理者，如对龚自珍的思想，通过分析他的诗文，我提出了三个要点：1. 面对没落形势的忧患意识，2. 针对腐朽现实的批判精神，3. 呼唤风雷的改革理想。这三点是互相联系的，递进的，自有它的逻辑理路。龚自珍的改革思想有其哲学观为基础，就是“易，穷则变，变则通，通则久”（《周易·系辞》）；有其历史观为依据，就是《公羊春秋》“据乱”“升平”“太平”的三世说（龚自珍的用语，或为“治世”“乱世”“衰世”三等，或为一天当中的早、午、夕三时）。龚自珍的改革思想，以人才解放为依托，而人才解放又以个性解放为核心。1984 年 5 月我在《龚自珍诗文选》前言中说：“如果说龚自珍的经济、政治思想还未越出封建主义的藩篱，那么他在人性、伦理方面的个性解放思想，可以说已具有资产阶级的性质，与当时资本主义萌芽的现实情况紧密地联系着。”1985 年 10 月赴芜湖安徽师范大学参加龚自珍诗文学术研讨会，发表论文《论龚自珍的个性解放思想》（后刊载于《中国文化与哲学》1987 年号，1998 年又收入《北京大学百年国学文粹》文学卷），认为龚自珍是中国近代史发轫时期的重要思想家和文学家，他的思想比较复杂，有的学者认为属于资产阶级启蒙思想家。通过对其诗文全面考察和深入诠释，本人则认为他属于具有改革理想的封建阶级开明思想家，在经济思想和政治思想方面终未突破封建藩篱，而他的关于个性解放思想则具有新的特质。这一见解，被经济学家厉以宁教授在《非原生型资本主义的探讨（2）》论文中加以引用，如厉文说："龚自珍的政治和经济思想中，尽管有不少对时政的抨击，对官场腐败的谴责，以及有关如何富民强国的建议等，但这些思想仍建立在维护封建制度的基础之上。反映龚自珍思想特色的，则是他的个性解放思想，主张天赋人性，反对封建束缚，反对矫揉造作，反对把'天理'同私欲对立起来，这种思想'在当时确实起着发聋振聩的作用的'。（原注：孙钦善《论龚自珍的个性解放思想》）因此，梁启超在《清代学术概论》中指出：'晚清思想之解放，自珍与有功焉；光绪间所谓新学家者，大率人人皆经过崇拜龚氏之一时期；初读《定庵文集》，若受电然，稍进乃厌其浅薄。'孙钦善对梁启超这段话的评论是：'所谓"若受电然"的感觉，除来自龚自珍对旧制度的尖锐批判和大声疾呼改革之外，当亦与接触到龚自珍这样犀利的新思想有关。至于"稍进乃厌其浅薄"，则除了指龚自珍并未在政治、经济上提出明确的资产阶级纲领之外，也包括他的个性解放思想缺乏新的理论根据和更为深刻的表述。'"（原注：孙钦善《论龚自珍的个性解放思想》）（转引自 2005 年 4 月 3 日《中国经济史论坛》网扫校版）我觉得自己辨析思想义理取得的成果，能被严谨的经济学论文所引用，是值得庆幸的。

王：您如何看待龚自珍诗词的艺术特色？

孙：关于龚自珍以诗歌为主的文学创作的艺术特色，我在《龚自珍诗文选》前言中，归纳了三点：一是感慨深沉，二是深邃含蓄，三是大声疾呼、想象奇特。后来在《龚自珍诗词选》前言中又作了一些修改，也是三点：

龚自珍诗的第一个特色是正视现实，慷慨悲歌，富有战斗性。他对现实深有感触，欲罢而不能，必吐而后快。他说："外境迭至，如风吹水，万态皆有，皆成文章，水何拒之哉？"（《与江居士笺》）他反对摹拟雕琢，主张直面现实，推崇杜甫诗歌反映世上疮痍、民间疾苦的"苍茫"风格："诗格摹唐字有棱，梅花官阁夜锼冰。一门鼎盛亲风雅，不似苍茫杜少陵。"（《己亥杂诗》，自注：王秋垞大堉《苍茫独立图》）他也反对吟风弄月，主张慷慨悲歌地去反映没落的社会现实："天教伪体领风花，一代人才有岁差。我论文章恕中晚（指已非盛世的中晚唐），略工感慨是名家。"（《歌筵有乞书扇者》）他认为"夕阳忽下中原去，笑咏风花殿六朝"（《梦中作》）是粉饰太平、玩世不恭的表现。他的创作出色地实现了他自己的文学主张，正如他自己所说："铁石心肠愧未能，感慨如麻卷中见。"（《秋夜听俞秋圃弹琵琶赋诗书诸老辈赠诗册子尾》）

龚自珍诗的第二个特色是冷峻与热肠、执著与超然集于一腔。这可以看作龚自珍诗文的抒情风格。龚自珍曾说："庄（子）、屈（原）实二，不可以并；并之以为心，自白始。"（《最录李白集》）而他自己正像李白一样，也是"庄骚两灵鬼，盘踞肝肠深"（《自春徂秋……得十五首》其三）。龚自珍诗文中的冷与热不仅分别表现在对待讽刺与歌颂两种不同对象的态度上，例如他鄙弃"委蛇貌托养元气，所惜内少肝与肠”，称颂“阅世虽深有血性，不使人世一物磨锋芒”(《饮少宰王定九宅少宰命赋诗》)；鄙弃“痴黠”，称颂“童心”(《己亥杂诗》)；鄙弃“丹黄粉墨之，衣裳百千身”，称颂“磅礴匠心半，斓斑土花春”(《人草稿》)；鄙弃“西邻吊罢东邻贺”，称颂“歌哭前贤较有情”(《歌哭》)；鄙弃“京师”，称颂“山中”(《尊隐》)；鄙弃“秋气不惊堂内燕”，称颂“夕阳还恋路旁鸦”(《逆旅题壁次周伯恬原韵》)，等等。有时还集中表现在对待同一对象的态度上，例如面对封建末世，龚自珍采取了冷酷严峻、不留情面的讽刺、批判态度，但是这种讽刺、批判，目的不在于推翻封建社会，而是幻想革除弊端，挽救危机，实现改良。因此在冷峻讽刺、批判的同时又怀有恨铁不成钢、忧国忧民、济世救邦的热肠。对于某些具体的讽刺对象也往往是冷峻与热肠并存，如《咏史》：“避席畏闻文字狱，著书都为稻粱谋”，对待处在清王朝软硬兼施政策下的知识分子，就是哀其不幸，怒其不争的。又如《己亥杂诗》“九州生气恃风雷”，对最高统治者既有严讽又有热望。当然对待自己所深恶痛绝不抱幻想的讽刺对象如达官贵人等，则只有冷峻而无热肠。

龚自珍诗的第三个特色是既深沉含蓄，又犀利辛辣。这可以看作龚自珍诗文的表现风格。龚自珍由于感受深刻，观察入微，认识透辟，对于人和事的刻画往往入木三分，形成深沉的风格，读他的作品总是感到意蕴深而韵味长，确如他自己所说：“欲为平易人诗，下笔清深不自恃。”(《己卯杂诗》其一四）至于含蓄，固然与在当时高压禁锢政策之下有难言之苦有关，但并不是怯懦的躲闪，而主要表现为作者善于用反语、曲笔、寓言乃至春秋笔法委婉吐词、迂回战斗的机智和深谙欲彰故隐的艺术辩证法。用反语者，如“纵有噫气自填咽，敢学大块舒轮囷?”(《十月廿夜，大风不寐，起而书怀》)面对腐朽专横的权贵，表面上似乎要忍气吞声，实际上非像“大块舒轮囷”那样不足以倾吐心中不平之气。“皇天误矜宠，付汝忧患物”(《寒月吟》其二)，明明是对自己的惩治，却说成“矜宠”，实为对“皇天”的戏弄。用曲笔者，或借古以讽今，如《汉朝儒生行》《咏史》等，或咏物以寄意，如《人草稿》《己亥杂诗》“忆北方狮子猫”等，或写景以隐喻，如《十月廿夜，大风不寐，起而书怀》《夜坐》《己亥杂诗》“九州生气恃风雷”等。龚自珍寓言体裁的诗文写得尤佳，如《赋忧患》《尊隐》《病梅馆记》《三捕》等，形象生动，寓意深刻。至于春秋笔法，《杭大宗逸事状》最为典型，不避要害，寓褒贬于记事，以致杭大宗的耿介倔强、乾隆皇帝的专横残暴，统统跃然纸上，而又无懈可击，难以被抓到加害的把柄。龚自珍诗文中犀利辛辣的手法比较明显，他大胆直言，嬉笑怒骂，痛快淋漓。正如王芑孙复龚自珍信所说：“诗中伤时之语，骂坐之言，涉目皆是。”(张祖廉《定庵先生年谱外纪》)

我分析龚自珍的文学作品，很留意他铸造的一些艺术意象。在《龚自珍诗文选》一书中，还只是分散见于说明、注释各处；在《龚自珍诗词选》一书前言中，则集中作了归纳辨析。

王：您是如何归纳龚自珍诗、文、词所铸造的一些艺术形象?

孙：基于思想和艺术的特点，加之奇特的想象，龚自珍在文学作品中创造了一系列意蕴丰富而又美感强烈的艺术意象。试举几个例子。

剑与箫。剑与箫是龚自珍诗词中经常出现的两个意象，而且是同时对举。例如："怨去吹箫，狂来说剑，两样销魂味"（《湘月》词，1812）。"经济文章磨白昼，幽光狂慧复中宵。来何汹涌须挥剑，去尚缠绵可付箫"（《又忏心一首》，1820）。"绝域从军计惘然，东南幽恨满词笺。一箫一剑平生意，负尽狂名十五年"（《漫感》，1823）。《湘月》词自注引洪子骏为此词所作赠词《金缕曲》词说："结客从军双技绝，不在古人之下。""侠骨幽情箫与剑，问箫心剑态谁能画。"这里以剑代表侠骨，以箫代表幽情。但是对思想家龚自珍来说，剑又不限于表示一般的慷慨任侠，而是主要指他经世济民的壮志豪情；箫不限于表示一般的多愁善感，而是主要指他忧国忧民的深情和政治上失意的愤怨。因此综观"剑"与"箫"两种意象，是作者报国济民思想感情的两个侧面，是作者志向身世的两个侧面，也是作者豪放与幽深两种艺术风格的表现。

秋天与夕暮。前面已经说过，龚自珍以秋天和夕暮概括当时没落的形势。此外他还用秋天比喻自己沦落的身世和心境。龚自珍诗文中的这两个意象也有其丰富的内蕴和鲜明的特点。传统诗文中秋天与夕暮的意象往往只有没落一面的意思，而龚自珍诗文中的这两个意象则有其两面性，即危机与希望同在。首先龚自珍敢于正视秋天与夕暮所表现的危机一面，为其所惊醒，而与醉生梦死、麻木不仁的达官贵人绝不相同；同时又相信事物可以向反面转化的辩证法，敏锐地觉察到希望的所在，执著地坚持改变现实的理想，而与悲观失望者又不同调。例如秋天，是草木摇落的时节，是凛冽寒季的前兆，自古以来文学的意境取向都侧重悲凉一面，如宋玉《九辨》："悲哉秋之为气也，萧瑟兮草木摇落而变衰。"堪称典型。龚自珍诗文中用秋天比喻时势的没落和身世的沦落也是如此，对其衰落十分敏感和清醒，总是大声疾呼，以唤醒世人，以嘲讽醉生梦死或苟且偷安者，而不甘没落和沦落，却是其诗文中有关秋的意象的独特之处。如对时势，居危思变，及早绸缪，改革图治，充满希望，毫不悲观，"天地有四时，莫病于酷暑，而莫善于初秋；澄汰其繁缛淫蒸，而与之为萧疏澹荡，泠然瑟然，而不遽使人有苍莽寥泬之悲者，初秋也。"(《己亥六月重过州记》)对身世，虽悼惜而不颓废，仍顽强奋斗，如说："予之身世，虽乞籴，自信不遽死，其尚犹丁初秋也欤？"(同上)又如"天命虽秋肃，其人春气腴"(《哭郑八丈》)等。对于夕暮的描写与此类似，一是突出其急遽初变，如"忽忽中原暮霭生"(《己卯杂诗・题陶然亭壁》)，"夕阳忽下中原去"(《梦中作》)；一是恋而不舍，并不绝望，如"夕阳还恋路旁鸦"(《逆旅题壁次周伯恬原韵》)，"鲁阳戈纵挽，万虑亦纷纷"(《观心》)，"恩仇恩仇日苦短，鲁戈如麻天不管"(《梦中作四截句》其三)等。可见作者笔下的秋天和夕暮，都是富有悲壮美的意象。之所以能创造出这样的意象，除了作者懂得相反相成的艺术辨证规律之外，还与他改良思想的哲学基础——《春秋》"三世说"的发展变化观有关。

落花。这是龚自珍诗文中最为多见、最为奇特、最富美感的一个意象。写落花最典型的一首诗是《西郊落花歌》。这首诗一反怜惜落花、为春去而伤感的常调，对落花大加赞赏，继探春热望之后，并无送春之悲伤。作者通过奇特的想象，用一连串生动形象的比喻，把落花写得繁盛美丽无比，把暮春渲染得富有生气。落花在作者眼里无疑是衰败的形象，由他以观赏落花来送春可知，由他以落花来比喻自己身世的忧患、沦落可知，由他“将萎之华，惨于槁木”（见前）的话可知，但是诗中绝无悲叹和忧伤，与林黛玉的《葬花诗》形成鲜明对照。为什么会如此？诗的结尾给我们透露出信息，这就是他不仅敢于正视没落，无所畏惧，而且从没落中看到新生，看到希望。末二句“安得树有不尽之花更雨新好者，三百六十日长是落花时”，虽然典出《妙法莲华经·化城喻品》“得风吹萎华，更雨新好者”，但赋予更深的含义，表现出盛衰转化、改革图治的辨证信念，寄托着新陈代谢、生生不已的坚定理想。其他如《己亥杂诗》“罡风力大簸春魂，虎豹沉沉卧九阍。终是落花心绪好，平生默感玉皇恩”（其三），词《减兰，人天无据》“若怪怜他，身世依然是落花”等，则单纯以落花喻自己沦落的身世，不能说没有忧伤，但与绝望无缘，其中仍透露出乐观倔强的精神和热情奉献的愿望。总之，无论以落花喻现实没落的形势也好，还是以落花喻个人的沦落身世也好，都是悲与壮辨证统一、兼有两个方面丰富意蕴、甚具艺术魅力的意象。这一个意象同样表现出龚自珍作为一个集批判与改革于一身的思想家的心态与品格。

分析文学作品的艺术特质，与对普通文献辨析义理类似，均应通过扎实的考证，特别是通过作者作品的互证，把握作者的原创意图，而不容读者随意附会。尽管文学作品形象大于思维，允许读者有想象、发挥的余地。但是作为文学史研究，不应超脱作者原创意图的客观性，而以读者的主观感受为依据。山东大学袁世硕教授有一篇论文《文学史与诠释学》(载《文史哲》2005年4期)，认为“诠释学是对文学作品如何进行诠释的学问。诠释学的基本问题也是文学史研究的基本问题。诠释基本上是一种认识，文学作品对诠释有一定的规定性。对古代文学作品的诠释，历史条件的重建是应有之义，诠释的原则是科学的历史主义”。“一部文学作品往往有多种理解、诠释，并往往被视为正常的事情。‘诗无达诂’‘见仁见智’等近乎口头禅的话，虽然有一定的道理，却也包含了相当的宽容性，这在一定程度上妨碍了追问理解、诠释之正误，成为固执一己之偏见者的盾牌。承认文学诠释的多样性，并不是承认各种诠释都是正当的、合理的。其中有误解，甚至是曲解，虽然也可能另有一种意义，但对被诠释的作品来说，毕竟不能视为正当的、合理的诠释，尤其是不能作为文学史研究中应当有的诠释”。通过对龚诗的研究实践，自己深有体会，非常同意袁世硕教授的说法。

关于龚自珍的诗文，我曾有过强烈的感受，就是鲁迅先生的旧体诗和杂文与其非常相像，当受其影响。我把这一想法写进自己关于龚自珍的第一篇论文《试论龚自珍的诗》，但发表时却被刊物编辑部删掉了，或许是因为龚自珍不配与“五四”新文化运动主将鲁迅相比吧。后来竟然找到上述意见的证据，如唐弢《鲁迅全集补遗编后记》说：“先生好定庵诗。”许寿裳在《亡友鲁迅印象记》第二十二节中，曾录鲁迅1933年在上海为杨杏佛送殓后写的一首诗：“岂有豪情似旧时，花开花落两由之。何期泪洒江南雨，又为斯民哭健儿。”接着评道：“这首诗才气横溢，富于新意，无异龚自珍。”于是在《龚自珍诗文选》前言中依然坚持论文原来的意见，并补充了新的证据。我还联想到，鲁迅关于陶渊明具有“飘逸”和“金刚怒目”两面性的评价，也当受了龚自珍的影响，如龚自珍《己亥杂诗》“舟中读陶诗三首”，其一：“陶潜诗喜说荆轲，想见《停云》发浩歌。吟到恩仇心事涌，江湖侠骨恐无多。”其二：“陶潜酷似卧龙豪（诸葛亮，自注：语意本辛弃疾），万古浔阳松菊高。莫信诗人竟平淡，二分《梁甫》一分《骚》。”

龚自珍不仅是文学家、思想家，也是经学家、古文献学家，我的《中国古文献学史》就为他写了专节。在经学方面，他有古文家的传统，段玉裁是他的外祖父，他与王念孙、王引之父子的关系也很密切。后来又受刘逢禄的影响，接受了今文家的传统。另外，他的经济思想、史学思想、哲学思想等，也很值得研究。

王：在晚清时期，龚自珍是个代表人物！

孙：确实是代表人物。所以在芜湖安徽师大召开的第二次近代文学和龚自珍研讨会上，我就说研究龚自珍不能局限于文学方面，还有他的思想和学术诸多方面，而且各方面是互相渗透、彼此影响的，只有综合研究，才能把龚自珍研究透；只有综合审视，才能把每一方面研究深。

九、《中国古文献学史》

王：孙先生，您的《中国古文献学史》影响很大，《书品》1994 年第 4 期刊载该书责编崔文印先生《筚路蓝缕，蔚为大观》的文章，认为是书对古文献学史的研究，时间跨度长，涵盖面广，资料丰富，规模宏大，自成体系，具有拓荒性质。是书 1995 年获国家教委全国高校首届人文社会科学研究优秀成果著作一等奖，并被《北京大学简史》举例列为北大改革开放以来问世的优秀学术著作之一。

您的《中国古文献学史简编》2001 年入选“教育部研究生工作办公室推荐研究生教学用书”并出版，有评论者称是书“展示了孙先生及其执教的北京大学中文系古典文献专业深厚的学术底蕴与功力”，“该书的问世，是对中国古文献学承前启后、发扬光大的一个新贡献”(魏启鹏《中国古文献学史的好教材——读孙钦善教授编著的〈中国古文献学

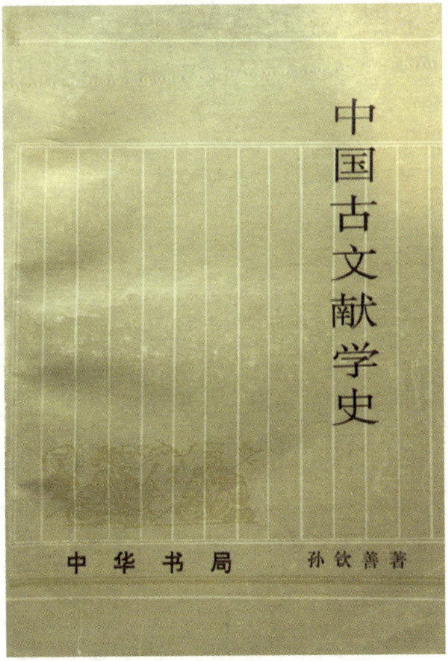

《中国古文献学史》

史简编〉》，载《中国大学教学》2002 年第 8 期)。您的《中国古文献学》2006 年入选“普通高等教育‘十五’国家级规划教材”出版，《中国古文献学文选》2008 年入选“普通高等教育‘十一五’国家级规划教材”出版，也都有很好的反响。请您谈谈这四部书的关系和撰写情况，以及有关古文献学的研究情况。

孙：您提到的四部书，最早成书的是《中国古文献学史》，这是与中国古文献学教学密切结合的研究成果。我从 1979 年秋季开学，开始讲授中国古文献学史，听课的学生是北大古典文献专业 1977 级，即恢复高考后招来的第一届学生。以后连续为古典文献专业本科各届讲授。在 1979 年开课之前，我用了两年时间备课，同时参考游国恩先生主持中文系古代文学教研室时编《中国文学史参考资料》的经验，编了上下两册《中国古文献学史参考资料》，交由系打印室用老式打印机打字，油印成为教材，共 700 页。

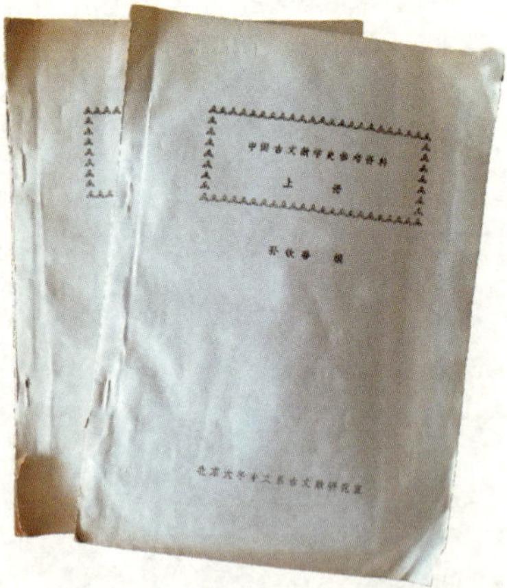

《中国古文献学史参考资料》

王：就是内部使用的油印教材？

孙：是的。因为这个教材大家已不容易看到，现把《例言》复述如下，以示其梗概：我国不仅有着浩如烟海的古代文献典籍，而且有着研究、整理这些文献典籍的悠久历史，在实践中积累了丰富的成果和经验，提供了有益的方法和理论，逐渐形成了比较完整的古文献学。古文献学包括古文献的校勘、注释、标点、考证、辨伪、辑佚、纂集、编目、解题以及评论等方面的内容，具有边缘学科的性质，与语言学史、目录学史、学术史、文化史、思想史等都有关联。中国古文献学史就是讲述我国古文献学发展历史的一门课程，旨在介绍历代古文献学的概况，总结有关古文献研究、整理的成就和经验教训，批判地继承历史经验，为做好今天的古文献研究、整理工作服务。本教材配合中国古文献学史的教学，选编了有关的参考资料，体例如下：

1. 本教材所选，以集中反映关于古代文献典籍整理的理论、方法和体例的文章为主，兼顾有关古文献流传、整理历史知识的资料，对于整理专著，只能根据需要和可能，选例加以介绍。

2. 我国古籍在历史上最终形成了经、史、子、集四部分类。由于以“经学中心”传统思想的影响多，经籍的整理成果最多，其次是史籍、子书，集部书除一些名家外，整理得最差。选文包括经、史、子、集四方面，但限于客观实际情况，只能以前两部分为主。四部书的整理，虽各有其特点，但共性是基本的，因此，这种侧重并不影响反映古文献研究、整理方面的基本问题。

3. 先秦部分因无个人专著，以有关书籍为纲选文，按成书先后编次。汉以后以有代表性的作者为纲选文，按作者的时代顺序编次。

4. 本教材兼有参考资料与阅读文选的双重性质，选文力求篇章完整，然对一些篇幅过长的文章，则只能采取节录的方式。

5. 各篇文字，迻录时以一种版本为主，个别的作了校勘。版本尽量选择善本、通行本，并充分利用新校点本。

6. 入选各篇，一律标点、分段。选录原书双行夹注者，改用括号内单行夹注的形式。个别地方加了新注或按语，亦用括号表示。二者之区别，必要时加以标明。由于本书篇幅和编写时间所限，暂不普遍加注。

上述《例言》值得注意的有几点，一是其前言所阐述的古文献学内涵和宗旨，与后来《中国古文献学史》绪言的内容基本一致，说明当时自己对古文献学特质的认识已经明确。二是本教材为中国古文献学史的讲授和撰写成书提供了资料基础。三是本教材实为后来成书的《中国古文献学文选》的前身。

这部资料教材，从孔子一直编到王国维，跨度大，范围广，选编、抄录非常困难。自己能够编成，首先得益于本科和研究生阶段学到的文学、汉语和古文献知识和本领，另外还有图书馆提供了很多方便，我当时把那些带函套的线装书，从书库里挑选出来，办好借阅手续，用带窟窿眼的大编织网兜，一次兜上几部，放在自行车后座带回家连夜选编。抄录则用薄稿纸夹上复写纸，一式两份出活，一份自己备课写讲稿用，一份交打印室打印。打印好的教材，人手一份发给学生，配合听课、自学使用。所以这部文献学史参考资料，是我讲授中国古文献学史的重要依托，也是后来《中国古文献学史》著作成书的资料基础。当然，《中国古文献学史》的文献引用范围经过多年积累、补充，已远远超出了这部参考资料。

至于《中国古文献学史》讲稿，是在讲课过程中不断写成的，而且伴随对几个年级的轮番讲课，反复修改，几易其稿，先用废印件空白背面写作，最后用中华书局大稿纸写定。到 1988 年以著作书稿交中华书局时，已历经十个寒暑有余，其间也是不断深入研究的过程。而且书稿的不少章节，都是经过以期刊论文先行发表之后，编进书中的。例如第七章的“第七节戴震”，就是以论文形式发表的第一篇，原题《戴震与古籍整理》，发表于《北京大学学报》(社科版) 1980 年第 1 期。自己深有体会，经过这一环节的检验十分重要，有利于保证书稿的原创价值。写《中国古文献学史》专著，对自己是很大的挑战，因为古文献学是一个边缘学科，内涵复杂，中国古文献学史又源远流长，对众多古文献学家及其著作进行研究评价，对繁复的史实进行总结，难度极大，只能谦逊严谨，勇于应对。

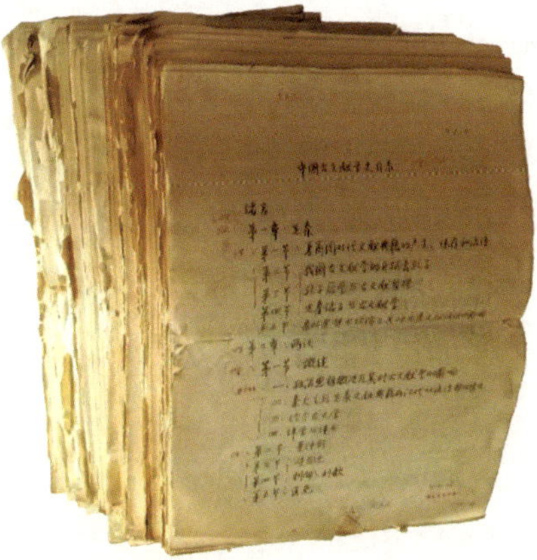

《中国古文献学史》手稿

十、《中国古文献学史简编》

王：后来《中国古文献学史简编》就是在《中国古文献学史》的基础上编的？

孙：是的，《中国古文献学史简编》就是在《中国古文献学史》的基础上进行了压缩。大的框架倒没有动，主要是压缩、减少了一些例证。原来九十多万字，压缩成六十万字，主要是为了便于教学，收入“教育部研究生工作办公室推荐研究生教学用书”，由高教出版社出版。后来又略加勘误，由北大出版社出版，

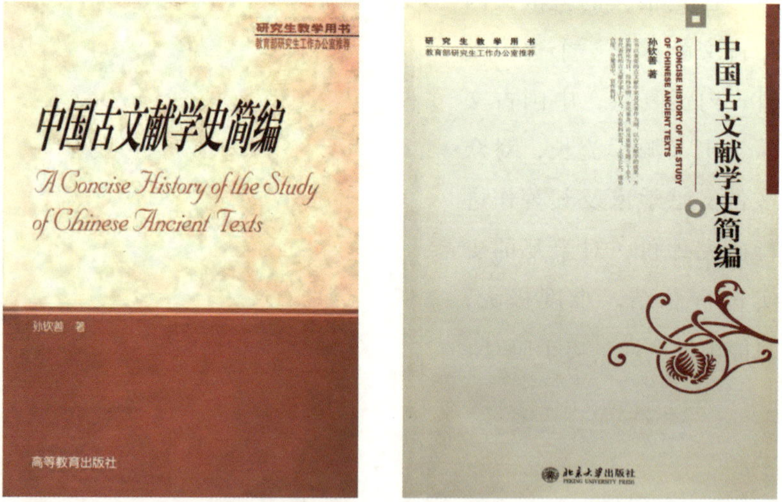

《中国古文献学史简编》

在此本封面上有一个简介："全书以重要的古文献学家及其著作为纲，以古文献学的成果、方法和理论为目，经纬分明，史论兼备。论及重要专题三十余个，有代表性的古文献学家上百人。占有资料宏富，立论公允，难易合度，分量适中，宜作教材。"我认为这段话概况得极为简要明确，如果去掉最后"分量适中，宜作教材"两句仅限于针对《简编》的话，也符合对《中国古文献学史》专著的说明。比如《中国古文献学史》按时代分为七章，每章的结构，第一节是"概述"，讲几个专题，以下各节分别讲具体的文献学家及其著作。例如第二章"两汉"，概述里面讲了"当时的政治、思想情况""经今古文学""纬书和纬学"三个专题。各章讲的专题总计有三十多个。立专节讲的著名的古文献学家大大小小当然不占多数，但全书涉及的古文献学家有上百人。

十一、《中国古文献学》

王：《中国古文献学》和《中国古文献学史》《中国古文献学史简编》有何关系？

孙：《中国古文献学》是古文献学的横向著作，《史》及《简编》是古文献学的纵向著作。关于从《中国古文献学史》到《中国古文献学》的撰著缘起，我在《中国古文献学》后记里讲得比较清楚。编著《中国古文献学》，是受了程千帆先生的提示。《中国古文献学史》出版了以后，我呈上请程先生指教，他很快就给我写了回信，那封信我一直珍藏着。程先生在信中说："文献学经涉广袤，历祀名家，亦各有偏重，大著已纵观统摄之；倘能横贯诸方面，逐次叙论，或更便于初学，先生其有意乎？"程先生的指示，非常明确，所言"横贯诸方面，逐次叙论"，显然是编写古文献学的构想。而这种意念在自己心中确实蓄之已久，但迟迟未敢动笔，原因是自知这一涉及学科系统理论的课题难度之深浅，不敢贸然从事。程先生的信，鼓起了自己的勇气。十余年来，也为此做了一些准备：一方面结合给研究生开的课"古文献学与古代文史研究"，积累了一些资料和讲稿；另一方面进行了一些相关的专题研究，也取得局部成果。而对古文献学内涵和结构的进一步全面、系统的认识和理解（详下），更增强了完成此书稿的欲望和信心。因此申报了国家"十五"规划教材的这一课题，结果顺利通过审批，于 2004 年 5 月着手编写，两年完成。

王：《中国古文献学》的主要特点是什么？

孙：《中国古文献学》的主要特点是全面、系统地体现了古文献学的学术内涵和结构。我对古文献学的认识和理解，有一个发展、深入的过程。古文献学是关于古文献的阅读、整理、研究和利用的学问。但具体分析起来，古文献学包括许多方面的内容，它们有内在的联系，有主有次，有先有后，这涉及学科体系的问题。关于这一点，我在以前的教学和研究中已经有一定思考，但开始还是偏重于从古籍整理角度考虑问题，如在《中国古文献学史》绪言中说："古文献学实际上是一种综合性的边缘学科，它与古代语言文字学、古籍目录版本校勘学以及古代历史学（包括通史、文化史、哲学史、思想史等）都有关联。同时古文献学又是实践性很强的应用学科。古文献学本身又有许多分支，诸如注释（包括字词的注音释义及天文、地理、名物、典制等的考证辨析）、校勘、目录、版本、辨伪、辑佚、编纂等，可见它是一个成熟的学科。古文献学不仅为研究整理古典文献典籍的专门学者所必修，对于古代学科的研究者来说，也是需要加以

《中国古文献学》

掌握的，因为它关系到对史料的驾驭、精通和考辨。甚至对一般需要阅读古书的人来说，知道一些古文献学的知识也是必要的。因此古文献学又带有基础学科的性质。”

王：您如何理解古文献与文字、音韵、训诂、目录、版本、校勘的关系？

孙：随着研究的深入，我的视角更开阔了。如在《古籍整理与古文献学》的论文中（此文 1996 年 4 月在台北“两岸古籍整理学术研讨会”宣读，收入《两岸古籍整理学术研讨会论文集》，江苏古籍出版社 1998 年出版），从古文献形式和内容的角度全方位完整地分析了古文献学学科的体系：“中国浩如烟海的古籍是中国古代文化的重要载体，其形式和内容两方面的特点决定了古文献学是个交叉、兼综的学科。古籍就形式而言，包括语言文字和版本形态，涉及中国古代语言文字学和古籍版本、目录、校勘、辑佚、辨伪、编纂学等。就内容而言，分具体和抽象两个方面，具体方面包括人物、史实、年代、名物、典制、天文、地理、历算、乐律等，涉及自然和社会、时间和空间诸多方面的考实之学；抽象方面主要指思想内容，需要结合语言文字和具体内容由浅入深地剖析探求。按学术性质来分，古文献学又分考据之学和义理之学，有关形式方面的文字、音韵、训诂、版本、目录、校勘、辑佚、辨伪诸学以及有关内容的考实之学均属考据之学，有关思想内容的剖析探求属于义理之学。”可图示如下：

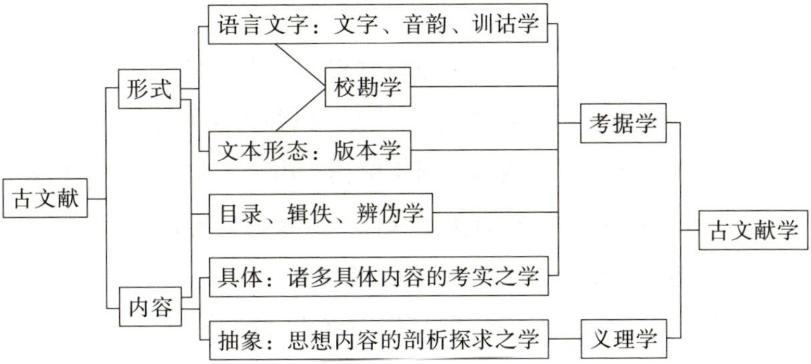

王：古文献也是一门实用性很强的学科，您觉得对吗？

孙：是的。我此后又从古文献利用的角度做了补充：古文献的利用涉及古文献的搜集、甄辨和对内容的正确理解：搜集、甄辨与目录、版本、校勘、辨伪、辑佚有关；对内容的正确理解与语文解读、内容考实、义理辨析有关。《中国古文献学》的内容和章节就是根据上述 1996 年以来对古文献学体系新的认识编排的，如第一章绪论，第二章目录，第三章版本，第四章校勘，第五章辨伪，第六章辑佚，第七章古文献的语文解读（上）——总说·文字，第八章古文献的语文解读（中）——音韵，第九章古文献的语文解读（下）——训诂，第十章古文献的内容考实，第十一章古文献的义理辨析。这样的结构反映了古文献学内涵的完整性和系统性，对古文献的阅读、整理、研究和利用都适用，而不仅仅限于古文献整理。

王：这样的结构体系，各方面都涵盖了，不仅全面，而且系统。

孙:《中国古文献学》在编写过程中，遇到的最大困难是怎样把新构想的古文献学框架具体落实。以往古文献学方面的著作尚未涉及或所涉不多的内容如语文解读、内容考实、义理辨析等，写起来还好办一些；以往有关著作已经涉及的内容如目录、版本、校勘、辨伪、辑佚等，甚至有的已多有单科专著问世，究竟怎样避免重复？怎样写出特色？怎样把众多内容熔为一炉，而又不失之笼统、冗杂？或者避免像吃压缩食品一样，淡乎寡味？顾虑重重，颇为踟蹰。经过反复考虑谋划，思路逐渐明晰，认识到一是要紧扣“古文献学是关于古文献的阅读、研究、整理和利用的学问”这一学科实质，针对为古籍整理和古代文史学习研究（乃至全部中国古代学科学习研究）服务的宗旨，介绍古文献学的理论和方法；二是要把有关的理论、方法与古文献阅读、研究、整理和利用等方面的实际经验紧密结合。更具体地说，就是要理论与历史的经验成果相结合，理论与现今的经验成果相结合，理论与编写者本人的经验成果相结合。只有三者紧紧拧成一股绳，才能集思广益，避免孤陋拘守；才能据实切要，避免纸上谈兵。关于与历史的经验成果相结合，有《中国古文献学史》作后盾。关于与现今的经验成果相结合，有我在《中国古文献学》后记中提到各方面的主要参考著作为依靠，有的甚至成为本书某些章节的主要依据，如王力先生《汉语音韵》一书与本书音韵一章的关系就是如此，因为音韵知识比较难懂，言简意赅加以介绍，更非易事，所以不得不请出大师，主要介绍他的著作，复述他书中的内容。关于与编写者本人的经验成果相结合，有我古籍整理与研究实践方面的收获，有我教学实践方面的收获，具体情况前面已经讲过。也有我在编写过程中产生的新的创获和侧重点，如关于“目录”的“目”，前人著作有种种说法，或者与复数的眼睛有关，或者与树木的干节处有关，均不贴切。本人则认为：“其名称来自纲目的目。网有纲，有目，纲是统系网的大绳，目是一个个的网眼，纲统领目，目从属于纲，如《尚书·盘庚上》所说：‘若网在纲，有条而不紊。’如《吕氏春秋·用民》所说：‘壹引其纲，万目皆张。’如《白虎通·三纲六纪》所说：‘若罗网之有纪纲而万目张也。’如《诗谱序》所说：‘举一纲而万目张，解一卷而众篇明。’凡此均说明‘目’不是散乱而是有统系的群体。”这对理解中国目录书“辨章学术，考镜源流”的特质和优良传统至关重要。至于目录学，重点讲“古文献目录的传承源流和准确利用”，即从古到今，照应传承关系，介绍重要的目录之作，旨在便利、准确使用。

王：如何处理文献学与版本学的关系？

孙：版本学，虽然也讲版本鉴定的方法，但以讲版本源流系统的考证方法为主，与传统版本学多关注版本鉴定不同。因为我认为版本学发展到现在，考察源流系统已经成为主要研究方向。因为传统的版本学以研究刊刻形态及其鉴别为主，特别是宋元版本的鉴定，尤为人们所关注，人们已总结出非常丰富的经验和规律。随着现存古书的版本鉴定、著录工作的日趋完善，这方面的实际需要自然退居其次。而服从于日益增长的古籍整理和学术研究需要的版本源流系统的考察任务却凸现出来，版本学的发展自然要适应这样的客观需要。关于版本源流系统的考证方法主要有两方面：其一是通过历史记载和古代目录著录考察流传源流及系统，其二是考校传世版本的序跋、行款版式、篇目、编次、分卷、文字之异同，并与历史考察相印证，理出不同系统。于是以自己研究过《高适集》为例，利用《高适集版本考》的成果，详细说明关于版本源流系统考证的具体方法。

王：如何处理小学训诂等方面的问题？

孙：关于小学训诂等方面，拙著着重讲述“因声求义”的方法，以解决“明假借字”“辨同源词”的问题，避免凭借字形“望文生训”的通病。又如在古文献的领会解释方面，划分为语言文字解读、内容考实、义理辨析三个密不可分、由表及里、由浅入深的层次，走出一般古文献学著作排斥小学、忽略义理的误区。

十二、《中国古文献学文选》

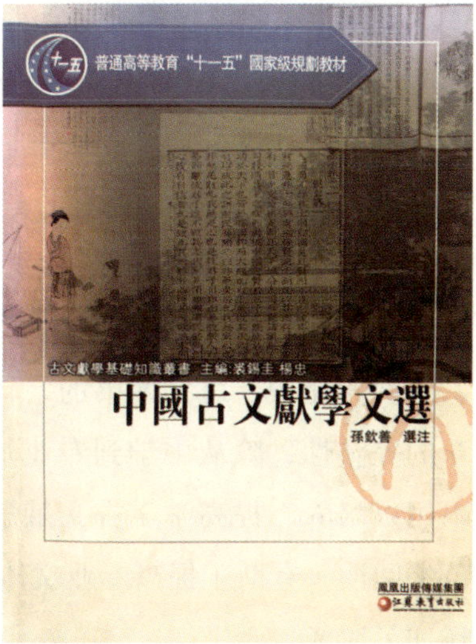

《中国古文献学文选》

王：您有《中国古文献学文选》一书，您为什么要编选这本书？

孙：从缘起讲，是应高校古委会《古文献学基础知识丛书》（裘锡圭、杨忠教授主编，列入普通高等教育"十一五"国家级规划教材）约稿；从渊源讲，是前面我提到的所编教材《中国古文献学史参考资料》的衍生之作。在个人独撰的古文献学丛书系列中，它也是不可或缺的一种。其与《中国古文献学史参考资料》的宗旨、内容、体例，互有同异，从两书的《例言》可以看出。《参考资料》的《例言》，前已引示。《文选》的《例言》如下：

我国古文献学的历史源远流长，给我们留下了丰富的遗产，通过各种著述文体保存下来。本书入选的文章分别与上述古文献学的各个分支学科有关，作为古文献学的基础教材之一，旨在用以培养、提高学生古文献学专业文献的阅读能力，丰富学生的古文献学知识、理论、方法和经验。本书不仅适应古典文献专业学生的需要，也适应古代文史专业学生的需要。

选文以文字可靠的版本为据,各具体注明出处及所用版本。篇章力求完整。原有双行小注改为单行排列的格式。选文一律分段、标点，用繁体字横排。

注释内容包括作者简介、篇旨解题以及对僻字难词、专门术语、名物典制、人物史实等的解释。注文力求切实、简明。

以作者为纲编文，按时间先后排序。

两相比较，可知两书的宗旨相同，而《文选》选文更注重篇章的完整性，除从中学到专业知识、理论、方法和经验外，还可以用以培养、提高学生古文献学专业文献的阅读能力，甚至作为范文阅读，有助于提高专业文体的写作能力。同时,《文选》选文还加了注释。

王：关于古文献学研究，您还有何计划?

孙：即将由中华书局出版的拙著《清代考据学》，也可归入我的古文献学系列著作，该书除了按古文献学的内容结构分别论述清代考据学的成就之外，还探讨了清代考据学兴盛的原因、分期和流派、历史地位和现实影响等。

十三、中国古文献学研究

王:《中国古文献学史》等几部书，完整呈现了您的古文献学思想。

孙：可以这么说。黄丽丽编审以前对我有个访谈录，登在《甘肃社会科学》杂志2009年第2期上，题目是《理论与实践相结合，建设和完善古文献学科》。这几部古文献学著作，既是自己科研实践的结晶，也是自己教学实践的结晶，充分反映了自己对古文献学学科全面系统的认识。除了著作之外，还有一些论文论述古文献学的问题，重要的如《古文献学的内涵与意义》(载《江西社会科学》2006年第8期)、《关于古文献学内涵的全面认识与具体贯彻》(载《文献》2010年第3期)、《论中国传统诠释学的继承和发展》(载《北京大学中国古文献研究中心集刊》2010年第9辑，《人大复印报刊资料》转载)、《传承中华优秀传统文化需要发展古文献学》(《人民日报》2017年5月22日学术版)等。

王：您对古文献学的发展前景怎样看?

孙：古文献学的意义非常重要，发展古文献学，不仅是古籍整理与研究的需要，也是古代文史研究的需要，全部古代学科所谓“国学”研究的需要，乃至传承中华优秀传统文化的需要。我在《人民日报》学术版上发表的那篇文章，编辑部加了一个栏目标题“学科走向”，这个标题加得好，说明古文献学对于传承传统文化重要性，说明古文献学发展的目标远大。至于古文献学的具体发展前景，我在出席 2008 年 6 月北京语言大学人文学院汉语古文献研究所成立会议上的发言，强调了两点：一是守牢传统小学的根底，一是开拓思想义理辨析的天地，发展中国的诠释学。《中华读书报》对这次会议作了专题报导，详细引了我的发言，并把报导标题拟为《古文献忽视"小学"为"大谬"》，我觉得这个标题拟得好，切中长期以来时人甚至业内人士对古文献学误解的一个要害，有惊醒作用。前面已经提到，在《中国古文献学》中，从语言文字解读，到内容考实，再到义理辨析，是我在古文献领会解释方面划分的三个层次。可是有人说，语言文字解读是古汉语研究的内容，不应该包括在古文献学里面，所以现在其他讲古文献学的书一般只讲目录、版本、校勘、辨伪、辑佚，再加上标点、注释等。我认为这样不全面，漏掉了一个重点，因为从古到今作为语言文字的小学都被视为古文献阅读和研究的基础，不仅不应该排除在古文献学之外，而且应该结合古文献理解问题充分讲透。清代考据学以小学为看家本领，值得我们重视。王国维也说汉代古文经学家多半是小学家，为读懂文字复杂的古文经书，他们必须精通语言文字。至于对古文献理解、诠释方面最高层次的义理辨析，人们也有误解，或者认为不应该包含在古文献学之内，是思想理论研究者分内的事；或者认为义理辨析，仁者见仁，智者见智，难有确解、本解，任其自由。我认为义理是古文献的灵魂，古文献学非但不能回避，还应该十分注重。

王：从语言文字解读，到内容考实，再到义理辨析，确实是中国古文献学的三个层次，非常重要！

孙：1998年北大百年校庆时，在香山举行的汉学研究国际会议上，我发表了一篇文章《论传统义理之学》，就是探讨义理辨析问题的。《中国古文献学》第十一章《古文献的义理辨析》，就是以这篇文章为基本内容写成的。古人在理解文献的义理时，往往有一个偏差，就是主观附会歪曲，为我所用，所谓“六经注我”，我在书中称之为“附会诠释”。但古人也有实事求是，力求阐发文献原意的，我在书中称之为“原意诠释”。原意诠释在古文献学上有积极价值，因为它能保持历史真实。附会诠释在古文献学上没有积极价值，因为它歪曲历史真实；而在思想史上有积极价值，因为古人往往通过对古文献的附会诠释而产生新的思想。但是在准确把握这种新思想的特征时，也必须以原意诠释为参照尺度，否则难以发现新思想是怎样歪曲有关文献的，以及为什么要这样歪曲。所以原意诠释始终处在主导地位。关乎义理辨析的诠释学，是中国古文献学研究的一个薄弱环节，大有发展的余地，应该是中国古文献学研究的主攻方向，或者如《古文献忽视“小学”为“大谬”》那篇报导所说，是中国古文献学研究的一个“新生长点”。

王：您如何看待诠释学？

孙：中国学界关于诠释学，存在两个认识误区：一是受西方诠释学影响太大，几乎为其所左右，完全套用，并认为中国没有诠释学，只有从外引进。而所谓西方诠释学，主要指以海德格尔、伽达默尔为代表的哲学诠释学，其主要观点是认为后人由于历史隔阂和自己所处环境的不同，不可能如实领会和解释古文献的内在原意，总是从自己的主观因素和所处的当下背景出发，用一种预设去了解古文献的内在意义而产生扭曲。这个理论其实类似中国历史上存在的“六经注我”的思想，亦即我所归纳的“附会诠释学”。

二是认为中国有传统的经典诠释传统，但只停留在经验或具体方法阶段，始终未上升到理论而形成“学”，因此要借鉴西方诠释学，建立中国的诠释学。我在《论中国传统诠释学的继承和发展》一文中说：“笔者对上述两种意见均不敢苟同，认为中国不仅有悠久的经典诠释传统，而且诠释方法极为丰富，经过不断积累、总结，早已上升到理论阶段，形成自己固有的诠释学。中国历史上虽然没有‘诠释学’的名称，但存在‘诠释学’的实质，只是名称不叫‘诠释学’而已。从解释层面来看，一般可分为三个层面：1. 语文解释，包括字、词和文义的训解串释；2. 文献具体内容（如史实、人物、名物、典制、天文、历法、地理、年代等等有关空间和时间的具体事物）的考释；3. 文献思想内容的诠释。思想内容的诠释是最深的一个层面，中国传统称为义理学，义理学即相当于现时影响中国最深的以海德格尔、伽达默尔为代表的西方哲学诠释学关于文本诠释的理论。我们当今的任务，既不是引进诠释学，也不是创立诠释学，而是继承传统诠释学，以此为基础，并借鉴西方诠释学，进一步发展这一学科。”又说：“十分难得，笔者的这一见解，在海内外学者中也有共识。西方著名诠释学著作《真理与方法》一书的译者洪汉鼎先生在《中国思想史研究通讯》第 2 辑（2004 年 6 月）发表了《西方诠释学的定位及伽达默尔诠释学的本质特征》一文，他说：‘今天简单将伽达默尔诠释学的几个特别的观点给大家作一介绍。总的来看，哲学诠释学和施莱尔马赫的解释学是有区别的。哲学诠释学的几个基本特征相当重要，用这样的特征来和我们中国的经典诠释传统结合，怎么样结合起来，这就需要我们今天一起来讨论。我感到，中国有很多东西值得发掘。有人说，我们的经典注释只是达到施莱尔马赫这样的阶段，还不是哲学诠释学，我不大同意这一看法。有一次，我同一位德国教授翻译哲学词典，讲到，陆象山说“我注六经，六经注我”，他一听这话，马上说，诠释学这句话在你们中国早就出现了，几百年前就出现了。所以我想，我们如果通过中国经典诠释能够提出一些理论来补充西方的诠释学，这将是一个很重要的工作。我想有待于大家来做了。’需要补充的是，中国的诠释学不始于宋代的陆象山的‘我注六经，六经注我’，还可以提前到先秦孟子的‘以意逆志’。”

现在还需要强调，如前所述，中国的诠释学不仅有“六经注我”的附会诠释传统，还有追求原意的科学诠释传统，前者只对思想史的研究有积极意义，后者对古文献的校释则具有永恒价值。

王：您如何看待中国古文献校释工作？

孙：关于古文献校释，清代多位考据家说过“不诬古人，不惑来者”的话，这一告诫值得人们永志不忘。我在黄丽丽采访的访谈录中说，现在我们应发展原意诠释学，本人一直注意探讨其方法，并总结出几点：第一，通过校勘、辨伪取得可靠文本，此为前提，为求义理之依据；第二，不脱离语言文字，正确处理义理与语言文字的关系，从正确理解文义入手；第三，结合名物、典制、天文、地理等具体内容的考证；第四，综考全书，前后互证；第五，联系作者，“知人论世”；第六，横向、纵向比较，把握思想体系，了解不同体系的本质区别，避免牵连比附；第七，博采众长，用正确的人文、社科理论作指导。每一点均有例证说明，详见《论传统义理之学》和《中国古文献学》第十一章《古文献的义理辨析》。

十四、合作主编《全宋诗》

王：孙先生，《全宋诗》是北大古文献研究所编的，您是所长，担任《全宋诗》项目主持人，又是主编之一，请您谈谈《全宋诗》整理的一些情况。

孙：编《全宋诗》，与北大古文献研究所成立有关。这里需要把研究所成立及《全宋诗》立项的背景说一说。原来北大中文系只有古典文献专业，由古典文献教研室负担教学和管理工作。1979 年又成立古典文献研究室，负责科研筹划和管理工作。实际上研究室与教研室不过是两块牌子、一套人员而已。1981 年 3

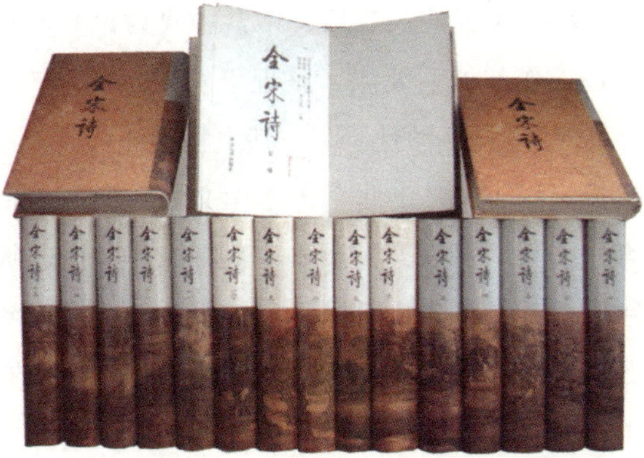

《全宋诗》

月，国务院副总理陈云同志在杭州发表了关于古籍整理、继承文化遗产的重要讲话。同年4月，我在全国古籍整理出版规划领导小组办公室所编内部刊物《古籍整理出版情况简报》当年第2期（总第81期）发表《加强古文献学的研究，提高古籍整理的水平》的文章。同年6月古典文献教研室同仁集体学习陈云同志的讲话，并委托我执笔以教研室名义写信，通过有关渠道上呈陈云同志，表达保留古典文献专业的心愿（因1978年教育部在武汉召开全国高校文科工作会议，有关行政主管部门认为全国唯一培养古籍整理人才的单位——北大中文系古典文献专业，专业面过窄，社会需要量小，与现实联系不紧密，予以取消），并提出希望领导支持北京大学古典文献专业、加强人才培养、恢复国务院古籍整理出版规划小组等具体建议。同年7月，陈云同志派秘书王玉清同志专程到北京大学，通过校党委召集古典文献专业和图书馆有关人员座谈，传达陈云关于整理古籍的重要指示，并对教研室写给陈云同志的信件作了回应。其后，中共中央讨论并通过陈云同志关于古籍整理工作的谈话要点，整理下发1981年37号文件《中共中央关于整理我国古籍的指示》，其中特别强调北大古典文献专业应扩大规模。同年9月，北京大学中文系古典文献专业恢复招生。1983年11月，国家教委全国高等院校古籍整理研究工作委员会（简称古委会）成立，周林同志担任主任。1984年2月，国家教委发出《关于同意北京大学等校建立有关研究所的通知》，同意北京大学在古典文献研究室基础上成立古文献研究所，建制相当于系级，编制25人，行政关系挂靠中文系，科研经费由全国高等院校古籍整理研究工作委员会下拨专款，坚持研究与教学紧密结合。我被学校任命为所长，自认为研究所的建设需要科研项目来带动，于是建议编《全宋诗》，得到研究所同仁的同意，便向古委会申报。1986年经古委会审议批准，将《全宋诗》列为重点项目，由北京大学古文献研究所承担，并指定我为项目负责人。随后古文献研究所筹建《全宋诗》编纂委员会，由我和傅璇琮、倪其心、陈新、许逸民诸先生共同担任主编。同年10月，北大古文献研究所与北大出版社签订《全宋诗》编辑出版协议。

王：《全宋诗》是北大古文献研究所的第一个集体项目？

孙：是的。《全宋诗》编纂工程自1986年10月启动，至1998年12月全部出齐，历时12个春秋。《全宋诗》出版以来，出现了相当热烈的"《全宋诗》效应"，表现为学术界的热情肯定，许多研究宋代文学特别是诗歌的论著频频引用，发表了许多订补的文章，甚至出版了订补专著，引发了关于如何编纂大型总集的学术讨论，还出现不少光盘（皆未与编者签约），等等。这些都说明大家在用《全宋诗》，大家在关心《全宋诗》，《全宋诗》站住了，《全宋诗》产生了影响。这使我们感到莫大欣慰。《全宋诗》能有这样的结果，应该归功于古委会的规划和支持，应该归功于学术界的鼎力合作与支持。北京大学校领导也给予我们支持，特别是当时主管人事的副校长张学书先生，非常关心《全宋诗》，在留人方面，如果没有他当机立断，《全宋诗》班底根本建不起来。再者，《全宋诗》编纂班子中的老少同仁（班子基本由青年研究生、所里教师和其他几位退休人员组成），他们为《全宋诗》的编纂也做出了巨大奉献，付出了艰苦的努力。

《全宋诗》主编与部分责任编委合影

王：编纂《全宋诗》与《全唐诗》相比，难度有多大？

孙：《全宋诗》编纂比《全唐诗》复杂、困难得多。《全唐诗》共收作者 2200 余人，诗作 48900 余首，全书约 300 万字；《全宋诗》所收诗人 9204 人，诗作 247183 首，残诗 5983 句，全书近 4000 万字。清康熙年间编纂《全唐诗》，有明代胡震亨的《唐音统签》、清初季振宜的《全唐诗》稿本、明代吴琯《唐诗纪》等大型总集可资借鉴和继承，又有宋代以来的许多文献研究成果可以参考。尽管如此，《全唐诗》漏收和重出误收的错误还是很多，诗人小传也笼统不实并且错误百出。

《全宋诗》编纂堪称筚路蓝缕，即无前人所编有宋一代大型诗歌总集可作凭依（清人所编《宋诗纪事》《宋诗纪事补遗》等书，虽然提供了有关宋代诗人、诗作的丰富线索，但其规模和价值远远不及清人编《全唐诗》所凭借的《唐音统签》《全唐诗》稿本、《唐诗纪》等书），必须依靠对现存的700多种宋人别集的校订整理，并从众多选集、类书、方志、笔记、诗话，以及家乘、族谱、书录等各类图书中，搜集大量散佚的宋诗单篇、零句，既为宋诗"大家"的传世别集补遗，又为众多无集传世的"小家"辑集。因此书籍的查阅，底本的选择，佚诗的辑录，异文的校勘，真伪的甄别，以及作家生平事迹的考订，千头万绪，难度极大。《全宋诗》主编班子借鉴《全唐诗》编纂的经验与教训，针对存世宋诗的实际情况，以超越《全唐诗》为期许，确立高标准，制订出切实的《编纂凡例》及《细则》，严格执行。

王：《全宋诗》有哪些特点？

孙：《全宋诗》之所以能得到学术界的肯定，并非偶然，人们所公认的成绩主要有以下几点：

1. 关于传世诗集的整理，包括校勘、补遗和辨伪。现存宋人诗集近七百多种，其中大的诗集分量很重，而众多小的诗集又比较零散。不少集子的版本情况也比较复杂。鉴于《全唐诗》疏于校勘的教训，为了给宋诗研究者提供可靠的诗作文本依据，《全宋诗》的编纂把校勘放在突出的地位。如《凡例》和《细则》规定，对于专集，在考清版本源流的基础上，选择善本、足本为底本，确定有代表性的本子作参校本。在各家小传之后，用专段说明该集所用的底本、校本及其简称，以保证校记写得具体明确，便于读者了解版本依据和异文的情况。异文出校注意避免烦琐，以校是非为主，兼校异同。对于篇目、编次、篇章结构等，一般保存底本原貌，不轻易变乱旧式。校勘方法上，以版本对校为主，同时也兼用他校。关于补遗，涉猎颇广，稽考为难，《全宋诗》包含着这方面的丰富成果。关于辨伪，采取谨慎的态度，凡经考证，确属伪作而误收者，则删归存目；如证据尚欠充足，则存疑，加按说明，不轻易删除。

2. 关于辑佚。诗作的辑佚，关系到《全宋诗》编纂工作的全局。辑佚包括两方面工作，一是有集作家诗作的补遗，上面已经谈到；一是无集作家诗作的辑集。无集作家占宋诗作者的绝大部分，对他们诗作的钩稽、编集，涉猎的文献范围非常广泛，任务繁重艰巨。因为要翻检的书籍文献很多，必欲毕其功于一役，势必使编纂工作旷日持久，难以结集。为了使编纂工作切实可行，采取了辑佚工作分两步走的做法：第一步，因其大宗，与传世诗集一起编为正编；第二步，续有所得，辑为补编。第一步翻检的文献范围，包括宋元方志以及近年来集中印行的若干重要方志（如影印天一阁藏明代方志等）、宋元类书、宋元笔记、宋元诗话、宋诗宋人注、有关总集等。《诗渊》《永乐大典》虽为后世类书，但比较重要，亦列入第一步翻检范围。此外，清厉鹗《宋诗纪事》、陆心源《宋诗纪事补遗》、孔凡礼《宋诗纪事续补》所引及的书也在第一步翻检之列。辑录以诗作为主，兼及作者的传记资料。利用前人辑佚成果，一定查检原书，补其遗漏，正其讹误，并注明具体出处。

3. 于传记资料的稽考和小传的撰写。《全宋诗》对每一家诗人都撰写小传，小传要求翔实有据，在分析有关传记资料的基础上写成。凡正史有传者，可以从略，于最后注明所出。凡正史无传而其传记资料见于他书者，可据以写传，并统一注明出处。凡某一事迹有所本者，一一注明出处。有异说者存异，注明根据。有疑者阙疑，不轻信，不武断。不盲目沿袭《宋诗纪事》和《宋诗纪事补遗》等书的小传资料，注意探源、核实。

以上几点说明，我们遵循的是正宗、规范的古籍整理原则和方法，所以取得成功。

当然《全宋诗》也还存在不少问题，在以上谈到成绩时所涉及的三个方面，同时都有不足、缺憾和失误的地方，如辑佚有误、漏，收诗有重出，小传有失考，等等。看到许多订补《全宋诗》的论著，我们很高兴，乐于吸收其成果。《全宋诗》的编纂者，也没有忘记自己的职责，其中的一些青年人早已开始对《全宋诗》正编七十二册进行订补，并且已取得可喜成果。

王：通过编《全宋诗》，所里积累了哪些科研组织经验？

孙：第一，像《全宋诗》整理编纂这样的大项目，单靠一个

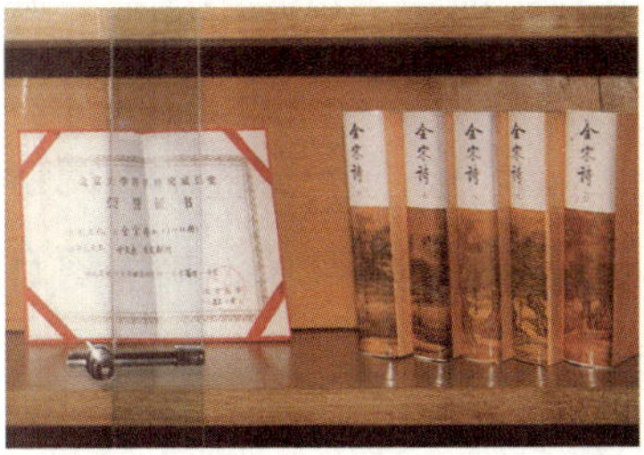

《全宋诗》获奖证书

研究所的力量是很难承担起来的，只有开放、合作才能搞好。《全宋诗》的开放、合作，主要表现在广泛物色、组织整理者，争取已有宋集整理成果的专家学者整理《全宋诗》中的有关别集，争取已有宋诗辑佚成果的专家学者整理或提供无集小家的诗作。主编班子的组成，我们也采取内外合作的方式。中华书局总编辑、编审傅璇琮先生和中华书局编审许逸民先生是北大中文系校友，他们闻知我们编《全宋诗》，很希望参加，我们很欢迎，特邀请他们担任主编。傅先生又特别推荐陈新先生，陈先生是古籍出版界享有盛名的资深学者型编审，他学问之大，经验之富，工作之严，向为内行所称道，我们求之不得，也请他担任主编。后来陈先生着实对《全宋诗》编纂贡献至伟，有永祥最近在《中华读书报》发表的纪念文章《怀念陈新先生》为证。《全宋诗》五位主编，所内的人只有倪其心教授和我，其他三位都是所外人士，充分体现《全宋诗》编纂工作的开放性和对学术界的倚重。所外的先生虽然在偶尔调侃中不免有客卿和主方的说法，但在实际工作中不分彼此，志同道合，为了一个共同目标，亲密合作，竭诚尽力。

第二，大项目尽管靠合作，但决不可采取由两个或两个以上的单位分摊任务、分工领导的合作方式，因为难以集中统一，必有纠缠，很难合拢。北大古文献研究所提出整理《全宋诗》后，古委会中有的研究所提出也要搞，他们不得如愿，又提出由两所合作来编，基于上述原因，我们也没同意。事实证明，搞大项目必须以一个研究单位为基地，为依托。为编纂《全宋诗》，北大古文献所建立了《全宋诗》编纂室，统筹规划，创造了可靠的条件。

首先是组织落实编纂室的整理研究人员：一则从研究所、教研室在编人员中抽调人力；二则以编纂《全宋诗》为课题招收硕士研究生班，培养了《全宋诗》编纂的青年基干力量，以后继续从历届硕士毕业生中留人加以充实。年轻骨干不仅是《全宋诗》的整理者，也是《全宋诗》的责任编委，协助《全宋诗》各分册的统编总纂工作；三则从退休教师中吸收人力，参加整理工作。

其次是建立编纂室下属的资料室，成员从有经验的退休人员中选聘，由校人事处退休领导干部高秀芳老师主管，高老师在职时进修过古代文史课程，退休后又不断做古籍整理项目，很有经验，把资料室工作管理得井井有条，她对《全宋诗》整个编纂工作也十分关心，多有建言。资料室管理的资料有几方面，包括《全宋诗》入选诗人的人头档案（每人一袋，含所辑诗作及传记资料，不断积累充实），从全国各大图书馆调查、搜集的相关书籍的目录卡片，从北京图书馆复制的相关书籍的善本阅读胶片，等等，整理保存工作繁复，关系到《全宋诗》编纂的全局。

第三，由研究所行政办公室兼管《全宋诗》编纂室的事务工作。办公室主任崔庚昌老师是退休干部，有丰富的工作经验，处理复杂庶务，十分得力，保证周转无忧。

王：通过做这个项目是不是也培养了一批年轻人？

孙：是的，现在中文系古文献专业的教学和科研的青年骨干（已提升教授、副教授），大多与《全宋诗》项目有关，他们都是当时做《全宋诗》的主力，有的人现在还在持续做《全宋诗》补正项目。

我大致按入学先后顺序举给您看，如吴鸥，在读硕士和留校后的一段时间，参加《全宋诗》整理编纂，并担任责任编委，整理寇准、林逋、尤袤、杨万里、陆游（合作）、周密等诗集。

王岚，点校整理张咏等360余家的诗作，计160余万字，担任总计19册的责任编委，并从整理《全宋诗》衍生硕士、博士论文选题，完成学位论文，出版《宋人文集编刻流传丛考》专著，开出版本学、宋诗整理与实习等课程。

许红霞，先后点校整理了九僧、李纲、陆游、薛季宣、释居简、释文珦等33人诗集及400余家无集诗人的诗歌，计206余万字，担任共计12册的责任编委，并从整理《全宋诗》衍生硕士、博士论文选题，开出目录学等课程。王、许两人还负责了一段时间的资料室的组织管理工作，如诗集整理的分配底本、催稿、收稿、退改等事务性工作以及资料的立档归档、诗人的排年、卡片的编写排序等业务性工作，至今还在做《全宋诗》补正项目。

刘瑛，承担诗作整理，担任责任编委，她说："我在参加《全宋诗》整个编纂过程中，通过'学以致用'的实践，在学术研究的理论和方法上得到很大的提升。"（《北大中文名师教育谈·谈谈〈左传〉教学》）后讲授《左传》专书课程，出版专著《〈左传〉〈国语〉方术研究》。

王丽萍，整理释义青、贺铸、陆游（合作）等诗集，担任责任编委，开设《孟子》选读课程，合著《"亚圣"的理想——〈孟子〉》。

漆永祥，1993年考上我的博士，当时《全宋诗》的编纂已经有六七年了，是最艰难的爬坡阶段，他接受任务做宋元之际诗人诗作的整理，总共涵盖有集大家和无集小家400多个，自认为

"受到了严苛的校勘训练与实践，真正提高了古籍整理的实际动手能力"，完成学位论文，出版专著《乾嘉考据学研究》。

李更，整理宋人诗集 28 种，无集小家 400 余家，共约 120 万字，并担任 14 册的责任编委。从整理《全宋诗》衍生硕士、博士论文选题，开出校勘学课程，出版专著《宋代馆阁校勘研究》《〈分门纂类唐宋时贤千家诗选〉校证》（与陈新先生合著）。

陈晓兰，整理宋人诗集 18 种，无集小家 280 余家，共约 155 万字，并担任 9 册的责任编委，从整理《全宋诗》衍生硕士、博士论文选题，开出中国古代典籍概要课程，出版专著《南宋四明地区教育和学术研究》。

其中王岚、许红霞、李更、陈晓兰等老师，一直带领学生坚持《全宋诗》补正工作，至今已取得非常可观的成果。

陈晓兰与孙先生留影

其他还有一些在《全宋诗》编纂中受到培养并做出贡献的硕士生，毕业后去到别处。如陈捷去了日本，现为东京大学教授。张弘泓、马辛民去了北大出版社，先做《全宋诗》出版的编辑工作，现已成为编审或部门领导。康笑菲、刘佳后赴美读博，康笑菲现为美国乔治华盛顿大学宗教学系副教授。张跃明先去北大出版社，后转到世界图书出版公司，担任领导。刘彦捷去到中华书局，现为编审。于博文曾尝试用计算机协助《全宋诗》编纂工作，其硕士学位论文为《从〈全宋诗〉看古籍整理的计算机应用》，毕业后就职于北京益跑信息技术有限公司。

康笑菲与孙先生留影

总之，《全宋诗》编纂，使北大古文献研究所得益匪浅，既出成果，又出人才，还为本科生提供了专业实习平台，开出有关课程，推动了古典文献专业的教学工作。

十五、参与《儒藏》编纂

王：孙先生您后来为什么又去做《儒藏》?《儒藏》的编纂有何意义?

孙:《儒藏》发起人是汤一介先生。后来，张岱年、季羡林先生也同意，就一起申请立项。我参加编纂《儒藏》，始于2003年春夏之交，当时北大《儒藏》编纂领导小组和《儒藏》编纂工作小组正在着手筹划编纂工作，我先后接到汤先生和吴志攀副校长的电话，希望我能参加《儒藏》编纂工作。但是自己颇有些犹豫，一是编纂《全宋诗》时的难处和压力记忆犹新，二是《儒藏》工程浩大，令人敬畏，同时也还存在其他疑虑。但是编纂《儒藏》毕竟是一项十分有意义的事情，承蒙领导期望，只能勉为其难受命，当然为了能踏实投入工作，我也没有轻易放过自己的疑虑，而是不断通过加深认识，科学实践，加以排解。例如发表在上海《社会科学报》2003年11月13日第五版上的拙文《对编纂〈儒藏〉的几点看法》，其中“去惑除疑”一节的内容，不是泛泛谈释疑解惑，也有针对自己讲的成分。

关于《儒藏》编纂的意义，汤先生有几篇文章谈到，讲得都很好。我在《立足现代　编好〈儒藏〉》一文中也谈到，是这样说的:“孔子创立的儒家思想，在中国传统文化中占据中心地位。不仅如此，儒家思想早已越出中国国界，影响遍及世界范围，人们所熟知的东亚儒学文化圈就是一个鲜明的例证；对西方来说，早在文艺复兴时期，当时启蒙思想家就曾吸收孔子重理性、道德、人生的人本主义思想来反专制、反宗教。至今当跨入新世纪之际，全世界不少有识之士，回顾 20 世纪，针对人与自然、人与人关系的种种错综复杂的矛盾和危机，呼吁回到 2500 年以前去寻求孔子的智慧以解决现实问题。现在世界不少国家，纷纷建立孔子学院，学习汉语和中国文化。因此《儒藏》的编纂，不仅在国内对弘扬中国优秀传统文化，发展新文化，具有重要意义；同时也是为了满足世界人民日益增长的学习汉语、了解中国文化的需求，为了适应中外携手、共建人类和谐家园的需求。”(《北京大学学报》〔哲社版〕2006 年 3 月)

王：孙先生，请您谈谈你们是怎样编《儒藏》的。

孙：至于怎样编《儒藏》，我在《立足现代　编好〈儒藏〉》一文中曾经谈到。我说：“《儒藏》的编纂既然立足于现代，满足国内外广泛的需要，理应采取符合现代的方式进行整理出版。关于如何编纂《儒藏》，存在不同的意见：一种意见是用影印出版的方式，认为这样可以避免排印时出现的错误；另外一种意见是校点排印的方式出版。经过反复斟酌，我们决定采用校点排印的方式。理由有几点：第一，校点排印最便于现代人的阅读和利用，同时可以与电子化、数字化直接接轨，而影印本则不具备这些方便；第二，通过底本与参校本的校勘，可以整理出一个最好、最有参考价值的文本，从而避免影印底本本身的局限；第三，现在已经出版了不少大型影印丛书，如果《儒藏》再用影印方式，必然会造成大量重复；第四，校点固然存在较大的难度，排印也容易出错误，但只要严格要求，经过努力是可以克服的。”其实标点排印出版《儒藏》，是汤先生早已有的设想和追求，如他在接受《信报》记者采访时曾说：“之所以提出要编纂《儒藏》，是因为受了《佛藏》的刺激。我们现在通常用的《佛藏》是日本人的排印本《大正藏》,《佛藏》有很多影印本，影印本当然有其价值，但用起来麻烦，不方便，所以现在全世界研究佛教的人引用的书仍是日本大正年间编纂的《佛藏》。我的梦想就是让我们的《儒藏》成为全世界最权威的范本，让世界的研究者都用我们的东西。”(《信报》2005年7月10日第12版)

王：编纂过程中有争论吗?

孙：编纂过程中有种种争论，我们也都是尊重科学，实事求是加以决断。例如有人主张仿效《佛藏》经、律、论的分类加以归纳、编排，我们不同意，因为儒典是儒典，佛典是佛典，不能硬套。还有人认为可以考虑以四部分类为基础对目录框架进行调整、细化，建议以儒经、儒学、儒史、儒集作为类目名称，这个意见颇有建设性。经过讨论、研究，还是认为中国古籍传统目录既然最终形成了经史子集四部分类的格局，《儒藏》所收古籍遍及四部，其分类编排也自然以经史子集四部为框架较好，所以《〈儒藏〉精华编凡例》规定：“传世文献按《四库全书总目》经史子集四部分类法分类，大类、小类基本参照《中国丛书综录》和《中国古籍善本书目》，于个别处略作调整。”又如有人欲仿效编这个“大典”那个“大典”的作法，对入编书籍可以改编或选编，我们不同意这种编类书的办法，因此《凡例》特别强调：“收书籍的篇目卷次，一仍底本原貌，不选编，不改编，保持原书的完整性和独立性。”以保证提供原原本本的可靠文本。

王：作为集体大项目，你们如何保证工作的正常开展？

孙：《儒藏》编纂是一项复杂而艰巨的学术工程，所幸我们有一位值得信赖的领头人、主持人汤一介先生。汤先生是一位大学者，但是他非常谦和，平等待人，遇事充分发扬民主，倾听各种意见，集思广益，然后做出科学决策。例如，编纂工作分两步进行，先编精华编，再编全本，是我的建议，他欣然同意。我考虑先编《儒藏》精华编，是受了《道藏》的启发，《道藏》既有全本，又有精华编，不过《道藏》精华编在后，是从全编中选取精要部分，而我考虑先编精华编，是为了避免毕其功于一役编全本，旷日持久，难见功效，先编精华编，则可望而又可及，能早日面世，发挥实效。而且我建议精华编也不是准备一次推出，而是先行估算字数，分册编目，确定各单书在全书分册中的具体位置，然后同时铺开整理，成熟一册，推出一册，实行不按顺序的滚动出版计划，以求尽快发挥编就成书的社会效益，并使整理者能及早看到自己的成果，于心为安。又如建议借鉴编《全宋诗》的经验，让《儒藏》编纂中心青年骨干人员既承担书稿整理任务，又兼做责任编委负责编纂工作，这样做不仅能提高工作效率，也有利于对年轻人的培养。又如我提出在北京、上海物色退休老编辑组成审稿专家组辅助审稿的建议后，汤先生立刻同意，并让我牵头来办。于是《儒藏》中心在北京、上海分别成立了两个“审稿专家组”班子，北京专家组包括中华书局、人民文学出版社、北京大学出版社的一批资深老编审，上海专家组包括上海古籍出版社、汉语大词典出版社的多位资深老编审。

王：具体有何措施？

孙：集体编书，成于众手，往往质量难保，遭人诟病。但是编大规模的书，又非集众人之力不能完成。怎样群策群力确保质量，解决上述矛盾？通过参加《儒藏》编纂，我有两点体会：一是靠组织和制度保证，包括加强集中领导，建立严格的规章制度，制定切实可行的计划，拟定明确的凡例和细则，规划科学有序的操作流程，等等；二是靠学术资质保证，即不断加强古文献学修养，严格按古籍整理规范行事。

王：有具体的编纂经验总结吗？

孙：有。如 2007 年 5 月 29 日，我在《儒藏》精华编首批第 104 册和第 281 册出版座谈会上的发言中说："我作为参加具体工作的人，谈谈个人的体会。刚才许多先生都讲了，《儒藏》编纂的成功，关键在于质量。我曾经讲过，我们的工作是'如履薄冰，如临深渊'，要非常小心，但还是会出错。现拟就已经出版的《儒藏》精华编两册，以第 104 册为主，谈谈有关问题。第 104 册收入传世文献书籍 5 种，其中包括经部四书类学庸之属 2 种，即朱熹《中庸辑略》、王阳明《大学古本旁注》(存目)，分别为《中庸》《大学》注释的代表之作；论语之属 3 种，即正平版何晏《论语集解》、皇侃《论语义疏》、邢昺《论语注疏》，这 3 种《论语》注本与《儒藏》精华编其他分册所收《论语》注本互补，涵盖了从魏晋至清的重要《论语》注本，构成《论语》注释史上一根相当完整的链条。第104册所收5种著作不仅在儒学史上具有重要价值，并且由于在校点整理上充分吸收和利用前人、今人，包括外国学者的研究成果，在提供可靠文本方面也超越了前人，这主要表现在所选校勘底本精善、参校本得当，坚持校正讹误为主、酌校异同的出校原则，判断、取舍异文审慎严谨等三个方面。总之，通过已出版的《儒藏》精华编成书可以看出，北京大学组织编纂的《儒藏》采用校点排印的整理形式出版，不仅可以避免影印出版易造成与其他影印丛书重复以及影印底本本身的局限等问题，而且还证明经过努力确实能够取得具有较高学术水平、易与电子文本接轨、符合当今国内外需要的古籍整理新成果。”(《儒藏通讯》2007年第4期《〈儒藏〉总编纂、第104册主编孙钦善先生的讲话》)

2007年年底，在深圳举行的《儒藏》主编会议暨儒学国际学术研讨会上，我代表《儒藏》中心作了发言，《简报》是这样记载的：“《儒藏》总编纂、北京大学孙钦善教授作了题为《认真负责，精益求精，保证〈儒藏〉书稿的质量》的重要讲话。他结合《儒藏》书稿的校点和审稿工作，重点总结了如何保证《儒藏》书稿质量的方法，明确提出了《儒藏》编纂的学术目标和质量要求，并详细介绍了《儒藏》精华编的审稿和工作流程。他认为，为了保证书稿的质量，必须做到以下三点：一、严格贯彻《儒藏》编纂的凡例和细则。对此他具体指出，《儒藏》精华编的整理主要包括校勘和标点两个环节，校勘尤为重点。为了保证校勘的学术质量，首先要正确选择底本和校本，其次是要有正确的出校原则，最后关键在于正确判断与取舍异文。二、校点一定要参考已出版的校勘成果，订立更高的标准，力争在整体上超越前人。三、要严格遵行交稿、审稿制度及流程，各负其责，严格把关，同心协力保证书稿质量。他最后呼吁，《儒藏》工程任务严峻，退稿率高，不可等闲视之，希望大家群策群力，共商解决办法并具体落实。……本次会议是一次集事务性和学术性于一体的会议，取得了四个方面的进展：一是交流了《儒藏》编纂的工作经验，强调了《儒藏》工程的质量要求；二是进一步了解和落实了《儒藏》外国儒学部分，主要是韩国、日本、越南等国儒学文献的编纂工作；三是孙钦善教授总结《儒藏》书稿校点工作经验的报告，既具有高的学术含量，又具有强的示范效果，反响强烈；四是开始启动《儒藏》工程研究部分的工作，提出了申报课题的问题，会上已有学者表达了申报的意愿并确定了部分选题。"（《儒藏通讯》第 6 期 2007 年 12 月 28 日）

2008 年 11 月 8—9 日，在浙江大学举行的《儒藏》主编工作会议上，我代表《儒藏》中心作了发言。《简报》记载："《儒藏》总编纂、北京大学孙钦善教授作了题为《慎定底本，精校异文》的发言。他说：《儒藏》质量的成败，关键在于能否恰当地确定底本，精确地校定异文。从前段工作来看，更换底本的情况较多，在已收 212 部稿件中，更换过底本的有 29 部。孙先生强调说，底本一定要选好，'善本就是比较完足、错误率小、文字较接近原著面貌的本子'。因此，要做版本调查，对版本进行比勘，进而精确地校定异文。孙先生结合很多实例来说明，异文的情况往往复杂，要靠古文献学，特别是小学的学识作正确的判断，要多查字典，

2013 年在北京大学《儒藏》研究中心
左起张丽娟、孙钦善、尾崎康、陈捷

审慎判断，切忌想当然从事。"《慎定底本，精校异文》全文载于《儒藏通讯》2008 年第 3 期，其中关于《儒藏》书稿更换底本和校定异文的实例甚多，情况非常复杂，文繁难以引录，可以参看全文。另外，又可参见我发表于《儒家典籍与思想研究》第一辑（北京大学出版社 2009 年 1 月）的《〈儒藏〉编纂学术谈》一文。

2014 年 6 月 27 日，在《儒藏》精华编百册出版发布会上，我受汤先生委托，代表北大《儒藏》编纂与研究中心作了工作报告，再一次谈到《儒藏》编纂之难和保证质量的问题，说："在《儒藏》编纂工作中，我们始终抱着'如临深渊，如履薄冰'的战战兢兢的心态，因为我们深知，质量是《儒藏》的生命。早在 2007 年 5 月，季羡林先生就提醒我们：'《儒藏》的好坏，全在质量，要尽量减少错误，宁可慢一点，也要保证质量。’因此在把握进度与质量方面，我们又始终坚持质量第一。为了协调进度，特别是保证质量，我们采取了一系列措施，制订相应的制度，规定了严密的审稿、编纂流程，层层把关。在管理上实行合同制，《儒藏》中心与部类主编和校点人分别订立撰稿交稿合同，严格退改、退稿规定，以保证质量和进度。在《儒藏》精华编书稿的选题中，有不少与已经整理出版的古籍相重，保证此类稿的质量，我们强调吸收已有成果，同时强调力争在水平上加以超越，做到慎定底本，精校异文，准确标点，坚决杜绝抄袭侵权之嫌。这样做效果很好，新的书稿提高程度相当可观，其中不乏纠正出版原书校勘底本选择不当的关键性错误，至于纠正已出版书籍文字和标点的错误更往往数以千计。回顾十年来的工作，我们深深体会到，保证质量的关键在于依靠得力的专业人才，形成一个团结协作的工作班子。在学校支持下成立的实体机构《儒藏》编纂与研究中心，已经形成了老、中、青相结合并且以青年为骨干的团队。这个团队与校内外部类主编和广大校点者、审稿专家密切联系，与北大出版社默契配合，形成《儒藏》编纂出版整个链条的有效周转机制。《儒藏》中心同时注重培养新生力量，招收博士生，引进博士后，他们在培养中得到切实锻炼，同时补充人手的不足，为《儒藏》编纂工作做出贡献，收到出成果与出人才同时并举的双赢效果。现在存在的问题是保证编纂工作和成果的质量难度极大，需要坚持不懈地付出艰苦的努力。通过实践我们深切体会到，以艰深的古文献学理论和繁复的古籍整理实践为支撑的《儒藏》编纂工作，实在太难，能胜任这方面工作的人，必须苦练基本功，钻研、积累深广的学识，同时还要有甘于寂寞、安于坐冷板凳的敬业精神。这样的人才，老一辈正在凋零，后继之人在急功近利的世俗大气候下实在不易物色和培养，随时都存在断线的危机。因此人才缺乏，水平有限，是古籍整理事业危机的主要所在。《儒藏》稿件退改或退稿率之高，充分说明了问题，这也是《儒藏》进度不尽如人意的主要原因所在。古籍是传统文化的重要载体，古籍整理关系到继承传统文化、接续民族之根的大事，《儒藏》编纂的难处，也透示着继承传统文化的困难和危机，不能不引起领导高度重视，采取切实措施加以解决。”

王：这些都是经验之谈。现在《儒藏》编纂的进展情况如何？

孙：《儒藏》精华编的国内部分共收书501种，计282册，正处在收尾阶段。域外部分由韩国、日本、越南三国专家分别整理，由《儒藏》中心统编。越南的11种已经整理、统编完毕，正在印刷出版。韩国和日本的数量较多，正在整理中。总的来说，现在正是《儒藏》精华编与后续工程相衔接的时机，后续工程已提上具体谋划日程。

十六、北京大学古典文献专业

王：孙先生，请您谈谈北大古典文献专业的历史。

孙：北京大学古典文献专业创建于 1959 年，它是我国第一个培养古文献学和古籍整理专门人才的专业。魏建功先生是这个专业的主要创始人，并为主持和发展这个专业付出了晚年的大部分心血。

北京大学古典文献专业的建立，出于整理、继承古代文化遗产和加强文史专业基础建设的客观需要。1958 年，学术界的一些具有远见卓识的前辈学者，鉴于继承古代文化遗产的重要性、古籍整理研究后继乏人和古代文史专业基础薄弱的实际情况，强烈呼吁国家应采取切实措施，培养古籍整理研究的专门人才。这个意见得到当时领导国家科委工作的聂荣臻同志的支持，他建议由当时高教部长杨秀峰同志牵头，邀集有关领导和学者商议，选定一所有条件的大学，建立相应的专业。当时参加研究的领导和学者有齐燕铭（文化部副部长）、吴晗（史学家、北京市副市长）、翦伯赞（北大副校长、历史系主任）、魏建功、金灿然（中华书局总编辑）等先生，大家建议由北京大学筹办这样一个专业。任务由高教部下达北大之后，校领导召集文史哲三系领导和资深教授共同筹划，最后决定专业设在中文系，由魏建功先生担任教研室主任，翦伯赞先生还专门为专业起了名字，叫古典文献专业。

王：筹备后很快就成立了？

孙：经过积极的筹备，专业于1959年正式成立，并于当年暑假开始招生。学术界的有识之士无不为此感到欢欣，吴晗先生在当年7月21日的《中国青年报》上，以《北京大学古典文献专业招生志喜》为题发表文章说："这个专业比之其他文史专业来说是重工业，没有重工业是带动不起来轻工业的。""不设这样一个专业，其他文史专业的提高是有困难的。"翦伯赞先生在当年7月17日的《光明日报》上，以《从北大古典文献专业谈到古籍整理问题》为题发表文章说："设置这个专业的目的是培养整理中国文化遗产的人才，主要是整理中国古典文学、史学、哲学方面的文献。这样一个专业的设置，可以说把整理古典文献工作提到了它应该受到的重视的地位。……不可想象，没有一个整理古典文献的队伍，只靠少数学术工作者的业余劳动就能翻动这座几千年堆积起来的文化大山。……真正的古典文献整理工作，本身就是一种科学研究工作，……现在北大设置这个'古典文献专业'，正是为了把整理古典文献工作变成科学。"由此可见学术界对古典文献专业的重视和寄予的厚望。

王：吴晗先生、翦伯赞先生讲得太好了！

孙：古典文献专业成立以后，不负众望，经过师生的共同努力，真正办成了一个反映本学科规律、具有丰富学术内涵的专业，填补了高等学校学科建设的一个空白。

王：您认为北京大学古典文献专业有何贡献？

孙：具体而言，古典文献专业的贡献主要有以下几方面：

第一，设计并实施了一套完整的课程体系，主要包括三大版块：1. 古代语言文字方面，有古代汉语、文字学、音韵学、训诂学、《说文解字》专书等；2. 古文献方面，有目录学、版本学、校勘学、古籍专书讲读等；3. 古代历史文化方面，有中国通史、中国文学史、中国哲学史、中国文化史等。以上三方面，涵盖了由古文献的形式（语言文字和文本形态）和内容（具体内容和抽象义理）所决定的全方位的学科体系，体现了古文献学的基础性、专业性和兼综性的特点。此外还安排实习课，强调基本技能的训练，贯彻古文献学实践性的特点。

第二，为贯彻理论与实际相结合，教研室十分重视科学研究，促进了专业教学与科研的良性互动。专业成立伊始，教研室就组织了《贾谊集》的整理研究，吸收教研室全体教师和研究生参加。作为专业的研究生，我也参加了《贾谊集》科研组的工作，曾执笔写了《关于贾谊〈新书〉真伪问题的探索》的论文，发表在《北京大学学报》上。当时集体完成的《贾谊集校注》书稿，可惜在“文革”中散失了。除参加教研室科研项目外，我们1960级研究生班还承担了单独的科研项目，在阴法鲁先生指导下，共同编注了《高适岑参诗选》，由人民文学出版社出版。并由此引发了我本人继续对高适的深入研究，留校工作以后撰成了《高适集校注》，后来由上海古籍出版社出版了。教研室在本科生中也注意组织科研实践，如已出版的《历代职官表索引》和《中国古代寓言选》，都是专业首届本科生的毕业论文成果。

王：就当时的大环境而言，国家和社会重视古典文献专业吗？

孙：古典文献专业从建立之日起，就受到国家和社会的关心与重视。魏建功先生凭借个人的声望和事业心，发挥桥梁作用，与学术界广泛联系，紧密依靠社会力量办好专业。专业首先争取到国务院古籍整理出版规划小组的直接指导，组长齐燕铭同志十分关心专业的工作，还曾亲自到学校作报告。中华书局也给予专业极大支持，总编辑金灿然同志亲自并组织书局编辑人员到校讲课，还代表中华书局与专业签订协议，给专业创造办学条件，如不仅及时赠送新出版的古籍，还从馆藏中调拨大量线装书副本，使专业建立起一个规模相当可观的图书资料室。校内外不少文史学界的知名专家学者也都应邀来专业授课，如翦伯赞、冯友兰、向达、张政烺、顾颉刚、吴晗、俞平伯、孙人和、聂崇岐、王重民、严敦杰等先生都曾在专业的讲堂上洒下心血。魏先生后来担任北大副校长，仍兼任教研室主任，并亲自为专业讲授文字、音韵、训诂课，平易近人不减当年，而且更加密切地争取学校的支持，办好专业。

王：社会如何评价北大古典文献专业培养出来的人才？

孙：实践证明，古典文献专业的教学效果很好，培养出来的人才具有以下特点：一是基本功扎实，学风谨严；二是知识面广，动手能力强；三是适应面广，适应能力强。专业从成立到现在，已经培养出大量专业人才，他们凭借以上特点，一专多能，不仅成为古籍整理、研究、出版的骨干力量，而且有不少人成长为文史哲方面的知名学者。

王：北大历史上重视古典文献整理与研究吗？

孙：其实北大古典文献专业也是有着直接历史渊源的。在北大百年校庆纪念文集《青春的北大》里，收了我的一篇文章《北大与“整理国故”》。我是这样说的：“至于古典文献专业的历史，我们只知道酝酿于 1958 年，建立于 1959 年，至今已接近四十年。但是也可以往前追溯。以前有机会翻过学校的旧档案，发现 1932 年国学系曾经设立过‘整理国故’的专科，这无疑是古典文献专业的前身了。”

王：可谓渊源有自啊！

孙：在北大百廿年校庆前夕，学校有关部门又约我写纪念文章，我准备写对母校感恩的内容，即自己的成长与中文系和古典文献专业的关系，题目都拟好了，叫“沃土与扎根”。在搜集材料过程中又有新的发现，即古典文献专业的前身，比 1932 年的“整理国故”专科还要早，一直可追溯到 1925 年 9 月修订实施的《北京大学国文学系学科组织大纲》中的 C 类“关于整理国故之方法者”学科。如 1925 年 10 月《北京大学日刊》刊载《国文学系学科组织大纲摘要》说：

本系为求学生修课有一定之系统起见，特将本系所有明白分为三类。除为一年级学生设立共同必修科目外，自二年以上有 A、B、C 三类之分类必修及选修科目，由学生各择一类专修之。

1. 共同必修科目：

中国文字声韵概要、中国诗文名著选、中国文学史概要、文学概论。

以上各科，为第一学年必修科目。

2. 分类必修及选修科目：

A 类（关于语言文字者属之）

必修科目：

语音学、言语学、中国文字学（包含形音义三者）、中国文字学史。

选修科目：

中国声韵文字训诂书研究、中国方言研究、中国古方言研究、中国文法学。

B 类（关于文学者属之）

必修科目：

中国文学、中国文学史。

选修科目：

中国文学专书研究、中国文学史研究、中国修辞学研究、乐律理论及实习、外国文学、外国文学史。

C 类（关于整理国故之方法者属之）

必修科目：

中国目录学、中国校勘学、中国古礼学、中国古乐学、中国古历数学、中国古器物学。

选修科目：

古籍校读之演习及指导。

3. 共同选修科目：

生物学、心理学、哲学概论、科学概论、美学概论、中外哲学史、中外美术史。

中国文学的课程细分为：阮嗣宗诗（黄节）、陶渊明诗（沈尹默），词选、词家专集（均刘毓盘），戏曲（许之衡）、小说（俞平伯）、晚周诸子（林损），秦汉诸子、汉魏六朝文（均刘文典）、唐宋以降文（林损）。文学史包括：词史（刘毓盘）、戏曲史（许之衡）、小说史（鲁迅）。

此外还有列入文学类的中国曲律（许之衡）和普通乐学、普通和声学、应用和声学及作曲法初步（均萧友梅），外国文学则是由周作人与张凤举合教的英散文选读。

语言文字类课程包括：语音学、言语学大意（均刘复），中国声韵沿革（钱玄同）、中国文字及训诂（沈兼士）、清儒韵学书研究（马裕藻）和西夏文字研究、女真文字研究（均伊凤阁）。

古籍校读方面开出的课程包括：中国古籍校读法（马裕藻）、校勘实习（陈垣）、中国古乐学（许之衡）、中国古历数学（高鲁）。

试看上述 A、B、C 三类学科，分别与当今中文系的汉语、文学、古典文献三个专业相对应，其中 C 类（关于整理国故之方法者）即古典文献专业的前身。

王：这个分类非常合理！为什么会有这样的分类？

孙：这与魏建功先生有关。我们特别值得注意的是，1925 年

9 月修订实施的《北京大学国文学系学科组织大纲》，是在魏建功先生建议的基础上产生的。魏建功先生的公子魏至先生，曾送给我一份打字油印材料：魏建功先生《致中文系教授书》，签署的日期是民国十四年九月二日。打印材料于该信正文前有一则简短说明："此为作者 1925 年就读北大中文系时致系教授会的信，教授会接受了此建议并于当年秋季按其建议改进了学科组织办法。"兹把信的内容摘录如下：

幼渔先生暨国文系教授会诸先生：（按：马裕藻，字幼渔，时任国文系主任）

下面的条陈是我年来久已要说的话，想也是诸位先生所愿意采纳的。我谨以爱"母系"的热诚将这个条陈提在诸位先生之前。

我唯一的条陈是想请把国文系的课程组织整理完密起来。……

我常妄想我们国文系该有这样的分类：

中国文学系：（一）语言文字学讲座：第一分讲座（概论）、第二分讲座（沿革）、第三分讲座（实验）、第四分讲座（专门研究）；（二）纯文学讲座：第五分讲座（概论）、第六分讲座（沿革）、第七分讲座（专门研究）；（三）国学讲座：第八分讲座（工具）、第九分讲座（方法）、第十分讲座（沿革）。

我们将国文系的科目分析一下，显然可分成以上三类。这三类再分由几位教授担任各讲座，便可以教一般误会国文系教授太多的事实明了。语言文字学是治学的根本，所以我写作第一类。这个讲座中分一至四（概论、沿革、实验、专门研究）四讲座。文学本指纯文学，中国文学却包括得太广，我们既将广义文学中的哲学、史学提开，小学归到语言文字学里，当然可以不必再标明了；可是在一切不相统属之中非止纯文学，还有一个古怪的“国学”。所以，我写纯文学为第二类。这类中分五至七（概论、沿革、专门研究）三讲座。本来国学不是课堂上可以讲授的东西，而且这东西究竟应该不应该在国文系教也是个问题；然而目前和将来的需要，治“中国学”的技能一定不可不预备教给治国学的人。所以，我写国学为第三类，其目的在给学生得到治国学的门径，而不是提倡“经学”。“国学”这个名词虽不很安详，然而我们只要我们的精神所在的地方不错，名字差点那又何妨？这个讲座中分八至十（工具、方法、沿革）三讲座。……

这两年来，国文系在社会上的地位很显得责任的重大。在这样重大责任之下，最易招人猜忌；我们惟有切切实实把组织整理完密起来，教他们知道不是他们所想象得到的那样简陋或纷杂！

我所说的或者有些不当的地方，还愿先生们抉择！

魏建功，十四，九，二。

王：魏建功先生真是高瞻远瞩！

孙：魏先生当时作为国文系的一名学生，能向马裕藻系主任及教授会提出这样一份内容深刻的建议，并得到重视和认可，从而修订出新的《学科组织大纲》，确实非同小可，功不可没。这份大纲，使我们看到了当今北大中文系的学科组织框架的历史渊源，而且就其中的整理国故学科来说，更使我们找到了当今古典文献专业的历史源头。魏建功先生不愧为古典文献学科的创始人和设计者，他 1958 年受命筹建、主持新的古典文献专业，并非因为这段历史因缘为人所知，不过是历史的巧合，但是就魏先生的学术资历和成就而言，却是历史的必然。魏先生当时对整理国故或“国学”学科的远见卓识，如“本来国学不是课堂上可以讲授的东西，而且这东西究竟应该不应该在国文系教也是个问题；然而目前和将来的需要，治‘中国学’的技能一定不可不预备教给治国学的人。所以，我写国学为第三类，其目的在给学生得到治国学的门径，而不是提倡‘经学’。‘国学’这个名词虽不很安详，然而我们只要我们的精神所在的地方不错，名字差点那又何妨？这个讲座中分八至十（工具、方法、沿革）三讲座”云云，何其精辟！不仅道出该学科的实质和必要，而且好似已预见后来对该学科的质疑和争议，作出了有针对性的解惑、答疑。北大古典文献专业真是多灾多难，动不动就被忽视，遭责难，甚至被取消，现在又被人挖了墙脚。

十七、北京大学古文献研究所

王：请您再谈谈北京大学古文献研究所的情况。

孙：关于北大古文献研究所的成立背景，前面谈编纂《全宋诗》时已经谈到，另外还可以做一些补充。我写过一篇文章《北京大学古典文献专业与北京大学古文献研究所》，发表于《古籍整理出版简报》第 213 期（1989 年 8 月 20 日），其中说：

> 要适应古文献学实践性强的特点，必须把专业教学与古文献的整理研究紧密结合起来，做到既出成果又出人才，使两者相辅相成，互相促进。为此，于 1979 年成立了古文献研究室，开展古籍整理与研究，进行古文献学理论的探讨，出了一些整理、研究成果，有力地推动了古典文献专业的教学。1984 年 2 月，经教育部批准，在古文献研究室的基础上，建立了北京大学古文献研究所，相当系级建制。研究所除受学校领导之外，还受到全国高校古籍整理研究工作委员会的业务指导和经费资助。……根据研究方向和人员实力，研究所下设古籍整理研究室、《全宋诗》编纂室、古文字研究室、国外汉学研究室，分别承担有关的科研项目。还附设有《古籍整理与研究》编辑部，负责编辑全国高校古籍整理研究工作委员会主办的学术刊物。研究所还承担着古典文献专业的教学任务，共开出本科生、硕士生、博士生课程三十余门。现在研究所承担重要整理研究项

目有：《全宋诗》《楚辞注疏长编》《战国文字研究》《两周铜器铭文研究》《日藏汉籍善本书录》《古代文史名著今译丛书》选题等。几年来已经出版和已经发稿的成果有《广韵四声韵字今音表》《唐五代韵书集存》《尔雅校笺》《高适集校注》《古文观止译注》《古文观止校点》《离骚纂义》《天问纂义》《历代诗文要籍详解》《校勘学大纲》《文字学概要》《长沙子弹库战国楚帛书研究》《中国古代文化知识》《中日古代文学关系史稿》《中国古文献学史参考资料》（油印）、《中国古文献学史》《论语注译》《说苑新序选译》《阮籍诗文选译》《古典文学自学指南》《全宋诗》第一、二册、《三国志人名索引》《诗经索引》等。单篇论文数量更多，有的还在校内外获奖。由于古文献研究所和古典文献专业的密切结合，各研究方面既有学术带头人，又形成了梯队，既出成果，又出人才，在工作上做出一定成绩，1987 年该所和专业的古典文献学，被评为全国重点科。

这样的情况持续了十余年，所以 1998 年我在北大百年校庆的纪念文章《北大与“整理国故”》(《青春的北大》第 360 页）中说：

古典文献专业是北大的一个细胞，它不但受到北大的滋养，而且可以因小见大，从中体现北大的优良传统。回顾古典文献专业曲折的发展历史，综观古文献学科的本质特征，与北大的校风、学风紧紧相连，给我们留下深刻印象，主要有：第一，是“求实”。专业师生认识到，古典文献学是关于浩如烟海的古代文献典籍整理、研究和利用的学科，具有深广学术内涵，是一门实学。古代文献典籍又是古代文史、传统文化的主要载体，研究继承古代文史、传统文化也必须以此为基础，从实做起，否则只能陷入不着边际的空谈、奇谈。因此专业的科研和教学始终贯彻一个“实”字，不尚空谈，摒弃花架子。“板凳要坐十年冷，文章不写一字空”，这句名言已成为大家遵奉的座右铭。第二，是“开新”。1959年，专业以崭新的面貌成立；拨乱反正以后，又能适应新形势的需要，不断改革、创新。现在仍在继续开拓前进，新的目标是：既重视古籍整理实践，又重视古籍思想内容的研究和古文献学理论的研究；根据横向联系开拓研究领域，尤其是加强对传统文化的研究；把整理、研究与教学紧密结合起来，既出成果，又出人才；把提高与普及结合起来，满足现实不同层次的需要，尤其要满足国民素质教育和精神文明建设的迫切需要；立足本国，面向世界，为加固全球炎黄子孙的联系纽带作贡献，为加强中外学术、文化交流作贡献。第三，是“造大”。开放办学，不封闭，不保守，依据学科基本规律，联系大气候，适应大形势，受命于国家的依托，敢于挑重担，干大事，反过来又创造新鲜的经验和理论，为国家的有关决策提供依据。古典文献专业1959年的创始和1981年陈云同志指示后的发展，充分说明了这一点，这与北大的历史地位和作用是分不开的。第四，是民主、科学。这是“五四”以来北大的光荣传统，古典文献专业正是仰仗这样的传统才得以生存和发展。试想如果没有“兼容并蓄”“百花齐放、百家争鸣”的民主精神，如果没有尊重知识、尊重专家、尊重事实、尊重真理（特别是真理在少数人手里之时）的科学精神，恐怕这样一个多有争议、几经飘摇而又确实非常重要的专业早已不复存在了。母校啊，北大！你是如此古老而又永远年轻！古老是你的底蕴，年轻是你的生命。没有北大这棵根深叶茂的大树，结不出古典文献专业这样的果子。

这是文章的结尾部分，流露着满怀信心的激情。可是后来又怎样了呢？2014年北京大学教师教学发展中心派人对我访谈时，曾经问到一个问题：“现在北大古文献学学科存在什么问题吗？”我的回答是：“众所周知，主要是人才流失，结构断档。北大的古文献学科，原先传世文献和出土文献方面的研究、教学力量都很强，现在缺了出土文献的一半；原先属于古文献学科基础方面语言文字学的团队力量也很强，并且形成完整梯队，现在几乎空缺。对此，凡是关心本专业的人，无不感到痛惜，且如何救之，不得而知。”（见《北大中文名师教育谈·关于古文献学的思考与实践——孙钦善老师访谈》，广西师范大学出版社，2015年，页276）结果只能是无可奈何，痛惜感叹而已。前面已经提到，百廿周年校庆前夕，学校有关部门曾向我约稿，写纪念文章，我开始满口答应，并且拟好了题目《沃土与扎根》，还是准备写培育我、我又为之尽力的古典文献专业。但是越写越写不下去，我怎样写文章结尾呢？难道能重复地无可奈何、痛惜感叹吗？所以，纪念文章难以卒篇，只能违心地以违约告终。

十八、中国古典文献学专业研究生培养

王：孙先生，您培养了很多优秀研究生，他们的学术研究都做得非常好，如漆永祥、王岚、张丽娟、顾永新等，我向您请教，您在培养古典文献学研究生方面有哪些好的经验和方法？

孙：到现在为止，我指导的硕士生共有 13 人，早已全部毕业；博士生共有 26 人，已毕业 22 人，在读 4 人。我对研究生的培养注意以下几点：

第一，要求学生路子要走正，即在学术上一定要严格按古文献学的路数前行。关于这个路数，在前面谈古文献学的内涵和

1996 年漆永祥博士论文答辩合影
前排左起杨忠、安平秋、陈铁民、王俊义、孙钦善、黄爱平、张衍田

意义时已具体做过阐述。主要是考据与义理兼顾，即文字、音韵、训诂及目录、版本、校勘等学识和技能要扎实、全面，并擅长义理（思想内容）辨析。其中文字、音韵、训诂的“小学”根基，尤其重要，学习、积累非一日之功所能奏效，必须持之以恒，艰苦努力，稳打稳扎。前面谈古文献学学科时提到学习古文献忽视“小学”为“大谬”，确实如此，搞古文献的人，“小学”功底不扎实不行。即使学古文献专业出身的人，这一方面也不一定过关，其中有些人，做学生时听魏建功先生讲“文字音韵训诂”课，就叫苦喊难，后来参加工作了，还会在教学或科研上出这方面的硬伤，闹笑话，不能不重视，不能不警惕！另外，至今还有人把“小学”排斥在古文献学内涵之外，这是一个严重的认识误区！“小学”功底，怎么强调都不过分，不仅对古文献专业本科生如此，对硕士生、博士生依然如此，甚至对学习和研究古代文史哲经法等学科的人也不例外，因为他们的研究对象，也以古文献为依托，凡涉及古文献，就不能不从古代语言文字入手。为落实这方面的要求，我讲授“清代考据学”和“古文献学与古代文史研究”两门课，此外还指导研究生选修其他课程，并开出阅读书目引导自学。

第二，理论学习与实践相结合。这一点是一切学科的共同要求，对于实践性很强的古文献学来说更是如此。通过科研项目带动研究生的培养，效果很好，我深有体会。前面已经谈到通过《全宋诗》编纂带动研究生培养的情况，那里面谈的还不限于我个人带的研究生。现在编纂《儒藏》也是如此，我个人以“儒家典籍与思想研究”方向招生的，已有 7 位博士生毕业，还有 4 人在读。他们除了参加《儒藏》中心分配的书稿复检、抽审任务外，还根据需要直接承担书稿的校点工作。结合这些任务写出相关研究论文，甚至衍生出博士学位论文的选题。兹按入学先后顺序简要介绍已经毕业的学生情况：

姜海军，2004 年由南开大学历史系考入《儒藏》编纂与研究中心，参与《儒藏》的编纂与整理工作，校点整理了《论语全解》（合作）、《二程全书》，复检、抽审书稿多部，衍生出学位论文选题《程颐易学研究》，毕业后分配到北京师范大学历史学院工作，现任副院长。

张丽娟，在《儒藏》中心攻读博士之前，1988 年 9 月至 1991 年 7 月，攻读硕士学位期间即由我指导，参与《全宋诗》编纂，整理冯山《安岳集》及几十个小家诗作。硕士论文为《试论北宋笔记的文献价值》，后以《论北宋笔记的文献价值》为题发表。硕士毕业后，先后在北京图书馆善本部和北京大学图书馆善本室工作。2005 年 9 月至 2010 年 7 月，在《儒藏》中心攻读博士学位期间，参与《儒藏》编纂，承担《儒藏》第 235—236 册宋楼钥《攻媿先生文集》（123 万字）校点工作，2017 年由北京大学出版社出版。另担任《毛诗草木鸟兽虫鱼疏广要》通审工作。博士论文题目为《宋代经书注疏刊刻研究》，经修订扩充于 2013 年由北京大学出版社出版。博士期间另完成并发表论文《宋代〈春秋〉三传刊刻之研究》《宋刻单疏本传本考》《关于宋元刻十行注疏本》等 8 篇。现任《儒藏》中心研究员。

沈莹莹，2005 年由北大中文系硕士考入，读博期间完成《儒藏》所收阮元《揅经室集》的校点整理。《揅经室集》已出版过校点本，原整理者以《四部丛刊》影印原刊初印本为底本（其中一集十四卷，二集八卷，三集五卷，四集二卷，诗十一卷，续集九卷，外集五卷，合计五十四卷），并称无其他版本对校。实则《揅经室集》存有不同的版本，各本虽均出自阮氏文选楼家刻，但由于刊刻时间有先后而出现卷数差异，《四部丛刊》的影印底本并非最全的本子，国家图书馆藏有阮氏文选楼家刻六十三卷本，更为完备。故《儒藏》精华编所收《揅经室集》，由沈莹莹重新校点整理，以国家图书馆藏本为底本，以《四部丛刊》影印原刊初印本为对校本，并且订正已出版的点校本的误校和轻改。沈莹莹并由此衍生出博士学位论文《阮元〈揅经室集〉研究》选题，加以完成，创获良多。

冯一鸣，2007 年考入，在读期间，完成博士学位论文《西汉用〈诗〉研究》，还发表论文 2 篇，为《儒藏》审稿 2 部。

王传龙，2011 年由华南师大古典文献专业考入，在读期间，承担《儒藏》书稿的初审、复审、通审、检查等任务，共审核《王文成公全书》《榕坛问业》《劝学篇》《尚书正义》《亭林诗文集》等十几部书稿。还为《儒藏》编纂承担了《欧阳南野先生文集》（30 卷）一书的独立校点工作，并由《儒藏》编纂工作衍生出博士学位论文选题，出色完成《阳明心学流衍考》博士论文。毕业后到厦门大学中文系作博士后，出站后留本系任教，现任助理教授。其博士论文已由厦门大学出版社出版。

吕东超，2013 年由北京师大考入，在读期间，为《儒藏》编纂校点整理洪亮吉《春秋左传诂》一书，超越已出版的校点本，不仅在底本与校本的调研与确定方面有独到之功，文字校勘亦多有突破。而且通过校勘，首次发现《春秋左传诂》大量抄袭陈树华《春秋经传集解考正》成果的事实，由此衍生出《〈春秋左传诂〉研究》的博士学位论文选题，并出色完成论文，多有发明、创获。其中有关局部成果如《〈春秋左传诂〉校读札记》《〈春秋左传诂〉抄袭举》《陈树华之学术及其应有之价值》等，已作为原创论文分别在《儒家典籍与思想研究》《文史》《经学文献研究集刊》等刊物上发表，获得学术界充分肯定。此外完成《儒藏》书稿的抽审、复校的任务也很多，所撰《〈洪亮吉年谱〉补正》上下篇，也已被学术刊物采用。

种方，2014 年由北师大考入，在读期间，为《儒藏》复检、抽校书稿八部，总字数近百万。发表论文 2 篇。出色完成博士学位论文《毛奇龄易学及其流派研究》。

1988 年孙先生在陕西师范大学
参加周晓薇、焦杰等硕士研究生答辩会

第三，慎重共商，确定学位论文选题。学位论文的写作，是培养研究生的重要一环，论文选题的确定，力戒由导师命题作文的方式，而应根据研究生全面的情况，包括主观条件和客观条件，充分尊重学生的意见，因势利导，慎重共商来确定。由提供科研项目平台，既出成果，又出人才，是行之有效的。由参加科研项目自然衍生出学位论文选题，也不失为一种好的办法，但也不能强求一律。如我在编纂《全宋诗》期间带的研究生，他们程度不同地受到编纂工作的锻炼，但他们学位论文选题并非全由编纂《全宋诗》课题衍生。

由《全宋诗》课题衍生的学位论文选题固然可以做得很好，如吴鸥的硕士论文《杨万里诗及其〈诚斋集〉》，王岚的硕士论文《张咏年谱》、博士论文《宋人文集编刻及流传丛考》，张跃明的硕士论文《邵雍〈伊川击壤集〉版本考》，张弘泓的硕士论文《项安世生平、诗作、交游考》，陈晓兰的硕士论文《孙觌生平事迹及其文集版本考》，刘彦捷的硕士论文《邹浩交游考》，于博文的硕士论文《陆游诗思想分析及佚诗辑考——以计算机为辅助手段》。

非由《全宋诗》课题衍生的学位论文选题，由于照顾到学生的学术背景、优势、兴趣以及过往课题的延伸等因素，也可以做得很好，如漆永祥的博士学位论文《乾嘉考据学研究》，王德保的博士学位论文《司马光与〈资治通鉴〉》，吴铭能的博士学位论文《梁任公古文献思想研究初稿——以目录学、辨伪学、清代学术史及诸子学为中心的考察》，顾永新的博士学位论文《欧阳修学术研究》，李敏辞的博士学位论文《〈朱子语类〉的文献学研究》，韩国留学生李钟美的博士学位论文《〈寒山诗〉版本研究》等。

其他非由集体科研衍生的学位论文选题也是如此，如刘希庆的博士学位论文《关于先秦秦汉文献中人与自然关系问题的研究》，日本留学生田中千寿的博士学位论文《〈春秋公羊疏〉研究》，陈晓兰的博士学位论文《南宋四明地区教育和学术研究》，胡元玲的博士学位论文《张载易学及道学研究——以〈横渠易说〉与〈正蒙〉为主的探讨》、梁继红的博士学位论文《章学诚学术研究》，谷建的博士学位论文《苏辙学术研究——以经史之学为中心》，胡玉冰的博士学位论文《汉文西夏文献考述》(后扩充为专著《传统典籍中汉文西夏文献研究》，2007年由中国社会科学出版社出版)，韩国留学生唐润熙的博士学位论文《韩国现存〈论语〉注释书版本研究》等。因为博士学位论文与以往的研究课题有连续性，便于从深度方面开掘和从广度方面开拓，取得更佳的效果。

我还可以举一位在读博士生的实例：李科是顾永新教授指导的硕士生，他的硕士论文选题是“曹元弼研究”，搜集到丰富的资料，取得可喜的成果，打下一个坚实的基础。考入《儒藏》中心的博士生后，一方面完成有关《儒藏》的编纂任务，一方面继续进行曹元弼经学的专题研究，以非凡的精力即将完成28部、总计400余万字的曹元弼经学著述的编纂点校整理工作，已被出版社接受出版。他的博士学位论文选题确定为“曹元弼经学研究”，已顺利通过开题审核，获得好评，可以预期能出色完成。

王：名师出高徒！您谈的这些培养经验都很重要，确实成效显著。非常感谢孙先生给我们分享了这么多的治学经历和感想，对我们学习古文献的年轻人启迪良多。谢谢孙先生！谢谢您对我和学礼堂的支持！您辛苦啦！

2017年12月21日，王锷老师于北京采访孙钦善先生。访谈稿由王宁玲、张琪、李佩、井超、李学辰、侯婕、刘晓咏、陶晓婷、董攻、王少帅、吕梁、孙术兰、蒋林佳、刘婧恩整理，已经孙先生、王老师审定。

砣砣典坟与“六条裤子”

——罗琳先生访谈录

罗琳先生简介

罗琳先生，中国科学院文献情报中心（中国科学院图书馆）研究馆员，中国科学院大学教授、博士生导师，国家图书馆专家咨询委员会委员，中国图书馆学会“古籍整理与文献保护专业委员会”委员，中华人民共和国文化和旅游部“全国古籍保护工作专家委员会”委员。长期从事古文献工作，主持整理出版了《续修四库全书总目提要》（经部 中华书局出版）、《续修四库全书总目提要》（稿本 齐鲁书社出版）；任《四库全书存目丛书》编目室主任、《四库禁毁书丛刊》编目部主任、《四库未收书辑刊》主编、《四库提要著录丛书》总策划及执行主编、《四库全书底本丛书》主编，承担了此五部丛书的目录遴选、文献征访、近万种古籍的版本鉴定及著录；“中国科学院文献情报中心古籍目录网络数据库”及“中国科学院古籍联合数据库”课题负责人；主持“中华古籍保护计划”之“（汉文）古籍普查登记平台”研发工作。1994 年 11 月获“中国科学院自然科学奖二等奖”，2014 年 10 月获中华人民共和国文化部颁发的“全国古籍保护工作先进个人”荣誉证书。

一、求学经历

王锷：罗先生，您好！谢谢您接受学礼堂的采访，请您先谈谈上学的经历。

罗琳先生：非常荣幸接受学礼堂的采访，谢谢您！我上学上得很麻烦。我生日是9月4号，过去上小学的截止时间是9月1号，所以说我晚了3天。过去是7岁上小学，我差3天到7岁，我记得我爸爸带着我去小学找老师，他不让我读，他说我差3天，好像还专门找了校长，都不行。实际上我8岁才上小学，所以又回幼儿园全托班多待了1年，叫紫竹街幼儿园，是最好的幼儿园，因为她和南充市果山公园只一墙之隔，老师带我们经常从后门去

紫竹街幼儿园留影

公园看花花草草，公园里还有一个动物园，然后看动物园的老虎、狮子和熊，好多动物，就是太骚臭，最喜欢是看孔雀开屏和去猴山看猴子。

我读的那个小学叫大北街小学，也是南充市最好的小学，是试点的两个“五年制”小学之一，其他小学都是6年。可是5年小学上完了以后正好是“文革”当中，说过去秋季入学是资产阶级的，是错误的，我们现在改到春季入学。于是我小学毕业了以后就耍了半年，耍到第二年的春季，然后上了3年初中。初中毕业了以后呢，说过去改错了，现在又要改回来，于是又改回来了，我又耍了半年，然后上了2年高中。小学毕业、初中毕业以后加起来有一年的时间没有上学，再加上我上小学的时候比人家晚一年，1976年高中毕业，1978年上大学，中间当了两年石油工人，总共加起来有4年的时间，所以我21岁上大学比正常上大学晚了4年。但是对我印象最深、最幸福的时光就是那两个半年。

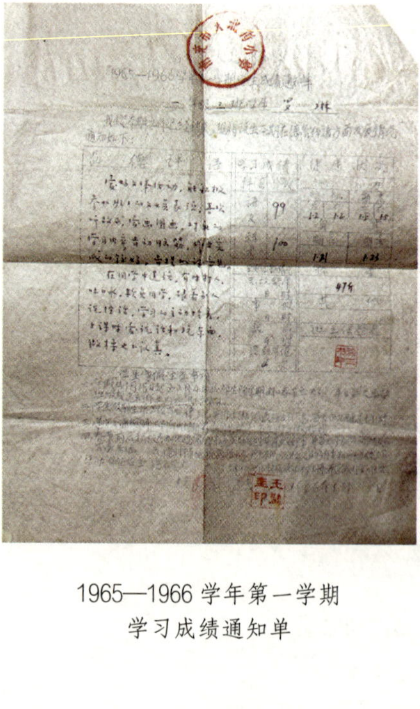

1965—1966学年第一学期
学习成绩通知单

这是1966年初我小学一年级第一学期结束时的学习成绩通知单。

王：这个很难得哦！

罗：您看看，我当时的视力、身高、体重等信息都在里面。我够调皮的，缺点比优点还多。好珍贵的档案。有意思的是徐老师给我写的评语，优点是“爱好文体活动，能积极参加班上的文娱表演，喜欢听故事，爱画图画，对新的学习内容肯动脑筋，作业完成得较好，肯提批评意见”。缺点是“在同学中逞强，有时打人，吐口水，欺负同学，跟着别人说怪话，学习的主动性差，上课时爱说话和玩东西，做操也不认真”。天哪，我有这么多缺点，但是我一直特别喜欢徐老师，她是那样慈祥而又严肃，中学时还去看望她。

王：我们老家那边有这样一句话，不知道你们讲不讲，“男孩子要跳呢，女孩子要豪呢”，就是说男孩子小时候要捣蛋些，女孩子小时候要活泼一些，这样长大才有出息。

罗：您想想我小时候有多调皮！精彩的是老师连“吐口水”都给我记下来了，那是一幅多么生动的画面，一个小屁孩打架，打不赢了就吐口水！

王：这么多缺点，哈哈哈！肯定回家要挨家长打呢。不过也是可爱的表现。您最开心是玩的时候吗？

罗：小时候调皮，父亲经常用鸡毛掸子揍我。小学二年级躲在厕所抽烟就挨了一顿“胖揍”。那两个半年，我现在觉得真是幸福无比，不上学，没作业，没人管，恨不得天上都有我们的脚板印，我们一帮娃儿发疯一样地做“坏事”。因为爸爸他们学校是一个医学院（那时还是专科学校），里面养了很多做实验用的狗、猫、鸽子，还有那个我们叫荷兰猪的小东西，还种了很多很多水果树。我们一天到晚拿着弹蹦子不是打麻雀、鸽子、斑鸠，就是追猫打狗，然后爬树上偷水果吃，疯一样吃得倒牙，搞得我到现在都不喜欢吃水果。

王：很开心！

罗：我小学其实没学什么东西，倒是音乐课教识简谱，那时唱歌是要先唱谱的，不像现在瞎唱，毛笔字只练习了一个星期，风雨操场踢球，偷割滑翔机翅膀上的尼龙布，大概就记得这些。我爸爸是教解剖的，他的专业叫作正常人体解剖学，有一段时间我住到了爸爸的办公室，周围环绕着骷髅和尸体，福尔马林成了我现在还能回忆起来的味道。还有一段时间住在爸爸学校的图书馆里面，所以我从小就喜欢书，对书有无限的喜爱，但万万没想到我喜欢书，最后搞上了古书。我记得我小时候看的第一本书是《鲁滨逊漂流记》，带图画的，大字简写本。我在上大学之前看的所有书全部是外国的，爸爸学校图书馆里所有的外国小说我全看了。看的第一本繁体字小说是苏联小说《士敏土》，第一次看的日本小说是小林多喜二的《蟹工船》，巴尔扎克的小说我全看过，儒勒·凡尔纳的小说我也全看过，“文革”中那些内部小说比如《第三帝国的兴亡》《色情间谍》，我是偷着看的，如饥似渴。有一段时间争议说《静静的顿河》不是肖洛霍夫写的，是他剽窃人家的，我说不对，那是你没看过肖洛霍夫写的短篇小说集《顿河故事》，你看了就知道肖洛霍夫能写出来。

罗先生演奏手风琴留影

上初中时，我是学习委员，上高中时，我是班长，都是在“文革”中，学习非常不正规，我语文成绩最好，其次是数学和物理，化学很差，记不住元素周期表。我很多时间是在宣传队，到工厂、农村、部队慰问演出。一次慰问看守四川省第一监狱的部队，战士远远指给我看了一个老人，说是胡风。现在回想起来宣传队的万先知老师真是超前，40多年前演出节目就有伴舞，当时很不习惯，独唱有伴舞，手风琴独奏居然也有伴舞，把宣传队差不多调教成了中学里最好的。

王：您还是个文艺青年？

罗：对，是南充二中宣传队的，我从小就拉手风琴，所以《芳华》里的手风琴把我弄得热泪盈眶，里面有《草原女民兵》。其实那时全国宣传队演得最多的是《洗衣歌》，因为打了个男女调情的擦边球。我从初二开始就在上千人的剧院和露天剧场去手风琴独奏，只能拉些革命歌曲，当时最有名的就是《牧民歌唱毛主席》《打虎上山》，就拉这些曲子，背地里的时候就拉些其他的曲子，《马刀舞》呀，《化装舞》呀，唱悲情的知青歌，最喜欢的是《娜娜之歌》。

1975年6月南充二中宣传队合影
后排左二为罗先生，后排右二为万先知老师

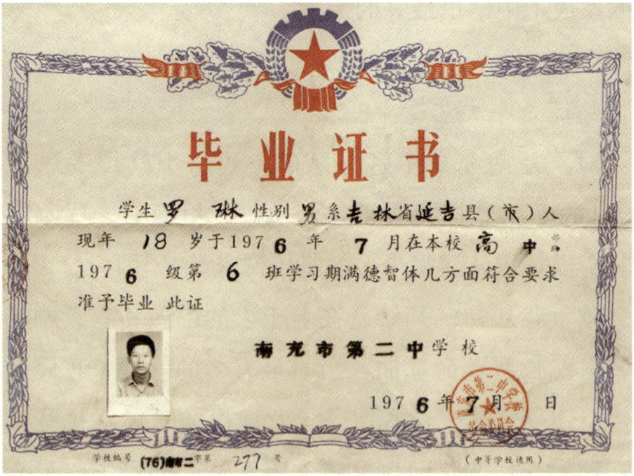

毕业证书

学生罗　琳性别男系吉林省延吉县（市）人

现年 18 岁于1976年 7 月在本校高中

1976级第 6 班学习期满德智体几方面符合要求

准予毕业 此证

南充市第二中学校

1976年7月　日

学校编号 (76)南市二中第 277 号　　（中等学校通用）

高中毕业证书

高中毕业后差点去考文工团，爸爸说我们罗家不出“卖唱的”。我上大学的时候在学校里拉手风琴，经历的故事也比较多。因为手风琴这个乐器比较突出，它发出的声音像个小乐队发出的声音，所以他们说我是文艺青年。拉手风琴是我父亲遗传给我的，我小的时候家里就有个手风琴。后来我把手风琴风箱拆了，往里边一看，写的是佐藤，是日本的，只有 8 个贝斯（Bass），现在最多的是 120 个。还找了一个比较专业的老师教我，所以我那时拉得最好。

1975 年春天，我上高一，一天收音机里广播国民党战犯的释放名单，妈妈神色惊恐地自言自语：“还活着？还活着？”悄悄告诉我这个她认识，谁小时候还抱过她，哪个来过抗战时重庆的家，谁的太太和我外婆打过麻将。我第一次知道了国民党也抗日，是妈妈十分肯定地告诉我的。妈妈还告诉我，1948 年很多国民党军官来苏州向我外公辞行，其中就有黄百韬，外公说你们打不过共产党，你们一定要去，只好当面洒酒祭之。后来不是战死，就是败仗后被蒋介石枪毙，或者被俘虏，外公唉声叹气。

我高中毕业 19 岁就在南充的西充县当石油工人，那是非常了不起的产业工人，所谓“工人阶级领导一切”的“工人”，指的就是“产业工人”。第一天师傅就告诉我，你如果只吃一碗饭就一次盛够，如果要吃一碗半，第一次就只盛半碗，快速吃完还能盛一碗，不然就没有了。我在起重班，开桅杆式卷扬机，住在野外的简易工棚里，墙壁是竹席子围的，环境异常艰苦，而且非常非常危险，现在想起来简直是不可思议。我常常还要帮头头写总结，好在又经常被抽到县宣传队“农业学大寨”下乡演出。那时每个公社都有酒厂，第一次在巨大的蒸笼边直接喝到了正在流出

1976 年南充二中宣传队乐队部分成员

来的热腾腾的原浆酒，那个醇香甘甜，特别是在嗓子里流过的感觉，三碗不醉。有一次在农村演出完吃派饭，在一个矮小干瘦的孤老婆婆屋里，她脑壳后盘了一个小圈儿，尖尖小脚，一身土布，打满补丁却洗得发白。她的灶台一尘不染，还镶嵌了几块青花瓷片，手脚麻利，切了一盘腊肉，炒了几个青菜，土碗洗得干干净净，特别是她把每双筷子都摆在一根横着的筷子上，让筷子头翘着，整个过程没说过一句话。离开后，生产队长说：地主小老婆，也是苦出身，没生过娃儿，地主在“土改”时被枪毙了，她就哑巴了，每次城里头来人都在她屋里头吃。干净。这顿饭永远忘不了，以后看见农家乐偶尔也会想起那位孤老婆婆。说实在的，很久没有想起过她了，不是因为您的采访，可能就永远遗忘了，就像好多发生的故事一样，我们都说人们不会忘记，但时间会将它稀释，稀释得趋近于零。

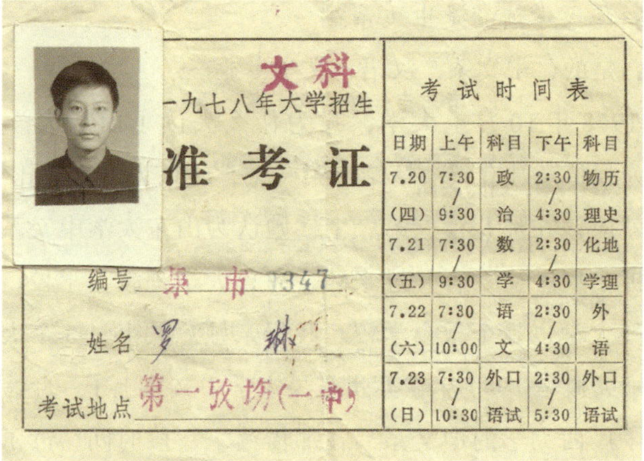
文科

一九七八年大学招生

准考证

编号 [illegible]市 1347

姓名 罗琳

考试地点 第一玫坊(一中)

考试时间表

日期	上午	科目	下午	科目
7.20（四）	7:30/9:30	政治	2:30/4:30	物理历史
7.21（五）	7:30/9:30	数学	2:30/4:30	化学地理
7.22（六）	7:30/10:00	语文	2:30/4:30	外语
7.23（日）	7:30/10:30	外口语试	2:30/5:30	外口语试

1978 年文科高考准考证

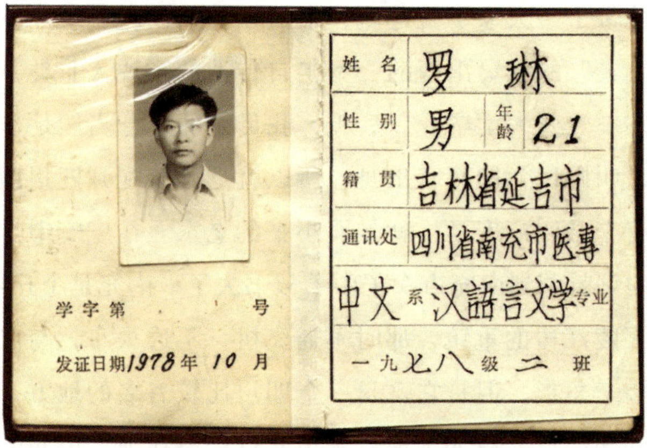
学字第 号

发证日期 1978 年 10 月

姓名	罗琳		
性别	男	年龄	21
籍贯	吉林省延吉市		
通讯处	四川省南充市医專		

中文系汉語言文学专业

一九七八级二班

大学学生证

王：您大学读的是中文系？

罗：是的，中文系，汉语言文学专业。

我 1978 年 10 月上大学，我为什么去读了山东大学中文系呢？因为我母亲她有教会情结。第一个，她认为山东是孔子故乡，中文系就应该在那儿读；第二个，她认为山东大学中文系是齐鲁大学给拆了后中文系合并过来的，齐鲁大学是教会学校，我母亲上的东吴大学也是个教会学校。我母亲她总共上过 3 个大学的中文系，她大概是 1947 年在苏州东吴大学中文系上了一年多吧，然后就到了广西大学的中文系，在那借读了一段时间，读了没多久又跑到贵州大学中文系，又读了一段时间，在贵州大学中文系毕业的。为什么会这个样子呢？这就是解放军追击国民党的一条线路，国民党逃跑的线路。他们就只有跑，因为我外公是国民党军政部军务司司长，陆军中将，何应钦的部下，抗战结束后隐居在苏州，他带了一大家子就逃跑，最后在贵阳没跑脱就停下了。我化名“弋夫”的五舅出版的一本半自传性的小说《非类》记录了一些史实。贵州大学毕业以后呢，我母亲的成分当然是非常非常不好的，叫国民党旧军官出身，所以就把她分配到四川南充。南充当时有个县叫广安县，就是邓小平的老家。在广安中学教了一段时间的书就调到南充市女子中学教书去了。南充是个丘陵地区，自古是嘉陵江边的重镇，那时不通飞机，不通火车，与成都、重庆成等腰三角形，但是它又是一个四川比较有名的地方，因为中华人民共和国成立后那个地方是川北行署所在地，川北区党委书记兼川北行署主任、川北军分区政委就是胡耀邦。南充出了很多名人，第一个邓小平，他是广安县人，当然现在广安独立成市了，还有朱德，仪陇县人，还有一个，罗瑞卿就是南充市人，《三国志》的作者陈寿也是我们南充人。

我是四川人，实际上我们家跟四川没有半毛钱的关系。我父亲家也是很复杂，我的祖籍应该是湖北阳新，那是一个非常非常穷的地方，到现在仍然是穷地方。大概是我太爷爷因为太穷，就从那个地方闯关东到了吉林延吉。

外公王文宣1937年戎装照

王：噢，那边都要闯到吉林去。

罗：是啊！然后在那个地方扎下根来，我父亲就出生在吉林延吉。那个时候填户口的人问我的籍贯，我说我不知道我什么籍贯，那人说就是你父亲的出生地，所以我的籍贯就写的是吉林延吉。所以说很复杂，祖籍湖北阳新，籍贯吉林延吉，出生四川南充，大学山东济南，工作北京，整个一个“窜儿”。我爷爷日语好，在延吉邮局工作，“九一八”的时候，日本打到东北，我爷爷就回到关内，在北京的邮局工作，民国时候邮局是铁饭碗，吃官饭，大概还有海关，也是这样。他那时住在石碑儿胡同，那个地方前几年修国家大剧院拆了，所以我爸爸后来在北京读了汇文中学。卢沟桥事变鬼子又打进北京城，那个小邮局的人差点被鬼子砍了，因为爷爷日语好，大家躲过一劫。他带着一大家子人跑了好多地方，中华人民共和国成立前，他在南京下关邮电局当人事股股长，以后又到如皋邮电所和南通邮电所当过副所长。所以我父亲是在南京上的学，上的解放军二野医科大学。二野医科大学好像在20世纪50年代逆着长江搬到了重庆，现在是三军医大。他出身也不好，至少不是贫下中农，所以也分配到了闭塞的南充，那时我爸爸的学校叫西南区川北医士学校（现在叫川北医学院）。

我父母都不是四川人，两个出身不好的苦瓜在举目无亲的异乡大概因为小布尔乔亚的臭味相投，于是就有了我，所以我小时候《外国民歌200首》差不多都听过。现在谁问我，我都是说自己是四川人，毕竟在四川生的四川长的，觉得四川很好，主要是吃得好，烟好酒好。我母亲告诉我，说我的出生给我们家带来了福气。

与父母合影

王：为什么呢？

罗：我1957年生的，我母亲因为怀我和生我没有当“右派”，躲过了啊！我母亲说她必定是“右派”，是跑不掉的，就因为这个躲过一劫。如果当“右派”，家里面的情况就完全是另外一回事。所以我妈妈说我的出生给我们家带来了福气，躲过一劫。

2007年2月与刘开来老师合影留念

2008年10月与张存金老师在山东大学新校小树林合影留念

2012年10月与凌南申老师在山东大学新校小树林合影留念

1985年与郭永芳先生合影留念

我认为自己一直幸运，非常庆幸和感恩所有的重要节点都遇到了好老师：幼儿园是雷老师，小学是班主任徐三书老师，初中是班主任白含元老师，高中是班主任刘开来老师，大学是辅导员张存金老师和凌南申老师，工作是郭永芳先生。

大学同学聚会，往昔的同学非常惊奇地说，没想到你小子搞古文献搞了几十年没挪窝。谁也想不到，我做梦也想不到。因为在学校的时候，我们78级中文系大概有101个人，一个大班，后来分成两个小班，如果把有古文底子排个顺序的话，我大概倒数十名之内。我们寝室8个同学，他们是山东人，他们都比我好。那时老师好，好多好老师，董治安老师给我们上先秦两汉文学史，上了一个学期，很精彩，还记得讲《史记》的“孔子世家”中“野合而生孔子”，“男……二八十六阳道通，八八六十四阳道绝。女……二七十四阴道通，七七四十九阴道绝”。很羞愧，只记得这点有点“荤”的了，其他大概融入了血液。

小殷先生殷焕先讲“通假”，一个羸弱老夫子却妙趣横生，满黑板都是交叉的带箭头的连接线，结论是四通八达，都可以通。杨燕老师讲宋词，她本人就婉约，讲济南的李清照，婉约加婉约，“三杯两盏淡酒”淡得“绿肥红瘦”，多年后我给女儿取单名一个“觅”字。

山东大学是我的母校，已今不如昔，而一想起被拆的济南老火车站就心酸，牟世金老师也去世了多年，他是我的毕业论文指导老师和老乡，101个同学已经走了13个，这比例也太高了，还不是因为过去太穷，以后太累。开始时走一个我写一篇短的文章怀念一下，后来不敢写了，要抑郁崩溃。

我的同房
——怀念薛文田同学

2009年7月2日，薛文田是第四个离开我们的同学。

薛文田，1946年12月28日生于山东临沂河东区汤头镇贾官庄村。

2009年6月26日下午，老薛儿子电告我老薛在上海住院，病重。从上海回京后，我即刻在咱们班级网上发了一个帖子："6月26日23点，我和时国珍同学飞往上海胸科医院，看望了肺癌手术后肺部感染，住在重症监护室中生命垂危的薛文田同学。寻寰中同学通过特殊渠道弄到了十分稀缺的'静脉注射丙种球蛋白'，到27号下午，情况略有好转……"

6月28日，我到青海西宁讲课，天天与上海了解病情，烦躁不安，情绪低沉，于是又发了一个帖子："正在生死线上挣扎的老薛，虽然有所好转，但远远还没有脱离危险……我在西宁，离开骚动的北京，安静下来，回想起认识31年的老薛——忠厚狡黠的农民、播种机一样的父亲、勤奋优秀的学生、兄长一般的同学、幽默的室友，四年的大学生活忍受克服了极大的困苦……毕业20多年，一个称职的父亲和丈夫，该收获了，却倒下了……我只能对着祁连山怒吼一声……"

7月2日早上，电话里传来上海胸科医院病房里老薛三女儿的哭泣声："叔……"

在外地，没能参加你的追悼会。一定会去给你上香、敬烟、斟酒！啥时去?! 不知能否控制住情绪。

和老薛大学4年同住一个房间，他长我10多岁。开始他叫我“四川锤子”，并不知“锤子”的含义，有点刺耳，以后知道了，坏笑着硬是不改，或者叫我“小骡子”，一直就这么交替地顺口喊了30多年。

老薛写一手漂亮的硬笔字，可以双手同时写。大学期间门门功课优秀；上课记笔记，工工整整，一字不落，连老师的临时发挥和咳嗽都记下来，老师来年来借老薛听自己课的笔记，给下一届学生讲课，比自己的教案还完备。

老薛上大学前就有6个孩子，前面4个女儿，生了一个儿子，觉得不保险，躲在芦苇荡中再生了一个儿子。上大学时瞒报一个儿子，大四，入党外调时露馅，因此未能入党。一次酒后在宿舍瞎聊，老薛说漏了嘴，只好编瞎话补漏，窟窿越补越大，时间搞错了，结果我一算他儿子坐胎时，他正在学校天天和我们一同上课。薛大嫂十分不易，在家务农，还要抚养楼梯一样的一堆孩子，老薛常常叹气，泪流满面，于是每天早上，勤工俭学，打扫马路、厕所，微薄的收入还要省一些寄回家。老薛多次伤心地要将他的一个闺女过继给我，说毕业后我会在大城市生活，过继给我的闺女可以离开农村，说随便我选，我说最小的四闺女，老薛却说三闺女，三闺女最漂亮。2009年6月27日因老薛病危去上海，我才第一次看见老薛的三闺女及其他孩子。老薛毕业后为了孩子和大嫂能转成城市户口，转战东北，吃尽了苦头，好不容易才安定下来，却鞠躬尽瘁了。

大学时，我和老薛都睡上铺，头脚相联。大四寒假返校，一天我的腿奇痒难忍，翻开袜子一看，一个吸饱了血的大虱子静静地趴着。我十分惊奇，老薛抱歉地说，肯定是他带来的。原来老薛每次返家，进屋前，先将衣裤脱下，包裹后悬于梁上，返校时再裸身换上。这次，不小心掉了下来，受了污染。老薛家的穷困可见一斑。

老薛也乐观，经常笑话连篇，荤素都有。而且常常说一些我们小青年并不十分理解的东西，多年以后，我才理解一个有家室的壮年男人，长时间孤身在外的煎熬。“褒贬是买主”是老薛让我永生难忘的经典，大概包涵了简单的生活哲理。感谢

大学同组留影
前排左起：杜晓铁、李克斌、薛文田、邹红卫
后排左起：寻寰中、罗琳、吴传宝、李林、王树村

老薛，在我正式面对生活前，像一个长者、像一个大哥、像一个朋友告诉了我许多、教会了我许多！

老薛那些我难以想象和简直无法承受的曾经生活在社会最底层的经历，对他的全部价值观产生了深刻的影响。他对学习、对同学、对时间、对金钱、对工作、对朋友、对环境、对家庭、对延续后代、对男女、对健康、对力量、对性……的每一个认识，都是基于曾经苦难的生活经验，有时简直像牲口一样简单判断。老薛因厌恶和恐惧可能再会回到曾经生活过的社会最底层的生活而做的一些事、说的一些话，我只能理解、宽容。站在他的面前，我有什么呢？我经历过什么呢？我有什么理由无病呻吟吗？

呜呼，老薛大哥！多想听你再喊一声“四川锤子”或“小骡子”……

2009.8.1

山东那时确实太穷，上四年学蹲在地上吃了四年饭。红薯、棒子面是主食，搞得我到现在都不吃红薯、玉米及其衍生品。

“宁愿在四川变头猪”
——关于吃的回忆

从四川来山东上学，最不习惯的莫过于吃，成天吃红薯、玉米面做的糊糊，玉米面做的疙瘩粥，玉米面做的窝头，黑面馒头，没有蔬菜，更没有新鲜的蔬菜可吃，只是大四的下学期略有好转。

大学毕业，我1米74高，却只有104斤，1尺9的细腰。那时我经常抱怨，说一些过激的话，伤害了人，实际上是无知，后来想起十分惭愧，虽然多次口头表示了忏悔，但还是应该白纸黑字，说一声“对不起！”

关于“胃干瘪事件”我没有参与，是因为当时我觉得那样难吃的东西没必要。

和山东同学开玩笑，我经常说的一句话是：“宁愿在四川变头猪，不愿在山东当个人。”说在四川扔在粪坑里沤肥的青菜都比学校食堂的菜好，以此来回应“四川耗子”的嬉戏，发泄怨气。后来我知道，学校的饭菜已经比好多贫困同学在老家

大学时铁哥们留影
左起：杨群、臧传志、寻寰中、李林、陈中华、罗琳

吃得好多了，学校已尽力了；后来才知道，山东虽然贫困，但给国家上缴的却很多。我的这句话常常引起山东同学的愤怒和责骂，有一次还被4个同学抓住四肢打了夯，也难怪，他们没见过“天府之国”的生活。

……

大学毕业到现在，我从来没有挑剔过一顿饭，从来没有因为饭不好吃而没有吃饱过。

感谢山东大学，不然我的胃还要“幼稚”很多年。

2010.5.1

我大学时看了很多杂书，包括雕塑呀，音乐呀，电影呀，弗洛伊德的心理学呀，各种西方的东西，还有各种西方的现代派文学我都非常熟悉，当然最喜欢的是俄罗斯文学。

我们当时大学毕业是大家填毕业分配表，哪个单位要人，要几个人，就去填。当时中国科学院图书馆要1个人，大概有五六个同学填了这个单位，后来我来了。我没有回四川，直接来北京报道了。当时还叫人事科，人事科长问：“小罗呀，你想干什么工作呀？”我也不知道，当时很老实，我说：“都可以。”然后他就说：“郭老师那边在弄《续修四库提要》，缺人，你跟着他去弄吧！”然后把我带去了。从报道第一天我就开干了，那时都是拉郎配，从此就把我迷迷瞪瞪地硬“配”给了“四库”，跟“四库”就此结缘了，结了缘到现在已经35年了，我一天也没离开过“四库”，我算了算几乎没有人像我“配”这么长时间的。77、78级大学毕业分配到图书馆的大概有13个，没有几年就剩我一个了，

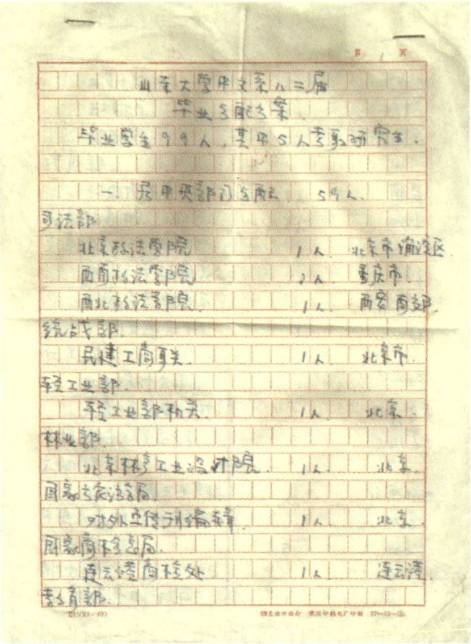
山东大学中文系八二届
毕业分配方案
毕业学生99人，其中5人考取研究生。
一、分配中央部门及直属 59人
司法部
北京政法学院 1人 北京市海淀区
西南政法学院 2人 重庆市
西北政法学院 1人 西安西郊
统战部
民建工商联 1人 北京市
轻工业部
轻工业部机关 1人 北京
林业部
北京林业工业设计院 1人 北京
国家[illegible]局
对外宣传刊编辑 1人 北京
国家商检总局
连云港商检处 1人 连云港
教育部

大学毕业分配方案

不是没有诱惑，我也不是“坐怀不乱”的君子，只是不喜欢和人打交道，喜欢龟缩在书堆里，于是就“从一而终”了。我突然想起了“斯德哥尔摩综合症”，当然不是很恰当。

王：30多年，确实是很久了！

罗：35年一天也没有离开，我每天都会跟“四库”有交流。我没有读过研究生，1985年我和单位说我要考研究生，单位不同意，后来我知道是怕我读完跑了，但是却给我交了2000块钱去北大古文献研究所进修一年，是山东大学杨端志老师介绍的，那时整个单位一年的在职继续教育经费才4000元。北大古文献研究所当时是孙钦善老师和倪其心老师主事，孙老师把我分配给了倪老师带，倪老师送了我《校勘学大纲》，还是油印本的。北大那时是请陕西师范大学的黄永年先生来讲的版本学。进修结束时写了一篇论文《〈四库全书〉的“分纂提要”和“原本提要”》，算是在单位过了关，后来发表在《图书情报工作》1987年第1期上。我跟倪老师说想考他的研究生，他说研究生就是编《全宋诗》，没意思，你来干什么。不要我，大概嫌我喝酒太多，其实倪老师喝酒更多。但还是参加了《全宋诗》的点校工作，很少一点。当时台湾出的《宋人传记资料索引》和另一种什么索引只有我们图书馆的港台书里有，我就复印了。另外，那时北京大概只有3套台湾的原版《文渊阁四库全书》，我们图书馆的1套用起来方便，就经常借出来复印。1996年在参加编纂《中国馆藏“满铁资料”联合目录》时，有人希望我以一种变通的方式读其在职博士，我拒绝了。其实这种博士很多，并不丢人。

大学毕业以来我严格地遵守了两件事情，第一是妈妈基于“文革”的教训告诉我，不记日记；第二是郭永芳老师告诉我，我们每天和古籍打交道，不收藏古籍。

2005年12月与孙钦善先生在人民大会堂留影

二、整理《续修四库全书总目提要》

王：当您来的时候，《续修四库全书总目提要》就已经开始了？

罗：开始了，他们大概是1980年就开始了，我1982年才来，他们已经开始点校了。中国科学院图书馆很特别，它的前身是日本“东方文化事业总委员会”的“北京人文科学研究所”图书资料室，这是日本人用庚子赔款做的。美国把剩下的庚子赔款还给中国，修了什么协和医院呀，清华大学这些。日本人在上世纪20年代初的时候也还给中国一些，但是他不是还你钱，他就在中国做些文化事业，他最终想编一个《续修四库全书》，因为从乾隆编了《四库全书》以后，这么几百年以来，中国文人一直想做续修。第一个，乾隆那时候由于交通等各方面的原因，还有好多书没搜着，没看见。第二个，乾嘉学派以后又出了好些东西。还有一个就是禁毁的没有收进去。但中国由于天灾人祸一直没做出来，日本人就想利用庚子赔款来做这个。那么做《续修四库全书》以前，一定要写个提要，所以它就利用这个庚子赔款来找中国学者写了很多提要，写了大概3万多篇提要，它的稿本都留在中国科学院图书馆这里，叫《续修四库全书总目提要》。

1949年以后，中国科学院图书馆成立，接收过来留下来的稿本，还有一些根据稿本打印出来的铅字本。铅字的不全，但有很多副本，大概上世纪50年代调拨给了科学院的一些所，那时这些所属于中国科学院的“哲学社会科学部”，70 年代末从科学院独立出来组建了中国社会科学院。当时他们在点校这个东西，我正好加入了。后来出了一个点校本《续修四库全书总目提要》的“经部”上下册。

实际上，我去参加了一部分，还是我的前辈他们做得更多，到了 1993 年，交稿交了七八年，中华书局才给出版。我的前辈有三位先生，范瑞瑶（1923 年 4 月—1985 年 10 月）、郭永芳（1937 年 4 月—1989 年 2 月）、崔静海（1921 年 6 月—1993 年 11 月）就在等它，等死了，没见着书。当时天天催中华书局，中华书局认为它是老大，它都不理，出版得很慢。所以这个书出了以后，我从此不跟中华书局打任何交道。虽然中华书局换了几届领导，也对我说现在已经跟那个时候不一样了。我再没跟中华书局打过任何交道，出版过任何东西，虽然他们很想出版我做的东西，私底下我在中华书局有非常多的好朋友（我们有一个“猛之俱乐部”，打桥牌打得昏天黑地，还要会下围棋，所以都是“双枪”），我就是不原谅中华书局。

王：这是一个内心的……

罗：对，我绝不原谅他们。他们当时非常牛，他们就是认为自己店大，一直拖。我 3 个前辈去世了，没看见书，我绝不原谅他们。

王：那么这一套里边等于只有经部，后面就没有了？

罗：只有经部。实际上交给他们经部以后，我们一直没停，史部、子部都点完了，我们准备点集部了，一直到1997年。所以这个书最好的一套点校打印稿没给他们。后来到了大概1995年的时候，由于社会上舆论太大了，这个书只出了“经部”，其他怎么还不出来，怎么办。我说给中华书局，它还不知道再拖多少年。我干脆把它影印出来，所以我把稿本全部影印，出版了37本。

王：就是放在齐鲁书社出版的。

罗：对。

王：嗯，我记得这个书，当时我看的时候，在我们西北师大图书馆有一套绿颜色皮的。

罗：那是台湾的出版社出的。

王：好像也十好几册。我最早看的提要是看那个。后来经部“三礼”，我看的是这种。

罗：对，那一套是台湾商务印书馆王云五出的。那一部分是这个提要里边的一部分，就是不全。

王：齐鲁书社出版的这一套是最全的吗？经部有区别吗？

罗：最全的。有，因为经部是根据底稿来打印的，打印就在上面改了的。

王：这个只有圈，对吧。

罗：对，只有句读。

王：这部就是采取了新的标点吗？

罗：没有。也是只有句读了，有的没句读。

王：这部书当中，我觉得有一个问题比较奇怪，是我不了解的。当时有些书的提要呀，它不是一个人写的，就是同一部书有两个人甚至三个人会写提要，为什么有这种情况？

罗：对，因为当时要分稿子的时候，谁写什么东西，不像现在有个计算机管理着。大概是说谁写谁写，然后很多人写，他写提要是根据公藏图书馆，还有自己家藏的书，还有朋友的书，他见着什么就写什么，还有就是一些大学者没有被约束的习惯，是粗放型管理。也没有现在这么规范，只不过发现了以后呢，不给钱就是了，然后他那个稿子，也是留在那儿。所以我不管三七二十一，就全部把它影印出来，也可以做个比较。

王：对，其实我恰恰觉得这非常好，有些提要水平不一样，看法也不一样，对我们研究来说，是非常好的材料。但是为什么当时会出现这种情况？按理来说，我约了你，就不一定约他。

罗：是约了一个类，有人跨类写了，他自己有这个书，他高兴就写了，这种有的时候写个三四篇，我经常发现这个东西。所以说，发现了很多有趣的东西。做这个提要做了这么多年，而且我读了他们很多的档案。实际上，我曾经准备写一本书，叫《续修四库全书总目提要纂修考》。我有个朋友是在《人民日报》海外版的，就聊到我在干什么，他觉得很感兴趣。他说把《人民日报》海外版由他负责的文艺版那一块给我30期，每期大概是两到三千字，写个连续的，写成“史话”类的，强调一定要有可读性。我同意了，定名为《〈续修四库全书总目提要〉史话》并且写了开头第一篇“引子”。大概是在1989年的4月份写的，给他看，他非常高兴，可是这个朋友突然失去联系了。很多年以后，我见到了他，工作没了，老婆也改嫁，我心里面非常悲哀，没有了再写的激情。有一次，我去拜访傅振伦先生，因为民国时候撰写《续修四库全书总目提要》稿的70多个人里面还有4个人健在，我都见过。第一个是罗继祖先生，第二个是傅振伦先生，第三个是萧璋先生，还有一个是搞太平天国的谢兴尧先生。傅振伦先生听到我有这么一个写《续修四库全书总目提要纂修考》的计划，鼓励我，我还没写，他就把《序》给我写出来了，亲笔给我写的序啊。像这些事情很蹉跎。

王：这些都是史料啊。那最后写完了吗，这本书？

罗：没有，我从1994年开始，到今年年初吧，我没日没夜地工作，没有休息过，无论周末、节假日，每天晚上工作到深夜，像牲口一样地工作，没有停过。

王：主要在忙什么？

罗：忙的事情就是这几套书。曾经有个朋友问我，他说你死了以后，墓碑上你准备怎么写。我说：“这里躺了一个莫名其妙穿了四条裤子的家伙。”所谓“四条裤子”，最早是南京图书馆的宫爱东馆长和北京大学图书馆古籍部主任张玉范老师在南京一次开会时开我玩笑给我“穿”的。这么多年，我没日没夜地忙，像疯子一样，现在回头看过来，过程非常曲折艰辛。

王：累吗?

罗：累，累得像条狗。但是说实在的，从我内心深处来说，从我骨子里来说，我从来没有真正喜欢过这个事情。别人都不理解，说你不喜欢，为什么还会这么做?当然我做了这些东西，我现在正着说反着说，人家都会认为你是在这个地方矫情，当然我也不会企望因为我说了这些就逃脱了矫情的嫌疑！但是确实是这样的，我从内心深处一天也没有真正爱过它。说是使命感，太虚伪，我从来没有，应该是莫名其妙。只是机缘，参加了整理《续修四库全书总目提要》，顺便看了这么多“四库”的东西，太了解了，条件成熟了，我就来做，惯性，所以做了这么久，我也不会其他的什么。我没有理想过这件事，没有预谋，没有规划，没有展望，我不是一个正规的人。如果没有上大学，没有夭折，我基本上会是“袍哥”，或是嘉陵江上的“舵爷”，我现在还会四川江湖上最初级的“切口”。我的梦的原点是写诗、写小说，但上大学时系主任的第一次训话的内容是说中文系不是培养作家的。这个梦都憋出孙子了，却还是梦。

王：当时整理《续修四库全书总目提要》是单位的任务呢，还是你们自己就想做这么一件事?

罗：那是单位的任务，是我的本职工作，是我赖以吃饭的由头。因为整理《续修四库全书总目提要》在中国科学院图书馆是一个重头项目，我的前辈郭永芳先生做主持的工作，我们就和他一块儿做这个工作。开始的几年复印了很多原稿，当时复印机刚传到内地来，而且是从中国香港传过来的，牌子叫基士得耶。聘请的工程师是我们单位的沈裕康先生，他就跟我一个办公室，我们那个办公室是几个部门合在一起的办公室，沈老师是非常聪明的一个人。所以我们图书馆最早有了复印机，我就用复印机来复印这些原稿。因为当我们把卡片抄了以后，发现有原稿，没有打印稿，我们就要把原稿给复印后插到打印稿里面去，不然打印稿出版以后就会有缺。我记得夏天很热，我几乎是光着膀子开复印机，当时也没有空调。从抄卡片到排卡片，然后分类、进库查书、核对版本、点校，另外还要做图书馆的未编书，我们是古籍编目组，我从做图书馆最基本的事情做起，一步一步地做出来。图书馆的整个古籍分类编目的流程，我一步一步走下来，是从书库里面滚出来的。我坚持到了现在，每个星期我还在书库里整理、鉴定，“滚”这么两三天。

王：从最基础的工作做起。

罗：是。《续修四库全书总目提要》里面说的每一种书，只要我们图书馆有的，我都会到库里面去看，所以说编这个书真是很辛苦，但是也把我培养出来了。我记得大概是1985年到1986年，山东大学王绍曾先生在编《清史稿艺文志拾遗》，他缺乏很多资料。但是他从我留校在图书馆工作的大学同班同学胡延森那里打听到我在科学院图书馆干这个，然后他到中华书局出差的时候，因为我们图书馆当时在中华书局斜对面的王府井大街北口，就来找我。他想看一些资料，然后我就给他看。后来太多他来不及看，

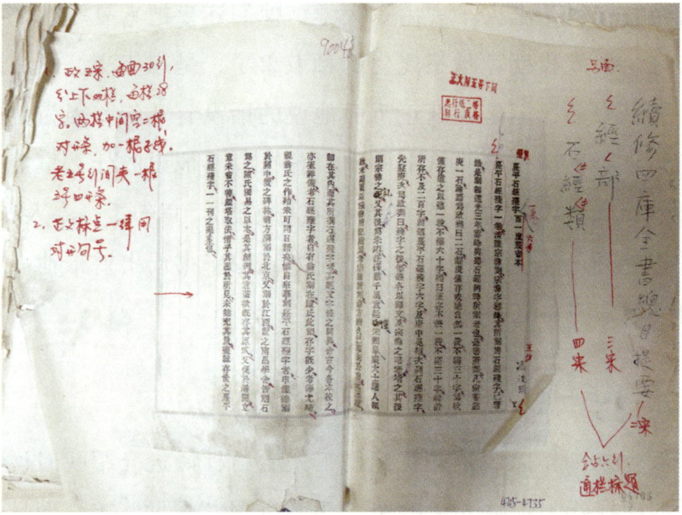

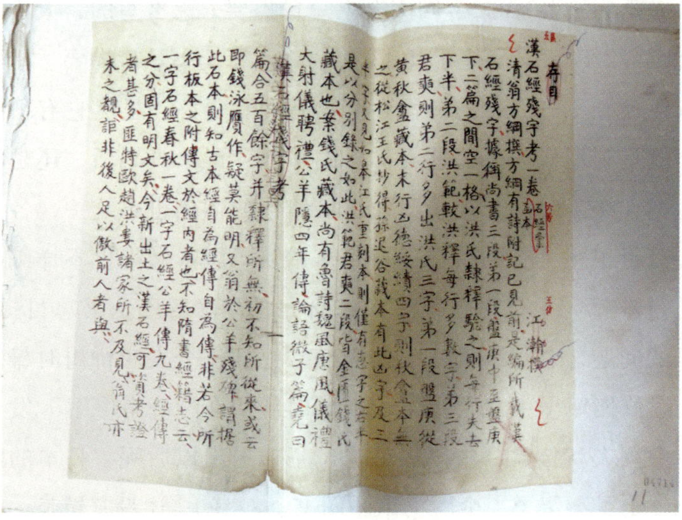

《续修四库全书总目提要》中华书局发排稿

我就带着资料，坐火车去山东大学，他们连夜把它复印好，我再带回来。从此我就算是王先生的私淑弟子，是忘年交。虽然跟王先生交流很多，但是我真正听懂他说的话没有几句，因为他的方言我几乎听不懂。除非从上一句说什么，猜他说的什么事情。但是他这么大的岁数还这么孜孜不倦写东西、编东西，令人佩服。我认识杜泽逊先生，就是因为王先生到中华书局出差带他去，然后再带他来图书馆的。

王：1987 年以后了吧？

罗：1987 年以后了。我记得王先生给杜泽逊介绍我时说“他把《四库提要》看烂了好几本”。我确实翻烂了两三本，而且翻烂的是那种最好的字典纸的，全一册那种。天天翻，《续修四库全书总目提要》怎么写的，《四库全书总目提要》怎么写的，大序小序怎么回事，以后又翻烂了几本。《续修四库全书总目提要》里面很多东西参差不齐，有的写得不好，有的写得好，虽然它有很多问题，但是到现代人来写这么样多的东西，说个真心话，还是不容易达到，在当时那个环境里面，虽然它的体例也不统一，各方面有的写得很粗，有的写得还有很多错误，版本做得也不详细，经常通行本就完了。现在很多人在研究《续修四库全书总目提要》纂修的问题，有很多说法，他们经常提到一个人叫桥川时雄。撰写《续修四库全书总目提要》稿的时候，在“济南惨案”发生以后，中国人就抗议，中国人就退出了，退出以后呢，日本的汉学家也就走了，留了一个图书馆（图书资料室），还没有馆长，就叫日本人桥川时雄来署理这件事情，桥川时雄当时只是图书馆一个

“中层干部”，署理在日本话里就是代理的意思，代理这个馆长，并且主持《续修四库全书总目提要》编纂工作。桥川时雄早期对中国文化的研究还停留在表面，但是他热爱中国传统文化，这是不可回避的。那时我一天到晚看桥川时雄的东西，这个人一直在我脑袋里面转。后来我总结桥川时雄开始时是一个“浪人”，一个“文化浪人”（也许不准确），但他把这个事情基本上做完了，在当时的情况下，选择他来主持这件事是正确的，他本来就结识了很多中国学人，随着提要的展开，他的研究逐渐深入，他已经是一个学者了。如果说35年来我从来没有离开过“四库”，那么35年来我一天也没有离开过那时的日本，我上班看的所有东西都跟日本的“东方文化事业总委员会”有关。从纯学术来说，这是一件好事，桥川时雄也尽心尽力了，力所能及做得也不错，主要是组织工作。我在准备发表的一篇关于桥川时雄的文章的后记写道：

本世纪初，桥川时雄先生之门生北陆大学外国语学部长樱田芳树君来敝馆，在四通桥西北之临时古籍书库相见，言桥川先生夫人桥川淑对敝人在《续修四库全书总目提要·前言》（经部　中华书局出版）和《续修四库全书总目提要·前言》（稿本　齐鲁书社出版）中没有对桥川时雄进行评价表示十分遗憾，希望有我评价之文字，我即写“桥川时雄对续修四库全书总目提要多有贡献”予樱田君回复桥川夫人，并承诺一俟得闲，定白纸黑字撰文评价桥川时雄。岁月蹉跎，延宕今日，此文即是开始。

其实我在《续修四库全书总目提要·前言》(稿本　齐鲁书社出版)中限于当时的情况本来对桥川时雄有一个简单的评价，出版时编辑大人给删了，还有一些引用的史料也删除了。当时正在做《四库全书存目丛书》，杜泽逊正好看见被删除的，也很气愤。

王：关于撰写《续修四库全书总目提要》的这段历史，其实学界公布得不多，大家都模模糊糊搞不清。

罗：我应该搞得清。

王：那您应该把他写成文字。

罗：我准备退休了就写它，总不能让傅振伦先生的序白写了。

王：因为我们有时候必须要正视历史，是什么样就是什么样，至于后面怎么样，那是另外一回事情。这个书的发端，有这样的一个来历。

罗：是。您说的这个对的，所以我一直都非常非常矛盾。

王：如果说要写的话，怎么来处理这件事，那是另外一个问题。但是必须要正视这段历史。

罗：对！中国人这么多年弄不出来，窝囊透顶，日本人弄了，而且还是用中国的学者来弄的，唉！所以我在齐鲁书社影印出版的《续修四库全书总目提要》前言后署的时间是8月15日，日本投降日。

王：《续修四库全书总目提要》里边的“三礼”部分，我是逐篇地看，有些不只看过一遍。最近因为做“江苏文库”的事情，《周易》类提要也读了一部分。那个年代可能不觉得，但现在返回去看，这一批学者都是那个时代中国学术界的精英。

罗：对。

王：能把这批人组织到一起，来搞这样一个事情，也是不容易。如果搁在我们今天，就和当时这些学者名头一样的人，现在谁有能力把他们集合到一起给你做个事？所以就这点来说，不仅集合起来，做了，而且把它做成了，我觉得本身就是一种贡献。尤其是同样一篇提要，两个或者三个不同的学者来写，观点完全相反，但恰恰是这些相反观点，代表了他们各自的想法，我们现在“把玩”起来，我觉得很好“玩”，是吧？我觉得甚至这个提要里面，比《四库全书总目提要》好“玩”的地方多。但是，背后的情况不清楚，下不了这个笔，您最清楚，把这些历史事实描述出来，可能是一件很难的事情。

罗：对，对这件事的正面评价越来越多。但不要忘记，虽然《续修四库全书总目提要》的编纂从纯学术来说，是一件好事，但从当时大的历史背景考察，它是日本侵华战争中的文化侵略的一部分。其实，早在2013年9月，我应北大图书馆的邀请，一行4人赴日本东京鉴定大仓文化财团准备卖给北大图书馆的汉籍，在这之后，我对日本人的信守诺言、讲究诚信、礼貌和善、工作严谨、注重细节等品质有了更深的了解，十分敬佩。

三、参与《四库全书存目丛书》

王：您参与《续修四库全书》影印了吗？它与《续修四库全书总目提要》有关系吗？

罗：《续修四库全书》我没有参加。因为当时和《四库全书存目丛书》是矛盾的，我参加了《四库全书存目丛书》，就没参加这个。但是他们根据《续修四库全书总目提要》的经部选的经部书，我是知道的。要影印就要了解一个书的好坏，参考《续修四库全书总目提要》是最好的捷径。

王：那么从您对"四库学"这几年的了解来看，您觉得《续修四库全书》那套书，整体的质量，选的底本情况怎么样？

1996年参加编纂《四库全书存目丛书》时留影

罗：说个真心的话，《续修四库全书》做得不错。

王：表现在哪些方面？

罗：选的很多本子不错，从版本学角度说，他选得不错，书品也好，后期加工也好，基本圆了中国学人的梦。他们选目的时候，初目我也看过，当然选得有些重复啊，正式出版纠正了，这些都是一些枝节问题，但他们最后选的书，总体来说，是选得不错。但有个小问题，他们的第一种书《马王堆帛书周易经传释文》廖名春释文，选得不对，廖名春是今人。我不知道为什么，体例不对。

王：怎么有这种事情？你们编纂《四库全书存目丛书》，选书是找各方面的专家来选？

罗：没有。

王：哦，也是你们自己选。

罗：我们自己选，我们主要是选版本。

王：听杜泽逊、刘蔷说，你们几个最后定的这个书。

罗：对。说实在的，整个过程中至少没有人指导过我，记不得有什么给我的建议或者批评，整个编纂过程有条不紊。

王：这两种书，您觉得他们各自的一些缺点在哪里？

罗：当时有个比喻，说《四库全书存目丛书》是有轨电车，

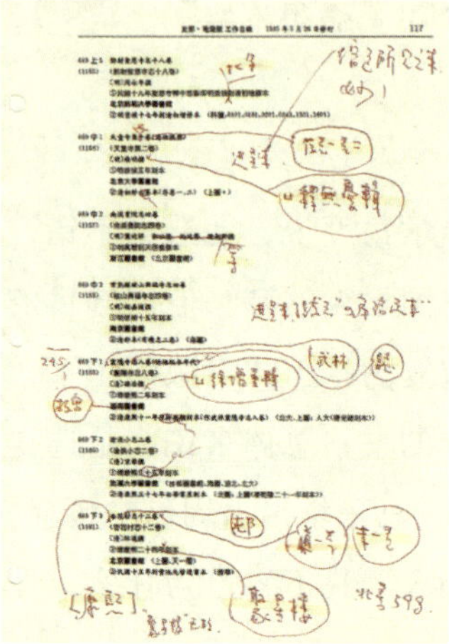

参加编纂《四库全书存目丛书》时
罗琳先生工作目录

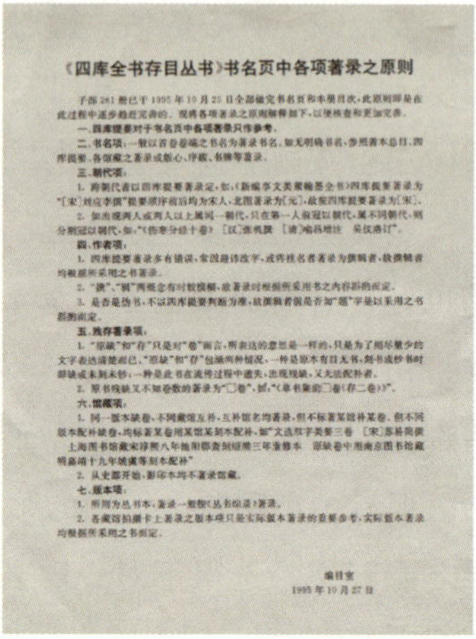

《四库全书存目丛书》书名页中各项著录之原则

参加编纂《四库全书存目丛书》时
罗琳先生拟定的“著录原则”

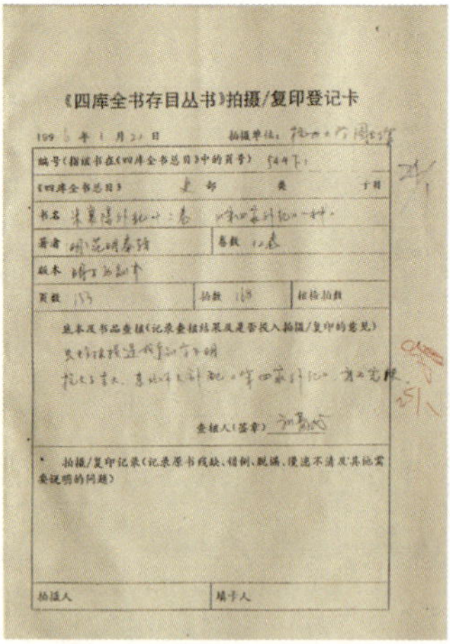

《四库全书存目丛书》拍摄/复印登记卡

刘蔷先生审核的
《四库全书存目丛书》拍摄登记卡

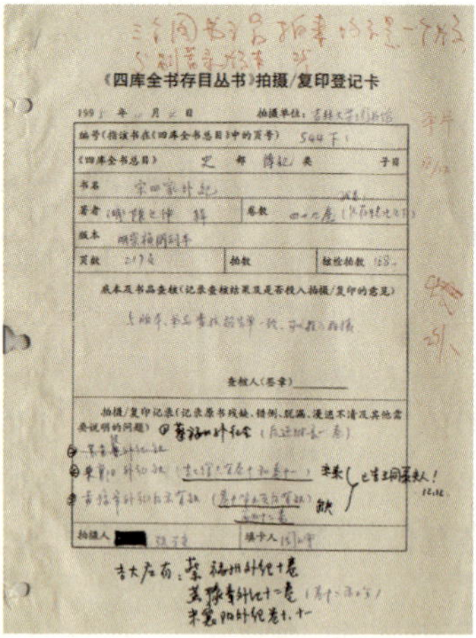

《四库全书存目丛书》拍摄/复印登记卡

罗琳先生审核的
《四库全书存目丛书》拍摄登记卡

《续修四库全书》是无轨电车。什么意思呢?《四库全书总目提要》中的“存目”就是《四库全书存目丛书》的轨道，不能离开它，它说什么，就去找什么书，所以说比较难，那么找来的书对不对，本子好不好，要比对鉴定。但是《续修四库全书》由于没有轨道，就比较容易选目。

王：灵活一点。

罗：灵活一点。他没有一个死的轨道，我想拐弯，我就拐个弯。当时两种书矛盾很大，今天回过头来看这个事情，当时我年轻气盛，也参加他们的争论，各说各有理，20多年过去了，各有千秋。而且他们那边的人好多都是我的前辈，比如崔建英先生，是我们单位的前辈，和我的老师郭永芳有矛盾，殃及到我，但他去世时

《四库全书存目丛书》编纂时罗琳先生的工作台

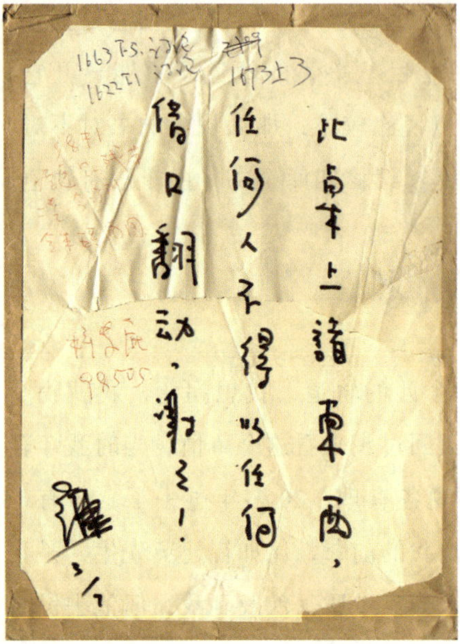

《四库全书存目丛书》编纂时
罗琳先生工作台墙上的告示

我主动通知他的朋友并参与后事。参与《续修四库全书》的国家图书馆李致忠先生和北大图书馆沈乃文先生参加了追悼会，李致忠先生撰挽联“幼时贫寒辍学为徒从戎举义成正果，长大问学躬行儒道一生潜心搞古籍”。这两种书现在都影印出来了，化身千百，两个大好事。

参加编纂《四库全书存目丛书》，是我的同事张建辉先生介绍我去的，在 1994 年五一节刚过，“投名状”就是两册中华书局出版的《续修四库全书总目提要》（经部）。当时成立了几个部门，一个是编目，一个是编纂，一个是拍摄，等等。我是编目室的主任，杜泽逊是副主任，后来又成立一个总编室，杜泽逊就到总编室去当主任了。

《四库全书存目丛书》最大问题就是书牌，是特别遗憾的一件事，他们把所有的书牌都给扔掉了，没有留下来。我当时极力反对，吵得脸红脖子粗，没用。我现在想起来，真是天大的遗憾，一种书，书牌子是很重要的一个部分，一个标识，是鉴定版本的重要依据。当时他们说一种书一个牌子，几千种书就几千页，几千页是多少种书，得多花多少钱，所有的牌子都给扔掉。外行呀，耻辱呀！我记得很清楚，杜泽逊后来来了，他也反对，结果被狠狠地骂了一顿。因为我们都是搞版本的，认为书牌子非常重要，所以我们就悄悄地从废纸篓里把一些书牌子给捡起来了。我们觉得非常可惜，就收起来了。我现在还收了一些，待会儿给您看，就是当时他们扔掉的。我们当时约定以后要汇集这些书牌子出一本书，叫《三得斋牌记》。

在编《四库全书存目丛书》的时候，我们有几个臭味相投的好朋友，他们叫我们“四人帮”。一个是我，我在里边年纪最大，不怕事。另一个是张建辉，主管印刷、监印和帮我建数据库，15

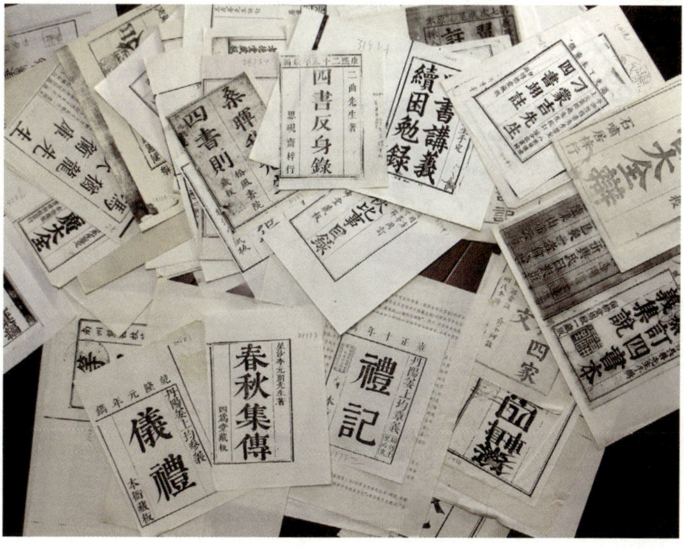

《四库全书存目丛书》丢弃的书牌子

岁考取北京大学，是个天才，极其聪明，现在是《电子政务》杂志的主编和社长，也是我数据库的启蒙老师。还有一个是刘蔷，刘蔷当时刚到清华图书馆不久，非常聪慧，在拍摄室，现在把“天禄琳琅”做到了极致。还有就是杜泽逊，杜泽逊非常勤奋，记忆力好，笔头子快，加上王绍曾先生的提携，现在是山东大学中文系的顶梁柱。我们四个人经常在一块，因为我们都是加班的夜猫子，他们都走完了，晚上我们还在那儿通宵干。我们经常半夜做饭吃，杜泽逊切土豆丝，我来炒，刘蔷布置，张建辉翻墙出去买酒和菜。我们的下酒菜是老三样：炒土豆丝、拍黄瓜、花生米，有时加个豆腐丝。《三得斋牌记》没编成，各忙各的，成了记忆。

王：从哪个角度来说，把书牌子扔掉都没有道理。

2002 年杜泽逊来京，“四人帮”再聚首

罗：他们都给扔了。当时没有扫描，都是复印的。这是很少的一部分，还有好多，我不知道杜泽逊收了多少扔下的书牌子，所以《四库全书存目丛书》一个书牌子都没有。

王：从文献传承来说是非常可惜的一件事情。这恰恰也是鉴别版本非常重要的证据啊！

罗：非常重要的东西，居然不要，我都快疯了！怎么能干这个事情。

王：真是的，他们当时是怎么想的？

罗：《四库全书存目丛书》的编纂工作都来源于从数据库产生的《工作目录底本》，从其派生出了《征访目录》《剔除重复目录》《暂未征访到书目录》《著录用工作目录》《总拍摄目录》《分馆书品查核拍摄目录》《版本目录》《稿件制作、审查流程目录》等。

王：您做过这么多目录，您对这些书名、卷数、作者、版本，都应该是烂熟于心。

罗：是的，实际是烂成一锅粥了，分不清哪个书的了，都似曾相识。

王：您等于是要过过多少遍了。将来要把这些东西梳理一下写成东西。

罗：没必要写，杜泽逊已经写了《四库存目标注》，我能供他参考和使用的都已经给他了。

《四库全书存目丛书》编纂时与任继愈先生合影

王：您可以借着我们这个访谈，把它梳理一下，没讲到的，再做补充。任何一项大型的工作，做出来了，大家觉得好像也不难嘛，就把书影印一下，但其实背后有很多的艰辛。

罗：很多艰辛。特别是鉴定版本，有时为版本著录时的一个字寻找依据可能要看一上午或一天的文献。对版本的描述、鉴定、著录，往往只需要一个字，我就晓得你吃几碗干饭。

王：改一个字不是那么简简单单的，别看就这么几个字，过程太难了。

罗：是的，不像现在有电脑，能够看提要，为了省时间，我都把提要复印了贴在目录下，校对提要是不是这个书的，它说没说，这个提要里面说有个序，然后我看里边有没有这个序，内容是不是这个序的，然后是不是这个书。您看，这是我对这一种版本的注释："此为康熙三十九年之抄本，早于提要所言刻本一年，实为十四卷，多出提要十卷，抄刻有异而已。”

《四库全书存目丛书》正式出版是先出的子部，然后顺序出的史部、经部、集部。因为子部访书目录容易做，我熟悉子部，子部书和科技史关系比较大，这是我提出来的一个加快速度的变通

《四库全书存目丛书》编纂时
罗琳、张建辉与季羡林先生合影

《四库全书存目丛书》编纂时
与冀淑英先生（左）、刘乃和先生合影

《四库全书存目丛书》编纂时与王绍曾先生合影

《四库全书存目丛书》编纂时与杨明照先生合影

方法。《四库全书存目丛书》最开始做了一本样书，由于当时编委会里面明白复印机的人大概只有我，我跟当时的北京图书馆关系又很好，所以是我把样书的稿子拿到北京图书馆去缩放复印的。当时的复印机没有无极缩放，它只能是比例缩放，所以样书的天头地脚和左右不成比例。当时把《四库全书总目提要》的对应提要放在每种书的前边，然后就影印出来了。《四库全书存目丛书》和《续修四库全书》在打架，北大邓广铭先生写文章说“存目”的东西是《四库全书》的糟粕，不应该印，还有宿白先生。邓广铭说话是很权威的，然后这边就慌了，这怎么办？开会，样书每种书前面放了“四库提要”，由于是“存目”的提要，往往说此书不好，等于像个导读。我提议干脆搁在后边作为附录，他们同意了。所以样书提要在前，正式出版的时候搁到后边去了。

王：就是稍微做了一下变通。

罗：当时心里面虚呀。

王：这套书已经出版这么多年了，现在回过头来，从您自己的角度，觉得有什么遗憾，或者学界怎么来看这些事情？

罗：《四库全书存目丛书》最大遗憾当然是书的牌记没放上去。第二个就是当时时间催得太紧，有的书的版本用的不是最好的。不是因为版本选得不好，有个最大的问题就是有的图书馆当时不是很开放，你要这个本子他不给，或者是漫天要价。比如南京图书馆、浙江图书馆说是孤本，我一查，还有另外馆藏，他们就说是稀见本，吵得一塌糊涂，稀见本就比孤本便宜点，但仍然高于其他底本费。编这个书由于没有经验，死板地照《四库全书总目提要》的顺序编，如果中间有一部书没有来，后面的书就没法编下去，就要等着这本书。所以要求时间节点，虽然版本选择了最好的，但没有来，或者不给，就只能退而求其次，这也是很大的遗憾。我这个人年轻时候火气也比较大，所以当我把集部做了一部分以后，就离开了。但是我走之前把所有的目录都做好了。可选择的版本，第一版本，征访的目录，该补访哪个馆的，该拍哪个馆的，准备做的目录、基本格式，我全部都留给他们了，留下来了，我就不干了，因为我实在忍受不了那个环境。四川人嘛，他们经常说我是“袍哥”，“袍哥”就是“给脑袋可以，给耳朵不行”。给耳朵是侮辱，你可以杀我，你不可以割我耳朵。我是忠于这件事，但是我不忠于人。海内外对《四库全书存目丛书》的评价是不错的，是成功的，又赶上了好日子，卖光了。后来他们内部出了矛盾，闹得乌烟瘴气，还到法院起诉了，拉我签字参加起诉，我当时就拒绝了。

王：很多事情对事不对人。

罗：对，你要叫我愚忠一个人，我是不干的。多年后首都图书馆的倪晓健馆长说，罗琳你牛，当时敢炒《存目》的就你一个人。我说不是我牛，我受不了这个气，就这样。所以我退出后，集部的后一部分和补编的书名、著者、版本鉴定及其著录是杜泽逊做的。关于《四库全书存目丛书》的编纂过程等等，可以去看看台湾学生书局1998年9月出版的《两岸四库学——第一届中国文献学学术研讨会论文集》，我写了《〈四库全书存目丛书〉的征访及其著录》，杜泽逊、张建辉、刘蔷也都有文章发表在上面。

四、参与《四库禁毁书丛刊》

王：请您谈谈《四库禁毁书丛刊》的编纂情况。

罗：1997年初我离开了《四库全书存目丛书》后，北京大学图书馆的朱宪多次来恳求我参加《四库禁毁书丛刊》的编纂。《四库禁毁书丛刊》最大的问题是几种禁毁目录的同书异名和书名、著者不规范，首先要甄别、剔重。那么先要做一个“禁毁”的数据库。我记得做“禁毁”数据库是在北京大学里边做的，我找来张建辉，我俩三天三夜没睡觉，做了一个“禁毁”的数据库。《四库禁毁书丛刊》还有一个大的问题是好多书现在找不来，因为当时禁毁了，目录征访困难重重。当然有一些书当时禁得不彻底，毁得不彻底，大概还由于交通原因，还有的书当时改头换面了，后来又冒出来了，找到一种是一种，没有选择，书品好不好没得挑。

王：那也是条件所限。

罗：还有复印机当时也很差，所以又丢失了一部分。复印机复印一次基本上要丢失百分之十五的清晰度。

王：有些就看不见了。

罗：对，本来就模糊。但是总的来说，已经把留下来的书差不多收来了。所以说《四库禁毁书丛刊》书是从做“禁毁”数据库开始的。复印来以后，鉴定版本，然后著录上去，我把在《四库全书存目丛书》的工作流程克隆过来了。有的编纂档案搁在一个铁箱子里边，“禁毁”搬家的时候不知道搬到哪里去了。

王：丢掉了。

罗：丢掉了。前段时间我还在找，找不着了，但它量比较小。从《四库禁毁书丛刊》到《四库全书底本丛书》，我发誓所有书牌子全部留下，再烂的牌子也一定要留着，而且只按照四部做，在“部”里面没有先后，有什么做什么，最后再做一个分类目录索引。

王：那起码是一个信息嘛。

1999 年《四库禁毁书丛刊》竣工庆典留影

罗：对。所以《四库禁毁书丛刊》的最大遗憾就是书品不好，没有办法。一些书也没访来，后来又发现一些以前没访来的，又做了个《补编》。做了《补编》以后，再发现就补不进去了，因为很少，只好留下遗憾了。

做《四库禁毁书丛刊》的时候，《四库全书存目丛书》来请我回去继续做，好话一大通，关键是让我辞掉《四库禁毁书丛刊》的工作，我说回去继续做可以，辞掉不行，我拒绝了。那天杜泽逊和张建辉请我在北大西门外喝酒吃涮羊肉，唏嘘不已！《四库禁毁书丛刊》从剔重到访目、版本鉴定、款目著录全部是我做的，我除了请张建辉做数据库、处理数据外，我还请了刘蔷来审稿，结果连署名都没有单独署名，我真是对不起朋友，江湖险恶。

做《四库禁毁书丛刊》的同时，我还做了另外一个书，叫《四库未收书辑刊》。

五、主编《四库未收书辑刊》

王：《四库未收书辑刊》现在网上有电子版。

罗：四库系列好像都有。《四库未收书辑刊》是根据《续修四库全书总目提要》做的，我剔重了，不重复。实际上还有几种重复，是因为《续修四库全书》临出书的时候又加了几种进去，我已经没办法抽出来了，我是根据《续修四库全书》最初的目录剔重的。也是张建辉做的数据库，刘蔷审稿。

王：这个《四库未收书辑刊》是将《续修四库全书》《四库禁毁书丛刊》没收的书收在里面？

罗：对的，实际上《四库全书存目丛书》也剔了重。主要是用的我们图书馆的书，因为《续修四库全书总目提要》的书基本都留在这里。

王：这个书的编法，似乎和别的不一样。

罗：我是分辑来编的。

王：为什么这样呢？

罗：这样便于操作。分辑出版，是投资人的意见，一辑一辑地销售，定价低，容易接受。编这套书的投资方是我大学同学，叫刘享龙。因为我原来做这些书，他都看见了，都挺喜欢的，认

埋首书堆

为有意义。他挣了一些钱，然后他找我来谈编这个书，是在华侨大厦的咖啡厅里，我们只用了15分钟就把事情说完了。只说了他预计投资多少，第一期投多少资，第二期投多少资。我不管卖，我只管编书。书编不好是我的责任，投资钱是他的事情，我不管。15分钟把事情谈完，我喝了两杯不放糖的苦咖啡，结果喝得我的心脏出问题了。我第一次知道我不能喝苦咖啡。从这个书开始，我都用的是象牙白的纸，纸的颜色看起来很舒服。

王：纸张要好一点。

罗：进口的纸，70克象牙白，非常好，印得也非常经典，装订也到位。

王：全部做完了？

罗：十多年前就做完了。

王：有没有打算给它搞补编、续编什么的？

罗：没有，做了300册。

王：那也不少了。

罗：这套书编得也很辛苦。实际上《四库禁毁书丛刊》和《四库未收书辑刊》基本上是同时编的，大概《四库禁毁书丛刊》比《四库未收书辑刊》早这么几个月。

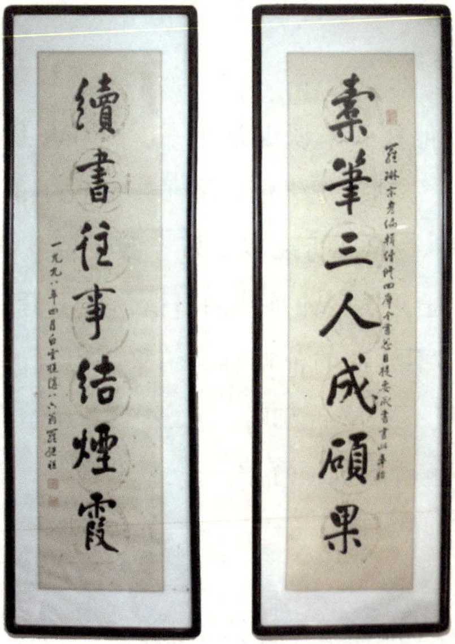

罗继祖先生墨宝

王：这两种书都有做提要吗？

罗：没有，我从来没有这个打算。做提要就更来不及了，因为第一个没这个能力，第二个时间漫长。前面说的那四位在世的撰写《续修四库全书总目提要》稿的先生，我拜见他们就是在编纂《四库未收书辑刊》的期间，同时听取前辈的意见。拜见罗继祖先生是在他大连的家中，我们都姓罗，他特别高兴。他告诉我那时他很年轻，开始没资格就偷偷写提要，被祖父罗振玉知道了就不让写，后来看他写得还不错，就分了一些给他写，主要是为了练笔，后来才参加正式撰写提要的工作，所以罗振玉署名的提要有的是罗继祖写的。临别时老先生送了我他写的“橐笔三人成硕果，续书往事结烟霞”的对联，三人是指罗振玉、罗福颐、罗继祖均参加了撰写《续修四库全书总目提要》的祖孙三辈。

拜访傅振伦先生是在他北京安贞里的家中，他告诉我当时撰写提要的人主要在北平，实际上没有什么组织，自己可以申领撰写的类目，钱比较多，他一天可以写好几篇，他的地方志提要有一部分是他不在时别人冒名写的。

1995 年拜访傅振伦先生

拜访萧璋先生是在他在北京师范大学的家中，我给他带去了他撰写的《续修四库全书总目提要》手稿的复印件，他默默地看了一会儿突然就嚎啕大哭起来，无法请教，无法对话，哭声渐弱，却始终不止，只好悻悻而去。期间其女弟子告诉我，老先生因此事受尽折磨，这是他的心结，从此再不敢登门拜访。拜见谢兴尧先生是在他在人民日报社的家中，他开始绝口不谈《续修四库全书总目提要》，顾左右而言太平天国的事，我们是老乡，用四川话交谈，说吃吃喝喝的事，后来他才说自己属于年纪小的，并没有和桥川时雄有什么接触，"东方文化事业总委员会"的事情不了解，拆烂污的稿子不少，冒名顶替的有，自己交了稿子就走，挣钱比较容易。

1997 年拜访萧璋先生

认识谢兴尧先生是《人民日报》的柯愈春先生介绍的，他当时在撰写《清人诗文集总目提要》，十分辛苦，在他最困难的时候我尽力帮助了他。另外，郭永芳先生曾经告诉我，上世纪80年代初他在上海拜访过谭其骧先生，谭先生矢口否认他参加过《续修四库全书总目提要》的撰稿。记得《四库未收书辑刊》去请季羡林先生当学术顾问，他正在接受一个电视台的健康节目专访，我们在门外多等了一会儿，季先生抱歉地说，电视台非要问我每天的运动，我只好说在门口湖边走走，其实我几乎不运动，我是信仰乌龟哲学的，信仰生命在于静止。

1997年拜访谢兴尧先生

六、主编《四库提要著录丛书》

王：《四库提要著录丛书》是您讲的“四条裤子”中的一条？

罗：是。我署名是“执行主编”，主编是国家图书馆馆长詹福瑞。其实在参加编纂《四库全书存目丛书》不久后，就萌生了编纂《四库提要著录丛书》的念头，以后在《四库全书存目丛书》的征访过程中就已在一些书本目录上对“著录”提要所描述的典籍有目的地进行了标识，而且在《续修四库全书》的目录上也进行了标注。在编纂《四库禁毁书丛刊》时又从另一个角度对“著录”提要所描述的典籍进行了标识，在主编《四库未收书辑刊》前夕，曾想先启动编纂《四库提要著录丛书》，因观念和资金问题作罢。2002年初，《四库未收书辑刊》

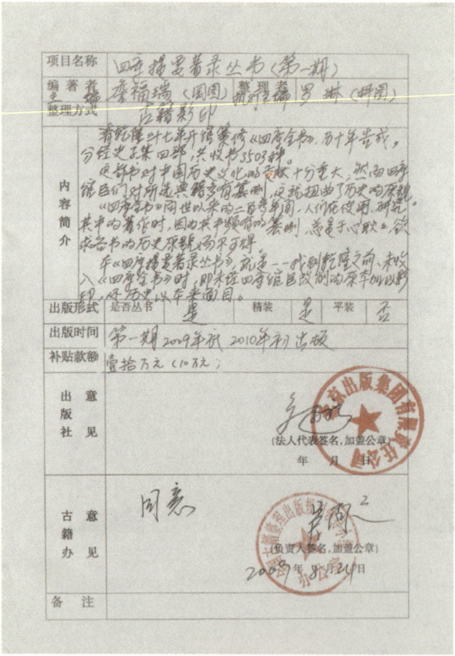

项目名称	四库提要著录丛书（第一期）				
编著者 主编	詹福瑞（国图）	整理者 执行主编	罗琳（科图）		
整理方式	古籍影印				
内容简介	清乾隆三十七年开馆纂修《四库全书》，历十年告成，分经史子集四部，共收书3503种。这部书对中国历史文化的贡献十分重大，然而四库馆臣们对所选典籍多有篡删，这就扭曲了历史的原貌。《四库全书》问世以来的二百多年间，人们在使用、研究其中的著作时，因为其中频有的篡删，总是于心耿耿，欲求各书的历史原貌而不可得。本《四库提要著录丛书》，就是一一找到乾隆之前、和收入《四库全书》时，即未经四库馆臣改删的原本加以影印，还历史以本来面目。				
出版形式	是否丛书	是	精装	是	平装 否
出版时间	第一期2009年底2010年初出版				
补贴款额	壹拾万元（10万元）				
出版社意见	（法人代表签名，加盖公章） 年 月 日				
古籍办意见	同意 （负责人签名，加盖公章） 2009年8月24日				
备注					

《四库提要著录丛书》古籍规划小组批文

编纂完毕，我向赵放先生正式提出投资编纂《四库提要著录丛书》一事，却因种种原因暂缓，但我与张建辉先生已开始在《中国古籍善本书目》上对“著录”提要所描述的典籍进行全面标注。2007年初，赵放先生重提编纂《四库提要著录丛书》一事，条件更加成熟，于是我们决定启动编纂《四库提要著录丛书》这一项目。在《中国古籍善本书目》上面标记的是“C”和“Z”，“C”就是存目，“Z”就是著录。编纂《四库提要著录丛书》是最艰苦的。做《四库全书存目丛书》的时候，有编目、编辑、总编、拍摄、复印、拼接等等部门。

王：大家分工协作。

罗：有好几十个人。但做《四库提要著录丛书》，除了扫描、拼接、初审外，就我和张建辉先生。所有数据处理、终审都是张建辉做的，配合默契，没日没夜，两个疯子。

王：现在进展怎么样？

罗：做完了。

王：全出版了吗？

罗：还没印完，编完了。

王：全部编完了，量有多大？

罗：1477册，加索引1册。

王：1400多册？这量已经不小了，几乎和《四库全书》是相等啊！

罗：对，但是还是有的书没有访来。因为在流传过程当中有的书没了，有的书当时是用稿本，还有从《永乐大典》中辑佚的，另外就是我访书遗漏了。

王：《四库提要著录丛书》和前面的《四库全书存目丛书》《续修四库全书》《四库禁毁书丛刊》《四库未收书辑刊》等相比，就收录的书来说，有什么不同？

罗：它收的书早于乾隆编纂的《四库全书》，就是说没有被馆臣删改过，还原了《四库全书总目提要》"著录"的3461种古代典籍中的3071种的原貌。《四库提要》里面经常说了这个书是什么版本，但是由于各种情况，四库馆臣选的本子不是最好的本子，有时候选个通行本，选个康熙刻本，实际上有明刻本，还有宋刻本。《四库提要著录丛书》也是"有轨电车"，编纂这套丛书，每种书我要看不同的版本，最多的要看10种，这里面也包括不同的馆藏著录为同一个版本，我如果怀疑就要去比对版本。

王：就是每种书的版本。

罗：每种书的各种版本。所以说我编这个书的时候看的书应该是2万种左右。

王：量是很大的，而且是经眼？

罗：经眼，我从不要人帮我经眼，我从来不相信任何人的鉴定，只相信自己的眼睛，也不相信书本目录，它们只是参考，事必躬亲。第一看是不是这个书，第二看版本，然后书影拍下来或记录下来再看其他的版本，反复比对，决定最后用哪个版本。光是国家图书馆的抄本我就看了1千多种。庆幸的是这个时候我得益于全国古籍保护工作的开始，我是古籍保护专家委员会的委员，我到处讲“(汉文)古籍普查登记平台”，各个图书馆的书，需要看的我全看了，一次看不完就再去。由于我是老师，双方本来又熟悉，所以他们比较客气，我需要看的书差不多都给我看了。我非常幸运，经眼了这么多书，在我这个年龄的人，这几套书编下来经眼的书，一般人很难达到。

王：那么当时看的每一种书，每一种版本，应该都有记录。

罗：有。

王：可不可以说，当您编完这个书以后，会单独整理出一个目录？

罗：我不知道，太累了，想退出江湖，本来这也不是我的江湖。

王：因为这个丛书前面肯定有目录，但这个目录里面并不能够反映您所看书的实际情况。

罗：是的。那个目录，是一个数据库，里面密密麻麻的。里面标注了我看的大部分书，有的书结论只有一个字“误”，但是为了这一个字，我可能要看一天的书。去每个图书馆看书，都有个目录带去批校，除了带一个笔记本电脑外，还要带一沓打印纸，来不及的就用笔写，因为我是二指禅，敲字很慢，回来再过录。我大概有两年的时间，每个周末到国家图书馆看胶卷。他们在古籍善本部专门留了一个位子供我用。国家图书馆有个规定，胶卷和书等同，我不能一个人看，得有一个人陪着我，正好我有个学生程佳羽在国家图书馆工作，这个学生就在那陪着我一块看胶卷。平时我去国家图书馆尽量看原书，非常非常辛苦紧张，像打仗一样。

王：《四库全书总目提要》里面"著录"的书都是《四库提要著录丛书》要收录的对象，对吧？

罗：对，共著录了 3461 种（实际统计结果，文渊阁《四库全书》是 3458 种）。

王：3461 种都是收录对象，那么这个提要里面提到的书，全部收吗？还是选择收？

罗：3461 种找到了 3071 种，都收了。唉，说个真话，实际上另外有几种是不该收的，但是我收了，不是独立收的，是附在其他书后面收的，不增加种数。

王：作为一般读者来说，我要理解您这里面究竟收了什么书？

罗：理论上是不该收的，但《四库全书总目提要》"著录"提要提到了这个书，说这个书没有了，但是我又恰恰访到了，我就把它收过来了。比如《金文靖集》十卷，《四库全书总目提要》

云：“又《外集》一卷……今《外集》未见。”但征访到了《外集》就一并收了，著录为：《金文靖公集》十卷《外集》一卷 /（明）金幼孜撰 / 明成化刻本，见《四库提要著录丛书》“集部”第 38 册。又如《尚书集传或问》二卷，《四库全书总目提要》云：“今《集传》已佚，存者惟此两卷。”但征访到了《集传》作《书传会通》也就一并收了，著录为：《书传会通》十二卷《书集传或问》二卷 /（宋）陈大猷撰 / 元刻本，见《四库提要著录丛书》“经部”第 57 册。为什么收这些书，我一直在想，我们做《四库全书存目丛书》的时候，也遇到过这种情况，杜泽逊经常说这个话：“留着吧，留着吧，留个书种子吧。”他总觉得只要有文字的东西都要留着。

王：对，他有文献意识。有没有可能因为这个就造成和《四库全书存目丛书》《续修四库全书》等收的书重复？

罗：不重复。我都比对过，其他四库系列书也没有收。

王：可不可以这样理解，就是《四库全书总目提要》里面提到一个什么书，您就都要把它想办法找来。

罗：没有，那样就太多了，那不可思议了。“著录”的书和提要里提到的书是不同的概念。

王：就是说《四库全书总目提要》里面提到这个书，您能找来多少，就给他编多少。

罗：也不是。我顺便征访到就收了，我舍不得扔了，那都是花钱买的底本呀!

王：那您首先有一个非常重要的工作就是要和这几套丛书剔重?

罗：不剔重。《续修四库全书》也收了好多“著录”的书。

王：那就是书也有重的?但是您的版本可能不一样。

罗：对。

王：那您在前面目录里面有反映吗?比如说这个书见于《续修四库全书》。

罗：没有。

王：但是版本不一样。

罗：有些不一样。

王：您不讲这个事?

罗：我要讲这个就太多了。没有剔重是为了尽量保持这套丛书的系统性和完整性。

王：这样一个成果，将来您得有个简洁的目录想办法反映出来。比如说您罗兄经眼什么目录，就简洁地说一下，因为这个太重要!您看了这么多的书，若干年以后，没有人再去看这么多书。像您现在是有这个条件，我们要是去看，还不给看呢！您看了以后没把它记录下来，错过了就没有了。

罗：是的，很多著录的这个书，版本呀，书名呀，都是错的，我全部都有标记的在数据库里。

王：那这个书，也算是您私人的活儿？

罗：是私人投资的，跟国家没关系。

王：那您做这个事，单位上没说什么？

罗：业余时间做，全是业余时间。下了班每天晚上做到十一二点，然后周末做。所以说20多年来，我没有休息过节假日，没有休息过周末，晚上没有看过电视，一直在干这些个事情。

王：《四库提要著录丛书》大概是这几年花的精力最多的。

罗：是，而且我认为是最有价值的一个。

王：它的价值体现在哪些方面？

罗：第一个和文渊阁、文津阁、文溯阁等的对比，我们可以看见四库馆臣是怎么删改的，您一比对就能看出来。所以我对学生的要求，你们写文章引用书的时候，如果有早于阁本的书你就不能引用文渊阁《四库全书》，除非这个书天下没有，你要说清楚。因为那个书是被四库馆臣改过的，你一定不能用。第二个就是有些书的版本会比阁本更好，更接近原典。文献的内容，我尽我的力量去辨别它，但我不是“全科”。也有后出转精的，比如说是宋刻本，然后有个明刻本，也许明刻本在校勘以后比宋刻本在文献上面错更少，当然它也可能出现新的错误。但是从版本来说，我一般用最接近原典的版本，可靠性和可信度要高一些。因为每一个文献我要去比对它的内容，比如说“三礼”，我不是搞“三礼”的，一个康熙刻本和一个明刻本，我可能会用明刻本，我不会去用康熙的。哪怕四库馆臣说了用的是康熙刻本，我也要用明刻本，除非康熙刻本内容多。因为我比对不了，如果我能比对，我会换。比对不了，我是不会换的。我就是用最接近原典的这么一个刻本。

王：这是您选择书的一个原则。

罗：这是原则。因为我看了这么多进呈本，馆臣选书的时候，由于当时各个地方进呈来的很多书堆到这个地方，他又没有数据库，他不可能总挑到最好的，有时候拿来就搁那儿了。我从各省进呈目录看，有的进呈目录里面说了好几个很好的版本，四库馆臣却用的通行本，明明有好几个明刻本，都没用。而且明明这个书有很多个版本，馆臣居然说世间没见着。

王：没有查。

罗：没有查，你也不能赖馆臣，你说他是拆烂污，也不能这么说，他没有这么大的一个数据库。书压在那儿，他也找不到。所以说在编这个书的过程中我写了七八篇关于编纂《四库提要著录丛书》的札记，有的时候对馆臣是肯定，有的时候对馆臣提出一些批评，但是我也都能够体谅馆臣。这是一个国家的形象工程，馆臣又不能不做。所以编《四库提要著录丛书》也有一些东西很麻烦，我又不能回避它。比如说皇帝的这些诗文集，好多啊，它著录的，你收不收？我也只有收。实际上里面有好多诗不是他的，文也不是他写的，都是大臣写的。你看那个乾隆，按说到乾隆时书就编完了，实际上到嘉庆时候还在收，嘉庆时写的东西都收了进去。还有那个《南巡图》，他南巡一次做一个。然后又南巡了又重新改，撤出来又替进去，就干这个事情。所以这也是很无奈的一个事情。这个书编出来了，我觉得我松了一口气。实际上我原来经常担心哪天我没编完，累死了。阿弥陀佛！可算编完了还没死，我经常累得不知道该怎么办，想喝酒都张不开嘴。共1477册，大概现在已经印了1200多册了。

王：目录出来了吗？

罗：前1000册的目录做出来了。但是后面400多册算是《补编》，还没做进去。

王：前言还是您写的？

罗：前言是我写的。把最后一种书的书名页、最后一册的本册目次做完，当我敲完最后一个字，我说：“建辉，完了。”我们就这么相互看着，傻看着，没有一丝高兴，没有一点兴奋，麻木呆滞，什么感觉都没有。好一会儿，建辉说：“该喝一口！”只有一包萝卜干咸菜下酒，真咸。两条汉子，在那个11月寒冷的深夜把酒无言！

王：我能理解您的心情，因为我也曾经有过。我以前做

《三礼研究论著提要》的时候，全是手抄，后来是自己将全部内容录入电脑，等到最后清样来了，我自己校后面的索引，坐到阳台上，一天到晚反复地查，一条一条地查。等到书出来的时候，就是您说的，没有一点兴奋，而且自己多看一眼的那种想法都没有。这里面有没有收录《五礼通考》？

罗：收录了，著录为:《五礼通考》二百六十二卷《目录》二卷《首》四卷/（清）秦蕙田撰/清乾隆十八年秦氏味经窝刻本。收录在《四库提要著录丛书》“经部”第134册至140册。另外还收录了“礼类”几个重要的本子:《周官禄田考》三卷/（清）沈彤撰/清乾隆十五年自刻本（四库底本），收录在《四库提要著录丛书》“经部”第14册;《礼记集说》一百六十卷《统说》一卷/（宋）卫湜撰/明抄本（四库底本），收录在《四库全书底本丛书》“经部”第26册至45册;《经礼补遗》九卷《附录》一卷/（元）汪克宽撰/清初抄本（四库进呈本），收录在《四库全书底本丛书》“经部”第25册;《太平经国之书》十一卷《首》一卷/（宋）郑伯谦撰/清康熙刻本（四库进呈本），收录在《四库全书底本丛书》“经部”第24册;《双峰先生内外服制通释》九卷（存卷一至七）/（宋）车垓撰/清初抄本（四库进呈本），此书收了两种书名、卷数、版本相同，内容有差异的“四库进呈本”，北大图书馆藏的收录在《四库提要著录丛书》“经部”第195册，台湾“中央图书馆”藏的收录在《四库全书底本丛书》“经部”第47册。

《四库提要著录丛书》快做完的时候，赵放先生说一定会有人盗版，根据经验会有人把里面的“四库底本”抽出来，编个什么精华一类的。张建辉先生在数据库里统计了一下，《四库提要著录丛书》共收入“四库底本”168种，但差不多还有这个数量的“四库底本”因为各种原因没有扫描来，于是我们决定再编纂一套《四库全书底本丛书》。

张建辉、赵放、罗琳先生合影

七、主编《四库全书底本丛书》

王：再编一套《四库全书底本丛书》？

罗：是的。《四库全书底本丛书》共 487 册，外加目录一册，收书 379 种，其中“四库底本” 313 种，包括《四库提要著录丛书》中的 168 种。另外的 66 种是“四库进呈本”，但这 66 种“四库进呈本”与《四库提要著录丛书》中的版本是不同的。《四库全书底本丛书》因为多有馆臣批改，所以按一比一影印的，经史子集比照《四库全书》分四种颜色。

王：就是春、夏、秋、冬的颜色。

罗：对。既然做到最后，就画个圆一点的圈。

王：就是做一个自己满意的精品出来，这个量当然就小一些。

罗：小很多。但是访这些书是真困难，我到处去看，看了不知多少种，有的著录是“四库底本”，结果只是“四库进呈本”，或者是“南三阁”写本，或者根本就不是，千奇百怪，主要是过去对“四库底本”认识不足。有的图书馆藏有“四库底本”，不愿意提供，也没有办法。我估计散落在世界各地的存世的“四库底本”应该有 500 种左右。

王：那几年刘蔷找“四库底本”，是不是跟您也有关系？

罗：有关系。很多同仁也给我提供了线索和书影。

王：就《四库全书底本丛书》中书的内容来说，和四库系列其他几种丛书是否重复？

罗：只有168种“四库底本”和《四库提要著录丛书》重复，145种不重复。

王：这两套丛书加前面4套，就是你说的“六条裤子”？

罗：对。《四库全书》简称《四库》，谐音“四裤”，被我们俗称为“四条裤子”。三十五年来我参与了围绕《四库全书》的六种

2000年太湖留影
左起：童正伦、陈先行、吴格、罗琳、丁红

书的编纂：《续修四库全书总目提要》《四库全书存目丛书》《四库禁毁书丛刊》《四库未收书辑刊》《四库提要著录丛书》《四库全书底本丛书》，所以江湖上戏谑我穿了"六条裤子"。但是四库系列丛书不包括《续修四库全书总目提要》。

王：那么四库系列的丛书应该就这6个，还有其他的吗？

罗：四库系列暂时就这六个：《四库全书存目丛书》《续修四库全书》《四库禁毁书丛刊》《四库未收书辑刊》《四库提要著录丛书》《四库全书底本丛书》。其实我参加整理的《续修四库全书总目提要》，包括《续修四库全书总目提要》（经部　中华书局出版）和《续修四库全书总目提要》（稿本　齐鲁书社出版）。

王：如果我现在做一个专题丛书，比如说就《周易》做一个，把《周易》我认为好的书，重新选了，印一套丛书，比如说历代《周易》研究丛书，这种工作，您觉得有没有意义？

罗：有意义。

王：为什么？怎么看？

罗：特别是乾嘉以后的书，还有近人写的一些书可以做。华东师范大学和山东大学就正在做关于"子部"的丛书。

王：就是这样做，同样也是影印，您觉得有意义吗？

罗：有意义。

王：我为什么向您请教这么一个问题呢？因为前两年有人找我，让我给他们拉单子，他们想做《三礼文献集成》，就是把“三礼”的东西汇编成一套丛书。我当时说有意义嘛，他们想做，朋友嘛。大概过了半年，我就给他们拉了一个单子出来，因为“三礼”历代的书目，我还是摸过的，单子大概有八百多种书，后来又不了了之了。当时我提出，第一，这个书要做，只能影印，第二，要影印的话，必须要在前面加一点东西，附加一点学术值，每种书前面写一个提要，我们可以找人来写。但是后来他们这事情就没有做成，所以我脑子里一直在打这个转，就是说这种书如果有机会，要不要做？

罗：如果他认为投资大，可以先这么做，先拉一个目录，把四库系列里面没收的书影印了，在您拉的目录中再标明哪些被四库系列收了，收在什么书，第几册，用的什么版本。那么这个系列的“三礼”方面的书就齐了。

左起：罗琳先生、吴哲夫先生、昌彼得先生、杜泽逊先生

王：是不是可以这样理解，古籍影印仍然是一个传承文献比较重要的方式，尤其现在有这么成熟的技术。那么有这么一个技术的话，现在比如说大型的这种经、史、子、集的丛书太多了，比如说四库系列丛书，再加上前人做的各种各样的丛书，大概量也不少了，那么我想以后再这样印，恐怕意义不大了，会大量重复，怎么办呢？各个省也会出版各种各样的地方文献集成，也还是这种做法，也会重复。我想如果要做，就是要专门化，就是专科丛书。以前学者也做这种丛书，比如《周易》做一套，《尚书》做一套。这样的话，我搞《尚书》的，就不一定去买《周易》了，不然家里堆那么多书，用起来也不方便。我想如果采取这种影印古籍的方式，将来会不会形成一种趋势？

罗：会。其实可以收一种书的不同版本。研究一部典籍的不同版本，我们就可以描绘出这部典籍的传承脉络，文献校勘、辑佚等等的进步。但是做这种书可能只有你们能做了，因为你们更加知道文献的价值，像我们搞书皮子学问的就做不了，至少我做不了。

王：不过这样做可能还得要和图书馆来合作，否则我们拿不到书，有些书靠转手的材料来判断是靠不住的。可能只是一个设想而已，不一定做得起来。您还有没有计划要做这种类似的大型丛书？

罗：没有，我想休息了，虽然有人找我，我已经拒绝了。

八、馆藏古籍影印

王：目前您主要在做什么？

罗：主要是做馆里的古籍特藏的日常服务工作，要干到65岁。典藏、出纳、阅览、咨询就三个半人，有时拉不开栓，我也要“坐台”。前年我们编了一个《中国科学院文献情报中心藏稀见方志丛刊》100册，百分之八十是稿本，国家图书馆出版社已经出版了。正在做的是《中国科学院文献情报中心藏古籍珍本丛书（抄稿本部分）》。

王：这个量大吗？

罗：大。《中国科学院文献情报中心藏古籍珍本丛书（抄稿本部分）》前50册已经出版了，正在做第二个50册，预计300册，学苑出版社出版。

王：经、史、子、集都印？

罗：经、史、子、集都印。而且我拿到什么书印什么书，最后做索引的时候再来按类分清楚，不然中间差一本书我就得停摆，这是不允许的。作为商业活动，也是不允许这么做的。

王：从经济角度来说，比如说这些书都是有人要给您投资来做，亏本吗？

罗：还好，有这么一批人愿意投资。我主编的《四库未收书辑刊》《四库提要著录丛书》《四库全书底本丛书》都是私人投资的，到现在都还没收回成本。

王：从商业角度来说，我投给你了，我连成本都没收回来，这就亏了，他们心里边怎么想这个事？

罗：他们好像也不在乎，至少表面上，他们愿意干这一件事情。比如说《四库提要著录丛书》，几个老板合起来总共已经投了几千万了，现在连个毛都没见着，回收成本，嘿嘿！特别是国外，销售很差，基本就没订单，遇上经济危机。所以说猴年马月能收回成本，不知道。如果说十年前把这几千万拿来买房子，不知道赚了多少，但是没法算这个钱。

中国科学院图书馆古籍阅览室

王：当时是不是跟他们谈好的，亏了与您无关。

罗：谈得很清楚，钱每年投多少，印刷投多少，底本费投多少，他们按时间投，然后我编书，什么时间编到什么程度是我的，编不好是我的事情，投资不到位，打他们的板子。

王：有没有投到中间因为不赚钱，就不投了？

罗：没有。他们都很高兴，他们现在仍然很高兴。

王：他们跟您朋友交情很好，另外就是乐意做这个事。

罗：乐意做。他们没有不乐意。您看我大学同学跟我做《四库未收书辑刊》，当时投了好几百万，他到现在都还没收回成本，多少年了，十多年了。

王：每一套书您自己搬回家里，您家里都摆不下。

罗：他们也不会给我，这太贵了，我也没地方放。

王：就是卖完了钱也还收不回来？

罗：卖完了基本上就能收回来了，能赚一些，但是作为全成本核算，是划不来的，因为时间拉得太长，这是长销书不是畅销书，如果不投这个，投其他的，这个利润就不是这么一点，这么算他们是亏的。总之我这些朋友高高兴兴的。

王：合作还是愉快的！

罗：对，他们从来没有跟我说投不下去了，咱们不做了吧。

没有，高高兴兴地按时间把钱投进来，印刷费投进来，底本费投进来。我说这个底本费很贵，要 50 块钱一拍的底本费，他们说没事，要多少钱你觉得合适就给。

王：那够朋友交情，朋友相信您！

罗：这个书“啪”的一拍就要 50 块钱，这个书要是 1000 拍得多少钱？很贵很贵！他们到现在也乐呵呵的，从来没有说后悔过。

王：说明他们自己的实力还是可以的，关键是对传承中华文化有热情！

罗：对，实力可以，还有他们大概有一种中国传统文化情结，对古籍有一定的认识，他们认为这个值得做。

王：那您这些书做完以后，总要在前言中说明人家谁投资了吧？

罗：我都说明了。

王：其实也算是一种功德吧，要给人家记录下来这个事情。

罗：也要深深地感谢图书馆的同仁，不然我寸步难行，特别是国家图书馆的张志清馆长和国家图书馆古籍馆的陈红彦馆长。

九、中华古籍保护计划

王：现在国家搞古籍保护计划，您在这里面参与很多的工作，请您给我们谈谈古籍保护工作的情况。现在设置了相关的古籍平台，您还知道国家在这方面的做法是什么样的状况吗？我们不太了解这些。

罗：国家古籍保护中心最开始是要做一个数据库，要设计一个平台，大概是在2007年，他们当时也不知道该怎么做，我就把他们带到我们图书馆看我做的“中国科学院文献情报中心古籍目录网络数据库”，这个数据库是我2003年做的，是最早基于元数据的古籍书目数据库。过去的数据库是用MARC格式做的，其容量很小，速度较慢。从国外克隆过来叫C-MARC，C就是中国的意思，所以MARC格式做的数据库已经很落后了。我曾经写过一篇文章《“中国科学院文献情报中心古籍目录网络数据库”解读》发表在《中国索引》2004年第3期上，全面阐述我对古籍数据库的观点，我拒绝在我们图书馆做古籍MARC格式数据库，我情愿不做。我在科学院工作，所以离科学比较近一点，然后我就在我们图书馆设计了这个“中国科学院文献情报中心古籍目录网络数据库”，以后又扩大成了“中国科学院古籍联合数据库”。2006年《古籍特藏破损定级标准（草案）》出台，我又在这个数据库中增加了“破损”“定级”等字段，并撰写了论文《对〈古籍特藏破损定级标准〉的实践》，发表在《图书情报工作》2007年第 11 期上。由于给我编程序的都是我们图书馆的一些搞计算机的硕士、博士，他们过几天就毕业走了，所以这个数据库总是断断续续，这个人设计一段，另一人再来设计，很乱。对于我的好多需求，他们不能理解，界面也不很友好，达不到我的要求。我对“中国科学院文献情报中心古籍目录网络数据库”非常不满意，但是比较其他的 MARC 数据库仍然还是不错的，实际上它是“（汉文）古籍普查登记平台”的试验和雏形。到了古籍保护的时候，他们看了，回去仍然不会做，因为他们都是刚毕业的，好多人都没摸过古籍，提不出来需求。后来就把我叫去，叫我来主持做这个“（汉文）古籍普查登记平台”。因为我是图书馆古籍编目出身，我知道计算机能干什么，我能提出需求，我系统地思考过，写过论文，我就把我多年来对古籍的全部知识一股脑灌了进去，因为这个平台是固定的华中师大几个搞计算机的人编的程序，我就把“中国科学院文献情报中心古籍目录网络数据库”留下的全部遗憾在此“一洗了之”。我认为做得非常好，实际上是把古籍进行了立体的揭示，而不是平面的。

王：举例来说，比如说怎么揭示一本书？

罗：从最基本的书名、作者、版本开始，到行款、序跋、批校题跋、钤印著录；从丛书、丛书子目、子目的子目、子目版本著录，到缺卷、破损、定级、书影上传，等等，有逻辑地呈现出来。然后给它留了后门，为以后计算机技术发展留出空间。可以导出导入数据，减少人工干预，而且有自动统计功能，统计自己馆的馆藏有多少种、多少函、多少册、多少卷、缺卷数、不同的版本、组合检索，等等，共设计了30多个字段，字段非常清楚。

王：这个要求很高啊？

罗：很高，这也是问题。当时结题的时候大家都觉得很好，非常好，但是推广下去的时候很多图书馆都做不了，然后就退、退、退，退到现在只做大概6个基本字段，成了一个平面的了。只有浙江图书馆做得好，把字段基本全做了。

王：这真的是需要古籍专家来做。

罗：是的，这也是一个学习的平台。尽量做到人性化，用简洁准确的文字解释每一个字段，然后将文字隐藏在字段里，把鼠标搁到这个字段，文字解释就自动跳出来。比如对“题名卷数”字段的解释：

正文首卷卷端所题题名为著录之主要依据。

正文首卷卷端所题题名不足以准确反映全书内容，可酌取书内其他各卷卷端、卷末、目次、凡例、序跋、版心、牌记、内封、原题、封面、题签、书根、函套等所题题名著录，或以约定俗成之题名、通行习见之异名著录。

稿本、抄本原无题名，可审其内容并参考相关文献拟题。

地方志无纂修朝代者，考订其纂修朝代置于题名前“[ ]”中；家谱无谱籍者，考订其谱籍置于题名前“[ ]”中；登科录、缙绅录、名臣录等无年代或地名者，考订其年代或地名置于题名前“[ ]”中；个人传记无传主姓名者，考订其姓名置于题名前“[ ]”中；日记、行纪等无起讫年代，考订其起讫年代置于题名后“( )”中。

按照原书目录著录卷数。

正文前之目录未分卷者不著录，分卷者可著录于题名后；正文首末附加之内容，如目录已列出或版心刻有“卷首”“卷末”者，应分别加以著录，目录或版心未加著录者，可不予著录；正文首末附加之内容，如“叙录”“附录”“考正”“正误”“校记”“年谱”“年表”等，应依次加以著录，附加之内容有著者可据者，亦应依次著录；正文内容已分为若干部分，各部分前有大题或卷目，页次分别起讫而未标卷次者，可合计其卷数著录；正文内容已分为若干部分，各部分或标有小题，如“五古”“七古”等，或页次分别起讫，但未分别标明大题及卷次者，可著录为“不分卷”；正文内容完整，首有大题、末有尾题或仅有大题而独自成书者，通常均著录为“一卷”；章回小说、戏曲等书，可同时著录其卷数及回(章、折、龄)数。

原有卷数不详，用方框“□□”表示。

上、下卷，著录为“二卷”；上、中、下卷，著录为“三卷”；一卷内又分卷者，著录为“一卷”；“两卷”著录为“二卷”；无卷数者，著录为“不分卷”。

“一十五卷”作“十五卷”，“一百零七卷”作“一百七卷”。

著录丛书之题名，丛书之题名一般比照《中国丛书综录》相同版本著录。

著录丛书零种之题名，丛书零种之题名一般比照《中国丛书综录》相同版本著录。

缺卷、原缺卷等在“卷数统计”部分著录。

王：很详尽的一套。您把这么多年来摸古籍的相关想法，全部都放进这个数据库了。

罗：非常详尽。2010年我在台湾“中央图书馆”给他们演示了，他们来了二十多人，十分惊奇。前几年在全国讲课，推广平台，讲解平台著录，教授版本鉴定，前后五十多次，培训了几千人次。一次首都图书馆马文大先生酒后说我整个就是一个平台贩子，于是在二十几个平台QQ群里我的名字干脆就叫“平台贩子”了。

王：这是比较满意的一件事！

罗：做了比较满意的一件公益性事情。

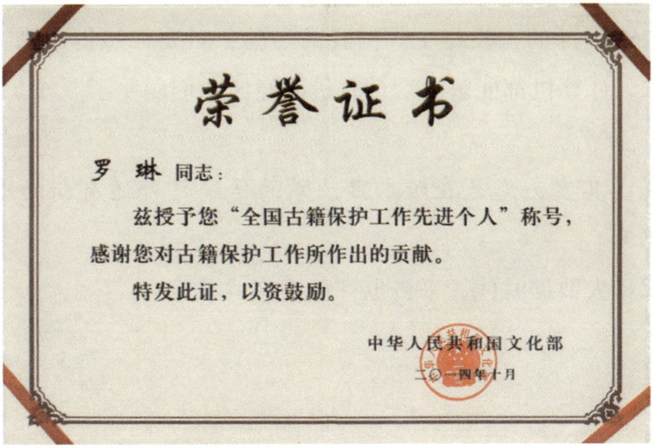
荣誉证书

罗 琳 同志：

兹授予您“全国古籍保护工作先进个人”称号，感谢您对古籍保护工作所作出的贡献。

特发此证，以资鼓励。

中华人民共和国文化部

二〇一四年十月

“全国古籍保护工作先进个人”荣誉证书

王：有没有专门写文章讲您的构思之类的？就像您编丛书写序言一样，专门写一篇文章谈您的思路，哪怕您觉得您的思路不一定满意，但是只要提供一种思路，让后面的人来做，对他们有启发性。

罗：写过。2010 年 5 月 21 日在台湾淡江大学第十三届“社会与文化”国际学术研讨会上，我发表了会议论文《“(汉文)古籍普查登记平台”的结构及其著录》。

王：一直在做，有时候还是有抵触？

罗：有抵触，不愿意多说。所以我写文章也是非常非常短，干干巴巴的，大概和我提要看多了有关系。做这个平台的时候很孤独，我提需求，华中师大他们编程序，没有人交流沟通，一个都没有，懂计算机的人很多，比我懂古籍的人也很多，但是能针对计算机提出需求，知道计算机能处理成什么样子，古籍数据库界面怎么设计的人没碰上。据我的经验，只要你想得出来，能提出需求，计算机都能解决。计算机已经比我们聪明了。

王：其实，您是在版本目录学的传统之外还有新的思路想法在里面。

罗：大数据时代，平台也许已经落后了。

十、中国科学院图书馆馆藏特点

王：您在中国科学院图书馆工作了30多年，就您了解，你们馆藏有哪些特点？

罗：抱歉，关于中国科学院图书馆的名称我要先引用中国科学院文献情报中心门前的刻石来解释一下：“1950年4月28日经政务院文化教育委员会批准，《中国科学院暂行组织条例草案》规定：中国科学院办公厅下设图书管理处，管理全院图书工作。1951年2月3日中国科学院第一次院务会议决定：图书管理处改为中国科学院图书馆。1985年11月14日院长办公会议决定：中国科学院图书馆改名为中国科学院文献情报中心，继续保留使用‘中国科学院图书馆’名称。”在这之后

上世纪80年代末在中国科学院图书馆
（王府井大街27号）老馆门前留影

的2006年3月至2014年3月期间，中国科学院文献情报中心计划改名为“中国科学院国家科学图书馆”，但未能实现。

您所指的馆藏有哪些特点，我想主要是指人文科学的特藏。

上世纪初至1945年日本投降，这期间日本以各种名义在中国成立了多个“文化机构”，其中主要机构中的三个——“南满洲铁道株式会社”“东方文化事业总委员会”和“北京近代科学图书馆”，与中国科学院图书馆的藏书有着密切的关系，这三个机构留下的文献也是我们图书馆的特藏。

王：中国科学院图书馆与“南满洲铁道株式会社”有什么关系？

罗：主要是对“南满洲铁道株式会社”撰写的“满铁调查报告”的大量接收。“南满洲铁道株式会社”成立于1906年，至1945年日本战败投降时结束，历时40年。1904年“日俄战争”以日本得胜结束，根据《朴茨茅斯条约》，日本取代沙俄得到了在我国东北的各种特权，如铁路的经营权和修筑权、矿山的开采权、森林的采伐权等。为了行使这些权力，1906年日本政府以民间机构的面目在我国东北成立了“南满洲铁道株式会社”。“南满洲铁道株式会社”实质上是一个由日本政府经营的侵略霸占我国东三省的典型殖民地机构，并且在以后的40年中，将其发展成了一个为其侵略整个中国，以及苏联东亚地区和中国其他周边国家提供最直接情报的庞大的谍报机构。同时，“南满洲铁道株式会社”又用两层外衣将自己伪装成一个典型的文化机构。1. 建立殖民地图书馆，如“满铁大连图书馆”“满铁奉天图书馆”及“满铁哈尔滨图书馆”及其数十个“满铁巡回图书馆”。2. 以学术研究、开发满洲为名，以满洲铁道为基点，沿铁道线呈放射状延伸至内地，撰写详细之调查报告，被称之为“满铁调查报告”，并成立“满铁调查部资料室”，为撰写调查报告服务并集中收藏这些报告。

“满铁调查报告”

“满铁资料”与“满铁调查报告”在以往之研究阐述中一直是没有搞清楚的两个概念。“满铁资料”是对“南满洲铁道株式会社”成立期间（1906—1945 年）形成、收集以及撰写之文字资料的总称。“满铁资料”主要由三个部分组成：1.“满铁”收藏的书刊。2.“满铁档案”。3.“满铁调查报告”。“满铁”收藏书刊有两个目的：1. 成立殖民地图书馆。2. 为撰写“满铁调查报告”提供背景资料。“满铁”收藏书刊被统称为“满铁藏书”。“满铁藏书”

均为公开出版物，其中主要是日本公开出版之书刊，中国公开出版之书刊次之，还有少量欧美公开出版之书刊。“满铁藏书”大部分被收藏在大连图书馆。其他地方亦有部分收藏，一是因为“满铁巡回图书馆”在巡回展览时日本正好宣布投降，故将其遗留在巡回处所致；二是因为中国科学院图书馆在1957年从大连图书馆接收“满铁”的东西后将其中图书、期刊的部分副本分送给了部分图书馆和研究部门。特别值得一提的是，将约3300册“满铁剪报”调拨给了当时还同属中国科学院的近代史研究所（中国社会科学院近代史研究所）。“满铁档案”是指“南满洲铁道株式会社”成立期间形成之信函、电报、指令、报告、人员名单、会议记录、账目、报表、统计表及内部文件等。“满铁档案”集中收藏在辽宁省档案馆。成立“南满洲铁道株式会社”的终极目的是为了撰写“满铁调查报告”，为日本侵略中国提供第一手情报。这些情报均是以调查报告形式（还有一小部分地图）出现。调查报告多数是由“满铁调查部”之调查（研究）人员撰写。调查报告由两部分文献组成：1. 调查人员撰写之调查报告。2. 一部分有情报价值的公开出版之书刊的副本。

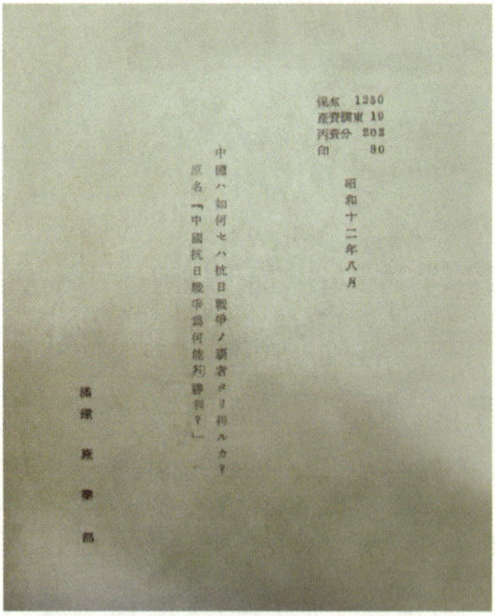
昭和十二年八月
中國ハ如何セハ抗日戰爭ノ覇者タリ得ルカ？
原名「中國抗日戰爭爲何能夠勝利？」
滿鐵調查部

“满铁调查报告”秘级

“满铁调查报告”主要收藏在中国科学院图书馆，分为经济、企业、农业、林业、畜牧业、水产业、矿业、工业、商业、交通、金融、财政、法制、殖民/人口/粮食、社会/劳动、都市、地理、历史、文化、自然科学、杂类、总类、“满铁”社内刊行物等24个门类。这些调查报告以满洲为中心，辐射至全中国，其中一部分报告涉及政治、人口、经济、工业、农业，以及外交、边疆、军事、战争时局分析等；一部分是详细的田野调查报告，涉及对一个村庄的人口数量、各种粮食产量、大牲畜数量、降雨量、河流道路、山川峡谷、乡规民俗、地方武装等。“满铁调查报告”总量约8万种。第二次世界大战结束，苏联红军从大连“满铁调查部”资料室拿走了1万余种“满铁调查报告”，主要是关于苏联远东地区之调查报告和与苏联外交有关的调查报告。这些调查报告至今没有整理、没有目录、没有开放、没有公开出版。余下之6万余种，在1957年实际上最终被三个单位瓜分：当时被认为有情报价值的“满铁调查报告”归中共中央编译局，铁道部铁道科学研究院将其中有关铁路的“满铁调查报告”留下后，其余全部移交中国科学院图书馆。“满铁调查报告”之纪录形式有四种：A. 铅字排印本；B. 铅字打字油印本；C. 蜡纸刻板油印本；D. 誊写

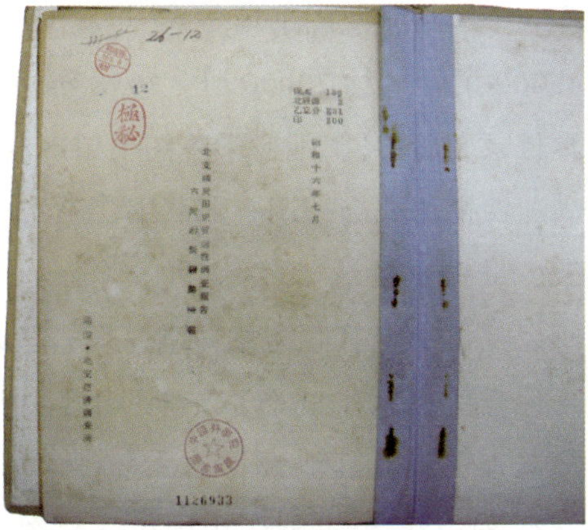

“满铁调查报告”极秘级

本。中国科学院图书馆1957年从大连接收的“满铁调查报告”约45000余种、约70000册。1958年中国科学院图书馆为其编制书本目录8册:《中国科学院图书馆现存旅大图书资料目录(原‘南满洲铁道株式会社调查部藏书’)》,其中日文目录7册(其中夹杂少量中文目录),西文目录1册。1960年初,铁道部铁道科学研究院再次将其收藏之“满铁调查报告”中与铁道无关之调查报告移交中国科学院图书馆,“内容主要是东北、华北等地区的经济调查资料,其他为少数社会科学及自然科学方面的资料”。共4475种,约7000册。中国科学院图书馆再次为其编制目录《中国科学院图书馆藏日文资料目录》。1961年因“战备”之需要,中国科学院图书馆将“满铁调查报告”运到了西宁市中国科学院冰川冻土研究所存储;“文革”期间,因“中央一号令”,“满铁调查报告”又转运到四川成都双流县存储;1990年,“满铁调查报告”运回北京,收藏在东四的十三条书库(汪家胡同书库);2002年中国科学院图书馆新馆落成,又迁至新馆。

王:中国科学院图书馆与“东方文化事业总委员会”是什么关系?

罗:1950年,中国科学院图书馆就成立在“东方文化事业总委员会”旧址上,其“东方文化事业图书筹备处”的大部分藏书成了中国科学院图书馆早期藏书的重要部分,其书库成了中国科学院图书馆当时的主要建筑。“东方文化事业总委员会”于1925年10月9日在北京北海静心斋成立,“委员会”地址选在当时王府大街大甜水井胡同9号。上世纪20年代初,日本政府迫于国际和国内的压力，决定参照美、英等国的先例，将“庚子赔款”的一部分退还给中国，并趋向于由日本政府将这笔巨款用于在中国从事文化事业等，“东方文化事业总委员会”就是这所谓的“文化事业”的一部分。“东方文化事业总委员会”以大量的佣金雇用了一大批中国人文科学和自然科学之学者从事“文化事业”，粉饰太平，点缀“日中亲善”。“东方文化事业总委员会”下设北京“东方文化事业图书筹备处”“北京人文科学研究所”和“上海自然科学研究所”。“东方文化事业图书筹备处”成立于1926年7月，主要是为编纂《续修四库全书总目提要》购买、保存、提供图书文献资料，所购买的书均为中国古籍。“北京人文科学研究所”成立于1927年12月20日，地址与“东方文化事业总委员会”同在大甜水井胡同9号，最终实施的“事业”就是《续修四库全书总目提要》的编纂。“上海自然科学研究所”成立于1931年4月1日，主要研究对象是自然科学基础理论和医学科学。

“东方文化事业图书筹备处”1926年至1937年总计购买了15420部、165999册古籍，耗资银圆399675.01块。这些古籍多是别集和地方志，而尤以清别集居多。在1945年8月日本投降后，由国民党接收，并对这些古籍进行了清理，主持接收工作的是北京大学教授沈兼士。“国立中央研究院历史语言研究所”于1946年冬由四川南溪县返回南京，原本打算将这些古籍全部运往南京，由于数量太大，只好选择了1352种运往了南京。1947年冬在傅斯年先生主持下，这批古籍又由南京迁往了中国台湾。这批古籍现藏于台北“中央研究院”历史语言研究所之“傅斯年图书馆”中。这批古籍主要是一些善本，余下的被中国科学院图书馆在 1950 年成立时悉数接收。这批古籍就是中国科学院图书馆今天约 50 万册古籍藏量的基础。今天中国科学院图书馆 50 万册古籍包括唐人写经、西夏文写本、宋椠元刻及大量稿本、抄本、名人字画、契约、家谱等，尤以地方志和明清诗文集著称，特别是保存了国内最大的一块（高 58.3cm、长 93.3cm）铜版《平定回疆得胜图 · 柯尔坪之战》。

王：中国科学院图书馆与“北京近代科学图书馆”又是什么关系？

罗：中国科学院图书馆与“北京近代科学图书馆”的关系，主要是对“北京近代科学图书馆”馆藏之全部接收，使其成了中国科学院图书馆早期藏书之重要部分。“北京近代科学图书馆”成立于 1936 年 12 月 5 日。馆址是借用“东方文化事业总委员会”内一部分房间。成立时名为“北平近代科学图书馆”，1937 年末更名为“北京近代科学图书馆”。“北京近代科学图书馆”馆长日本人山室三良在“北京近代科学图书馆”成立开幕致词中说：“本图书馆的目的，由‘近代科学图书馆’这个名字，也可以明白似的，是在搜集近代各方面的科学研究的精华，以供给中日两国好学之士一个自由研究的中心。根据这个目的，第一回所选择的书籍，是以近代有长足发展的日本的自然科学，以及产业和其他技术方面的书籍为主。目前在中国，各方面都切望着自然科学的发展，以促进其发达为目的的真挚诚恳的学问上的运动，正在各方面出现；本图书馆也希望能对于这种倾向，有若干真诚的贡献。第二回所选的，是字典、年鉴、一览等类的基本书籍，还附加了不少人文科学方面的书籍。”

“北京近代科学图书馆”藏书

实际上当时成立“北京近代科学图书馆”目的是为了在日本侵略整个中国后将其作为殖民地的图书总馆。其藏书建设受益于日本的政府行为和日本官方的书籍呈缴制度。“北京近代科学图书馆”藏书分类称之为“门”，排架顺序号称之为“函”，称为“门函系统”。1945 年日本战败投降，“北京近代科学图书馆”之藏书由国民党“国立中央研究院历史语言研究所”接收，由“国立中

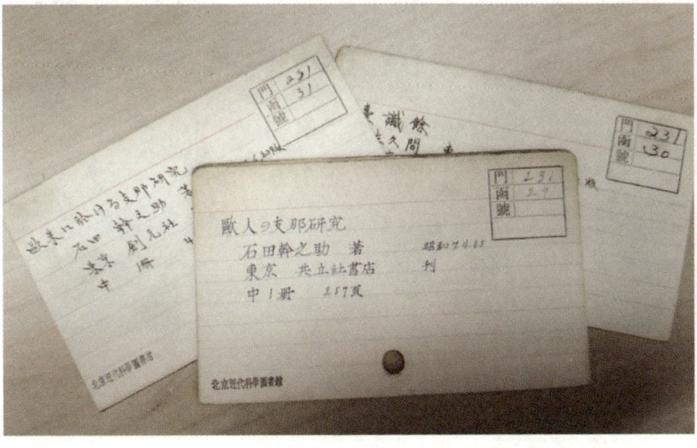

“北京近代科学图书馆”卡片目录

央研究院历史语言研究所北平图书史料整理处”清点后，整理出13本书本式目录，约6万册书刊。1950年中国科学院图书馆成立将其全部接收。“北京近代科学图书馆”藏书分为十类：总记、精神科学、历史科学、法制经济、语文学、自然科学、医学、工业、产业、艺术。

王：这三批文献很重要！

罗：是的。当你看了这么多文献，了解了那么多背景，心情会很复杂，特别是看了“满铁调查报告”，当你明白了什么是“拓殖”后。现在有的人说当年日本把东北建设得如何如何好，但一定要明白，特别是年轻人，日本人并不是在建设中国的一部分、造福中国人，而是在建设日本，他们是把东三省当作是日本领土的一部分来建设的。

2014年9月接待中国科学院大学学生参观馆藏

十一、翻译《中国科学技术史》

王：听刘蔷说您对李约瑟的《中国科学技术史》下过很大工夫，请您谈谈相关情况。

罗：参加《中国科学技术史》是这么一个机缘，我到图书馆来工作的时候，我的老师郭永芳先生的另一个专长是中国科学技术史，所以我就跟着他接触了一些科技史方面的东西，后来我也对这些比较感兴趣了。但我跟他在一块儿只有七年的时间，1989年2月份春节过了他就得肝癌去世了，我非常伤心。大概1989年中国科学院自然科学史所要重新翻译李约瑟的《中国科学技术史》，翻译里面有一项工作叫“中国古文献还原和文献考证”，就是从英语还原成中文古文。比如李约瑟引用的“学而时习之，不亦乐乎”，他是写的英文，我们翻译要把它还原成古文的“学而时习之，不亦乐乎”，而不是白话文，并且要核对出处，一般搞自然科学的不熟悉这个文献的原文及出处，于是就找到我做古文献还原的工作。

王：也就是说要把《中国科学技术史》中与古籍有关的征引资料都要还原到中国古籍原文，找到出处？

罗：是的，还有些文献出处错了的，我也要找出来。比如有一条史料出处翻译为民国期刊《春筝》，刊名什么意思，无解。遍查民国期刊，无。我最后考证出是《群众》，因“Chun Chung”

翻译失误造成。

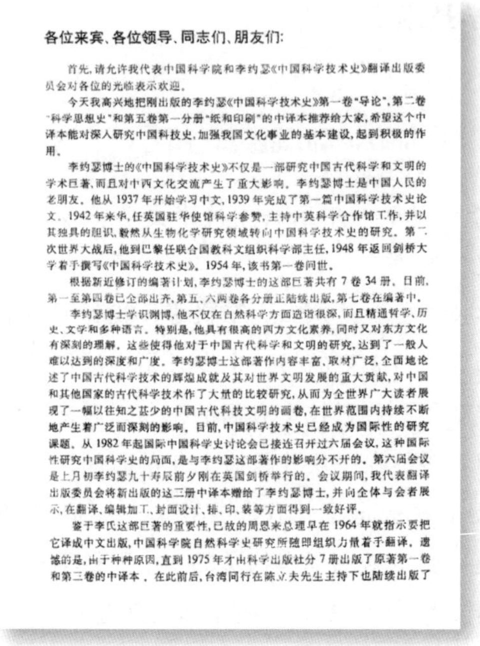
各位来宾、各位领导、同志们、朋友们：

首先，请允许我代表中国科学院和李约瑟《中国科学技术史》翻译出版委员会对各位的光临表示欢迎。

今天我高兴地把刚出版的李约瑟《中国科学技术史》第一卷"导论"，第二卷"科学思想史"和第五卷第一分册"纸和印刷"的中译本推荐给大家，希望这个中译本能对深入研究中国科技史，加强我国文化事业的基本建设，起到积极的作用。

李约瑟博士的《中国科学技术史》不仅是一部研究中国古代科学和文明的学术巨著，而且对中西文化交流产生了重大影响。李约瑟博士是中国人民的老朋友。他从1937年开始学习中文，1939年完成了第一篇中国科学技术史论文。1942年来华，任英国驻华使馆科学参赞，主持中英科学合作馆工作，并以其独具的胆识，毅然从生物化学研究领域转向中国科学技术史的研究。第二次世界大战后，他到巴黎任联合国教科文组织科学部主任，1948年返回剑桥大学着手撰写《中国科学技术史》。1954年，该书第一卷问世。

根据新近修订的编著计划，李约瑟博士的这部巨著共有7卷34册。目前，第一至第四卷已全部出齐，第五、六两卷各分册正陆续出版，第七卷在编著中。

李约瑟博士学识渊博，他不仅在自然科学方面造诣很深，而且精通哲学、历史、文学和多种语言。特别是，他具有很高的西方文化素养，同时又对东方文化有深刻的理解。这些使得他对于中国古代科学和文明的研究，达到了一般人难以达到的深度和广度。李约瑟博士这部著作内容丰富，取材广泛，全面地论述了中国古代科学技术的辉煌成就及其对世界文明发展的重大贡献，对中国和其他国家的古代科学技术作了大量的比较研究，从而为全世界广大读者展现了一幅以往知之甚少的中国古代科技文明的画卷，在世界范围内持续不断地产生着广泛而深刻的影响。目前，中国科学技术史已经成为国际性的研究课题。从1982年起国际中国科学史讨论会已接连召开过六届会议，这种国际性研究中国科学史的局面，是与李约瑟这部著作的影响分不开的。第六届会议是上月初李约瑟九十寿辰前夕刚在英国剑桥举行的。会议期间，我代表翻译出版委员会将新出版的这三册中译本赠给了李约瑟博士，并向全体与会者展示，在翻译、编辑加工、封面设计、排、印、装等方面得到一致好评。

鉴于李氏这部巨著的重要性，已故的周恩来总理早在1964年就指示要把它译成中文出版，中国科学院自然科学史研究所随即组织力量着手翻译。遗憾的是，由于种种原因，直到1975年才由科学出版社分7册出版了原著第一卷和第二卷的中译本。在此前后，台湾同行在陈立夫先生主持下也陆续出版了

1990年，英国驻华大使官邸庆祝《中国科学技术史》翻译出版酒会科学院领导致辞

王：如果翻译不准确的话就很难找。

罗：对，所以我经常跟他们商量。英语翻译成白话文经常有差异，要反复讨论很久。这个活儿是很琐碎的，技术含量不高，却打磨了我的耐性。所以我以后穿那些“裤子”，特别是《四库提要著录丛书》时，比对文献就有经验，有耐心，也特别伤眼睛，大概39岁就开始老花了，现在已经是400度了。翻译完了前几本的时候，英国驻华大使在他的官邸开了一个酒会庆祝，我也去了。很简单，就随便地站在那儿，一人拿一杯饮料，两块糕点，根本就没吃饱。又过了一段时间，我太忙就没再参加了。

十二、“四库学”研究

王：目前学术界都在谈“四库学”，您觉得“四库学”这个名称成立吗?

罗：您提的这个非常好，我也想说说这个事情。“四库学”这个名称虽然成立，但是这么多年来，由于各种原因，“四库学”几乎成了“四库提要学”和“四库视野学”。你去看看专著和论文，大部分是研究《四库全书总目提要》的，“视野”也是创新不多。

王：从您目前了解的情况，您觉得“四库学”既然成立，那它的研究应该包括哪些方面?

罗：当然包括《四库全书总目提要》《四库全书》及其纂修过程，当时的政治、历史、经济、人文等各方面的“视野”下，存下来的三阁半的《四库全书》的差异，更应该研究《四库全书》本身，特别是研究没有被四库馆臣删改过的原典，四库馆臣怎么删改的原典，对文献流布传播的影响，目录学思想，对目录版本学的影响，对专类文献的影响，等等。《四库提要著录丛书》和《四库全书底本丛书》就提供了这样一个研究平台，可以批量地研究。我相信这两部书的出版，“四库学”的研究慢慢会有一些变化。南京大学图书馆史梅馆长就和我说她们买的《四库提要著录丛书》使用率很高。我知道已经有学生借助《四库提要著录丛书》写出了硕士、博士论文。

还有一个书名我想讲一下，《四库全书存目丛书》这个书名是有问题的。《四库全书》是没有“存目”的，《四库全书存目丛书》是根据《四库全书总目提要》的“存目”提要编纂的，你只能叫作《四库提要存目丛书》。所以编纂《四库提要著录丛书》时有人提议取名《四库全书著录丛书》，我不同意，不能靠《四库全书》来炒作，那是一个伪书名，我丢不起人。

王：根据您的了解，“四库学”也算是个显学吧，研究的人很多，尽管由于条件的限制，大家可能关注得多的是《四库全书总目提要》，但是研究的年轻人越来越多。从您的角度来说，能给年轻人一些建议，怎么才能研究得更好？

2012 年 8 月 15 日为凤凰出版传媒集团鉴定过云楼藏书
右起：宋平生、翁连溪、黄燕生、周心慧、马文大、罗琳

罗：我觉得从学校到学校的要做得深入不容易，有一定的工作经验好些。因为一涉及“四库”的东西，我认为第一关就是目录版本学。就是你研究《四库全书总目提要》也需要目录版本学的扎实功底，去看看杜泽逊的《四库存目标注》就明白了。你不搞清楚从《汉书·艺文志》以来目录的变化、分类的传承，鉴定不了版本，反正我是寸步难行，当然我有点偏激。

2013年9月9日在日本东京鉴定大仓文库汉籍
坐者右起：安平秋、陈先行、朱强、李致忠、罗琳

年轻学子要尽量接触、经眼古籍，普通的古籍还是容易接触的，论文答辩一看参考引用文献全是影印的，而且不著录是根据什么本子影印的，一堆托词，你能只跟照片谈恋爱吗？不要妄下结论，有的问题孤立地看仿佛是正确的，当你达到一定宽度、深

度后就是需要商榷的了。要有阅读量，穷尽前人的研究成果，取其精华，免得低级重复还自以为是。提到穷尽前人研究成果，中国台湾和日本学子值得学习。不要津津乐道拍卖市场，你先把铁杵磨成绣花针再说，何况那潭水清浊莫辨。一门学问，或者是经得起定性、定量的科学检验，或者是经典的、有历史长度的，不然就太软，古典文献学就是经典的，要有敬畏，不要把科普当深刻炫耀。这一行当毕竟还是小众的、寂寞的，虽然有些改变，要有承受经济困窘压力的能力，所以经济压力小点的也许更适合从事这一行当。不要妄自尊大，也不要妄自菲薄，更不要总是拿“洋枪”说事儿。

十三、研究生培养

王：您这些年带的硕士、博士研究生很多，请您谈谈指导研究生有哪些好的经验和方法？

罗：带的其实也不算多。经验就是心理健康很重要，不然入门前你是老师，入门后你就是孙子，还好我没遇上。学生笔试要求正确、全面，点面结合；面试要求表达清楚、有逻辑，不一定完全正确，但能自圆其说。尊重学生的选题，你的选题我尊重，你选不出来我帮你选，选得不好我忠告，比如有博士要研究类书，我就说很多人研究过了，短时间很难突破，很难创新。向学生承

2007 年，左起：刘延华、程佳羽、罗琳、莫晓霞

认自己的不足，我又不是通才，比如有研究“满铁”的，开题后不久，我就告诉她你已经超过了我，前人没有看过这样丰富的原始文献，用这种研究方法的，你走的每一步都是第一个脚板印。我们回过头看历史，总是进步的，推动历史的也在进步，学生也是前进的，一代人有一代人做学问的方法，年轻人终归是正确的，必须宽容，时不时要睁一只眼闭一只眼。一日为师终身为父，最不靠谱。学生的压力也不小，定向的没有找工作的压力，但有本职工作的压力，一般要顶到末了才毕业；非定向的三四年就能毕业，但找工作的压力太大，大论文写好了，还要发表小论文，简直莫名其妙。

左起：高文娟、莫晓霞、罗琳、薛慧媛、白灵

王：你们也要求这些？

罗：有，要求两篇啥子C刊或核心，又没有那么多刊物来登，你要把学生逼死呀！所以我就要求他们小论文瞄准大论文，也许可以融进去。

王：这个也是卡得很紧。

罗：没有不行呀！预答辩都过不了关，还有盲审，这些都是硬杠杠。其实我们带学生，有时候是为了让学生有一个好的出路。他喜欢这个，他要读，他企图传承中国传统文化，你看他毕不了业、找不到工作，挺伤心的。就像嫁闺女，总想找个好婆家。我的学生有个好条件，50万册馆藏古籍可以不受限制地阅读，可以触摸，可以零距离接触，因为在全国图书馆中有古典文献学博士点的只有我们图书馆。

王：就叫古典文献学？

罗：对，中国古典文献学。

王：找工作还是有方便之处的。

罗：还好吧。

王：招生有限制吗？一年招一个吗？

罗：基本每年都可以招两个，但经常招不满。

王：为什么？

罗先生耳顺之年留影
左起：饶益波、刘雪平、刘甲良
右起：胡艳杰、黄文越、张坤、王利伟

罗：不是没相中，就是外语没过。我们这行还要考外语，荒唐透顶。

王：你们古典文献学招生是作为中国文学下面的二级学科呢，还是图书馆学下面的？

罗：图书馆学下面的。

王：那你们是不是还要考图书馆学方面的课程？

罗：图书馆学基础理论、英语和文献学3门笔试。

王：那么说，考你们这边的学生大多都是图书馆专业毕业的？

罗：基本是学文献的。

王：文献学毕业的学生去考图书馆学基础理论，他们没有学过这门课啊。

罗：突击啊！我一直妄图把这门换了。

王：古汉语行吧！

罗：古汉语是考古典目录学硕士的。

王：您也招博士后吧！

罗：招，但一个也没招。

王：博士后是不是要求更高？

罗：是的，我太挑剔，我基本上是“独狼”，不需要帮助。

王：遇到合适的也可以招一个。

罗：博士后招来以后，还需要处理学习以外的麻烦事情，太啰嗦。

王：现在有没有时间做点其他的？

罗：刚开始有点时间了，但已经被“六条裤子”拖垮了，干瘪了。前几天做了好多年以来唯一一件有点意思的事情，还是在梦中，写了首诗“嘉陵江淌过了中关村 / 你是雨的泪”。

王：从事了这么多年不喜欢的职业，而且还做得这么好？

罗：非常扭曲。

王：累了有时候就放下来。我听杜泽逊、程远芬经常说那几年您还开车跑一跑，聚一聚。

罗：现在跑不动了。泽逊、远芬伉俪是神仙眷侣，兴趣和工作一致，还有一个传承有序的儿子，他小时候喜欢研究舆图，我架上的书就是他的书，随时来拿，承诺没变。

这是女儿特别喜欢我的一张照片，她给我放大专门搁在这儿的。有一年，我到四川出差，我女儿大学刚毕业，突然要报考北大的古文献专业，差点把我气疯了，她是学医的。她不敢直接跟我讲，趁我出差就和她妈讲，她妈也不是做这行的，于是她就跟刘蔷阿姨商量，她俩关系好。我说你四年前干什么去了？她说你书架上那些书我翻过，那些序我也看过。我说你咋不告诉我呀？她说她偷偷看的。

王：这就是耳濡目染。

罗：把我愁得，后来我就去跟漆永祥先生商量。我告诉女儿说那是北大中文系的主任。老漆就问她毕业后找工作怎么办，我不能说考不上，后来就没考。

王：就连哄带骗的。

罗：后来到美国去了。此事老漆一直耿耿于怀说我让他昧着良心，刘玉才先生说我扼杀了一个天才。

王：应该尊重她的选择嘛！

罗：福兮祸兮，一地鸡毛！

王：非常感谢罗老师跟我们讲“六条裤子”的故事，以及对古籍整理的想法，让我们体会到做这些工作的辛苦。我们国家讲传承文化，延续文脉，总得有人做这些事。特别要强调一点，我们做这些事情肯定会遇到很多困难，但是我们坚持下来了，这对年轻人也是一种鼓励，非常感谢您！

2017 年 12 月 20 日，王老师于北京采访罗琳先生，访谈稿由王宁玲、张琪、李学辰、李佩、侯婕、刘晓咏、陶晓婷、董政、吕梁、王少帅、刘婧恩、孙术兰、蒋林佳整理，已经罗先生、王老师审定。

南雍岁月　辨纬读经

——徐兴无先生访谈录

徐兴无先生简介

徐兴无先生，1964 年 7 月 19 日生于江苏扬州市，1983 年本科就读于南京大学中文系汉语言文学专业，至 1993 年完成研究生学习，获得文学博士学位，同年留校任教于中国古代文学专业。1997 年聘为副教授，2003 年聘为教授。曾任美国哈佛大学燕京学社访问学者（2000—2001）、中国香港科技大学田家炳访问学人（2009）、中国香港科技大学人文社会学部访问教授（2010）、中国台湾大学人文社会高级研究院客座研究员（2011 年 11 月）。2012 年担任南京大学文学院院长，兼任教育部全国高校中文教学指导委员会委员、《文学研究》主编等。

主要研究方向为中国古代思想文化、中国古代文学。主要著作有《白日薄西山：大汉帝国的衰亡》（江苏人民出版社，1996）、《新译〈金刚经〉》（台北三民书局，1997）、《谶纬文献与汉代文化构建》（中华书局，2003）、《刘向评传》（南京大学出版社，2005）、《孟子》（南京大学出版社，2008）、《经纬成文：汉代经学的思想与制度》（凤凰出版社，2015）、《龙凤呈祥：中国文化的特征、结构与精神》（江苏人民出版社，2017）等，主持国家哲学社会科学项目“谶纬文献与战国秦汉间文化构建”“‘五经总义类’文献经学史研究”等；讲授“中国古代文学”“《孟子》研究”“经学研究”“《左传》研究”等课程，2014 年获国家优秀教学成果一等奖。

一、求学经历

王锷：今天很高兴邀请到南大文学院院长徐兴无教授来到学礼堂，接受学礼堂的访谈，热烈欢迎（鼓掌）！徐老师，请您先谈谈您上学的情况。

徐兴无先生：首先很感谢王锷老师还有学礼堂的邀请，这也是我第一次谈自己的学术经历，因为我平时太忙，得过且过，从来没有好好反思自己的学术经历和治学方法。王锷老师把这个题目给我看，我也没有什么系统的想法，稍微谈谈吧。

我的生活经历应该说是特别简单，从家庭到学校，从来没有在社会上生活过一天。但是我又觉得很幸运，为什么呢？我们平常认为一个人的阅历丰富、历经磨难，好像人生就很充实，其实那种情况往往是因为世道不太好。世道好的话，每个人都应该生活得比较简单而平凡，“结庐在人境，而无车马喧”才是最理想的生活。但是不管世道的好坏，一个人最幸运的事是有好的家庭和好的教育，因为这是无法由个人决定的事。可惜我和很多平庸的人一样，没有很好地珍惜这一切，没有做出能够回报这一切的事情来。

我大概算得上是最早经历改革开放以来完整学历教育过程的人。我上小学的时候“文革”还没有结束，有过一个半日制的学期，班级让我和几个同学养过一只山羊，半天放羊，半天上学，那只山羊跟我一起回家。1977 年小学毕业，1980 年初中毕业，1983

年高中毕业，1983年考进南京大学中文系，直到1993年博士毕业。我的籍贯是江苏滨海，祖父做过根据地的干部，抗战时期逝世，父亲和叔父作为革命烈士子女被保送至扬州中学读书。我见过祖母，她有肺病，中年就过世了，安葬在扬州。母亲是扬州人，和父亲是中学同学，毕业于浙江医科大学。父亲中学毕业后到农村教过中学，又在南京师范学院中文系读过书。他们后来在扬州工作安家，养育了我和弟弟。我上的小学是扬州最好的小学——育才小学，班主任是语文老师吴剑英；上的中学是扬州中学，当然也是最好的中学，两个特级语文老师张诠和张贞忠都做过我的班主任。家里有不少父亲使用过的文学教科书，比如杨白华、金启华、唐圭璋先生等编写的文学史和文学作品选的教材，上面有父亲做的笔记，上中学时我就翻看，这一切对我喜欢文学一定是有影响的。我上小学时，大概父母怕我将来下放到农村种田吃苦，希望有个一技之长，就请朋友介绍我跟扬州中学的美术老师曹植洪学习书画，一直学到中学毕业。曹老师诗书画都好，人很文雅，毕业于青岛美院，画山水浓墨焦笔，应该是黄宾虹的再传，师母马树英还做过我的初中班主任。我在书画上没有长进，但很喜好书画，并且有一点点鉴赏能力，这是曹老师给我的恩惠。

我的家境也比较好，上小学前和我外公生活过一段时间，民国时期，他就在现在的江苏省人民医院做医生，后来好像被打成“右派”和“反革命”，交地方管制，“文革”结束后纠正平反。他的书法很好，我看他亲自写了个“反革命分子某某某”的木牌子挂在两扇大门上，名字上还打个红叉叉。现在如果谁愿意做这样一个牌子挂在门上，那简直就是魏晋名士了。外公家里有个大院

徐先生绘《家在城南荷花池》

子，里面有两棵梧桐树、两棵枇杷树、一棵马牙枣子树。外婆好像做过医院里的护士长，会做菜、包小脚粽子、讲故事。但她患风湿性关节炎，成天坐在椅子上，不能行走。有一次乡下的老佣人送了许多活蹦乱跳的癞蛤蟆，外婆一个个地剪开癞蛤蟆肚子，掏空内脏，将鸡蛋缝进去，将它们放在砂锅里煮了一夜，第二天将蛋取出吃。外公教过我临碑帖，我现在喜欢书法，他应该是我的启蒙老师。尽管他落魄，没了工资，靠儿女接济，但也能不时地到富春茶社吃吃点心，去澡堂子消磨时光，所谓扬州人的“早上皮包水，下午水包皮”的生活，我从小就过过。

我母亲是小儿科医生，父亲又是行政干部，而且都在医院里工作，在计划经济的时代，用钱虽然紧，应该说我家的生活负担不算太重，我们过年都有新衣服穿。扬州人又讲究吃，父母从来没有在嘴上亏待过我们。我上大学的时候才知道不少同学有挨饿的经历，一天吃两顿饭。高考完了以后，我的第一志愿想报南京师范学院古典文献专业，这时南京大学一位老师来扬州中学招生，他说你这个分数不上南京大学吗？我说南京大学是什么学校啊？南大的老师说，南大是教育部的学校，南师是江苏省的学校，教育部的学校可以分配到全国各个地方去，江苏省的学校只能在江苏省分配工作，于是我就进了南京大学中文系，可是我到现在都没能出得了南大的校园，想想挺反讽的。

我进中文系的时候，程千帆先生已经来了，带莫砺锋老师做博士，我的唐宋文学史已经是莫老师上了。我记得给我们上课的一些老师，很多还是“文革”前毕业的，有的是留校的，有的是从中学或其他单位调来的，那时候南京大学中文系整体上不如南师大，南师大古代文学专业老辈学者有唐圭璋先生、孙望先生、金启华先生、吴调公先生等，阵容很强大。我们这边的古代文学就是程千帆先生一个领军人物，但是他带着“文革”前留校任教的几位老师组成了一个团队，实现了学科的复兴，这里有我的导师周勋初先生，还有郭维森先生、吴新雷先生、吴翠芬先生，后来又调入卞孝萱先生，组成了我们硕士时候的导师组。我的硕士论文是周先生指导的，然后我又考上他的博士，由他和莫老师一起指导我，还有安徽师大考来的胡传志。我读完博士学位后留校工作到现在，这大概就是我的求学经历。

博士期间和周勋初先生、胡传志在茅山合影

二、学术师承

王：请您谈谈学术师承。

徐：我的硕、博士都是跟周勋初先生和莫砺锋老师读中国古代文学专业。后来知道，1983 年我考大学时的语文卷子也是周先生参加的全国高考命题组出的，那年《新华日报》刊登两篇优秀作文，用了我和南大新闻学院院长杜骏飞教授的作文。大学毕业时，南大把高考卷子发给我们留念，阅卷人签字当中还有南师大的郁贤皓先生。所以这些老辈学者也是我的本科座师。我的导师周勋初先生学问广博而精深，他和程千帆先生有一点很相似，就是他们虽然思想很开阔活跃，但文献学的功底都出奇的好，在文献学上都有站得住的传世之作，然后又都能在此基础上去做问题的研究，做理论的研究，特别是做文学史、文学理论方面的开拓。所以程先生说考据与批评相结合，周先生讲文献学与文学研究相结合，这些都是我们硕士到博士期间很重要的学术导向。现在想想，他们不仅在传统的学术训练方面有很好的造诣，而且特别有理论的自觉，就是方法的意识和创新的意识。程先生的《治学小言》、周先生的马来西亚博士生余历雄编的《师门问学录》以及他近年来出版的一系列治学访谈文章，影响都很大。我记得对我影响比较大的是周先生的“当代学术思辨”，这门课是他给研究生开的选修课，当时他那本书还没有出来。他讲课的方法就是两个，第一个是选一些重要的、能代表文史类治学方法的论文，给大家细读，读了以后总结出一些方法。比如说他选王国维的《殷卜辞中所见先公先王考》，选陈寅恪先生的《论韩愈》《天师道与滨海地域之关系》等文章，他在讲这些文章的时候不是讲这个文章的内容，而是讲这个文章是怎么样出新的，在方法上有什么启发。第二个就是结合我们院里面一些学术前辈，比如胡小石、罗根泽、方光焘、程千帆先生的治学方法，作一些总结性的讲授。我觉得他们对学术前辈的尊重，最主要地体现在不断总结他们的治学经验，比如我上博士的那年是1990年，程先生、周先生主持举办了“胡小石、陈中凡、汪辟疆三教授百年诞辰学术纪念会”。后来陆续出版了《胡小石论文集》《汪辟疆文集》等文献。程先生一直关心他的老师黄侃先生的日记整理与出版的事，周先生不仅写了不少研究上述学术前辈治学方法的文章，还编辑胡小石先生的论文集。巩本栋教授在1997年就编纂了《程千帆沈祖棻学记》。我们为周先生举办八秩华诞、九秩华诞庆祝活动，出版纪念文集，也都是莫老师写序言，来阐发周先生的学术成就和治学方法，很有启发。所以，一个学科的传承，不是只培养学术继承人，还要有学术方法传承的自觉性，这就是佛教里说的“法门”。这样讲方法就很具体，就是佛教里说的佛陀“现身说法”。不像我们现在讲方法，是一套逻辑性的，学了以后也不知道自己懂不懂。现在理论流行得很快，一年当中流行很多理论，特别是进入后现代以来，说是反对理论，但理论流行得更多，特别是西方的文化与文学理论、文本理论等，可能是对我们挑战和影响比较大的一个理论，我们不得不面对。但是那个时候，我就觉得像程先生、周先生他们，在教学当中，特别注重在理论和治学方法上专门开一些课，而且他们开课也不是空讲理论，他们都是用一些治学的实例，一些学人的实例，还有一些经典的论文来讲。“鸳鸯绣了从教看”，我们做学生的也要能够看懂门道，因此，读学术前辈和自己导师的论文，研究他们的治学经验，是我们学习治学方法的入门途径。

陪同周先生在十竹斋参观胡小石先生书法展

王：周先生如何教您从事学术研究？

徐：周先生写了不少讲文史领域治学方法的文章，他一直对此有兴趣，但他用的方法不像我们现在是用纯理论展开，而是讲学术史，或者对我们讲现当代的学林掌故。周先生有两个观点对我影响很大，第一个是说中国古时候做学问，一直到乾嘉，基本上用归纳法，但是从王国维开始，知道演绎了，胡适后来从西方带回来治学方法之后，推论、假设、演绎的逻辑在现代学术里就用得比较多，这是中国现代学术和古代学术最大的一个不同。也就是说古代学术，包括乾嘉诸老，他们写札记都是归纳的方法，他们觉得归纳出来就可以了，其实现在看起来，包括民国早期很多老先生其实不会写论文，他们写论文都是自己说一句话，下面给自己的话做个注释，排一些材料，但是现代学术的起步，就是要会在局部归纳的基础上发现问题，而这些问题往往是一种假设，然后你要在这个假设的前提之下进行推论、研究，这才是现代的学术。这是我从周先生这里学到的。实际上，科学，包括自然科学都是这样，假设带来问题，并不意味着发现了真理，实际上这是一个很重要的方法。学术界老是认为程先生主张考据与批评相结合，周先生主张文献学与文学研究相结合，认为我们南京大学“两古（古代文学、古典文献）”专业都讲这两点，但是他们两位怎么讲，大家不大关心，其实就是这样讲的。所以周先生给我的第一个启发，就是关注方法。

第二个是在“当代学术研究思辨”课上——后来课的内容成书出版了，大家现在能看到——周先生区分了晚清到民国时期三个重要的学术流派。通过分析这三个学术流派，他告诉我什么才是我们要做的学问。第一个是章黄学派，代表中国的民族学问，是中国古代特别是乾嘉以来的学术（到章太炎、黄侃的时代）的集大成，所有的精华在他们这里都得到了提炼。他们的缺点是什么呢？就是太民族化了，还没有形成现代学术的体系。第二个是康有为，严格地讲，这是致用的学术，他所用的手法是清代的文献考据，但是他的学术的目的不是纯学术，而是表达自己的思想。也就是说，康有为做出来的学术成果，只能首先作为研究康有为思想的资料，而不能作为研究中国文化和中国学术的依据。第三个是王国维和陈寅恪，代表着中国传统学术和西方现代学术的融合。周先生讲，我们要做的学问，是王国维、陈寅恪的学问，同时要吸收前两派的学问，但是只有王国维和陈寅恪的学问才是中国现代意义上的学问，真正的中国现代学术，是文史领域现代学术的开始。他们研究的问题，就是所谓的时代课题，不再像章、黄和康有为那样了；他们可以对现实有很多说法，但他们做的学问是另外一个样子。王国维、陈寅恪做的学问是客观的，他们选择的问题是引领学术潮流的，是那个时代中国学者最关心的中国历史和民族的一些根本问题，既是最重要的学术问题，也有文化关怀在里面。所以，周先生给我的第二个启发，就是“考镜源流，辨章学术”。总之，关注治学方法，分辨学术脉络，这是我从老师那里学到两个重要的治学门径。

还有，周先生有一次跟我讲为什么要把博士论文写好的道理。他说一个人一生能够写得最大的文章就是博士论文。为什么？因为这个时候你的精力最好。他说：“徐兴无，你到五六十岁的年纪，想写大的书，你可能都没有精力写啦。”我一下子就明白了做博士论文是给自己开模具，要给自己一生的学问开出格局，如果一开始做论文就做一些鸡零狗碎的东西，你将来就只能做这个。一开始做个大一点的，哪怕空一点，甚至里面有一些硬伤，都不要怕，都不要觉得可耻，年纪轻，只要坚持做学问，可以慢慢积累、慢慢改、慢慢磨、慢慢修正嘛。现在我回头看看我的博士论文，里面有很多很可笑的东西，还有不少常识性错误。但现在想想，这就是我年轻时候做学问的样子，有点莽撞粗疏，就应该是这样，对吧？尽管我现在也没做出什么大学问来，但是我也不后悔。我觉得当时周先生给我的教诲，我自己还是去努力地做了，尽管没做到他所希望的那个样子，但是我还是努力去做，这一点很重要。

2008 年周先生八秩华诞庆典与周先生和师母合影

中国的文化发展到了我们这个时代，已经一百多年没有伟大的思想家出现了，为什么？我认为我们的学术格局和学术制度不太好，现在这样的学术体制对人文学科来说更不利。博士生从业以后，如果一个学人只是知道发 C 刊的论文，拿项目，申报获奖，出去开会，过得忙忙碌碌，患得患失，学术工作就不再是一个心性修养、心灵升华和创作的过程，而是一个生产和劳作的过程，那就完了。汉娜·阿伦特把人的境况分成三种层次：为满足生理需要而必须进行的“劳动”；为了实现某种动机和效果而进行的“工作”或“生产”；以及为了实现卓越、伟大和非凡而进行的

“行动”。学术、艺术等行为应该属于“行动”的层次。在中国传统学术中，做学问是“大学”，即使做“小学”，做文献整理，都要知道我为什么整理这样的文献，那样的文献我就不去整理，这里有我的关怀和行动，是吧？在现实中我们做不到这个境界，但我们心里不能忘了这个理想。回头看看，像程先生、周先生，也没有承担过什么国家哲学社科基金项目，也没有关注什么论文发表刊物，但是他们组织了许多大型的学术工程，研究领域和写的文章气象都很宏大或者深邃。在他们的心里，做学问就是为了学问，而不是为了评价和利益，甚至还有比做学问更大的事，就是培养学生。

周先生对学生的成长管得不细，从没有问过我学习的过程和生活上的事，但他对我的培养节奏把握得很好。他跟我讲过，一个人越早发现自己的才性，他成功的把握就越大。也就是说，你越早发现自己适合做什么事情，你就去早点做，就赢得了时间和机会，对吧？所以做什么研究，还要看各人对自家的觉悟。我到现在还没有真正发现自己的才性，所以也没做出什么事，但如果当初我学了别的专业，进了别的学校，老师给我的影响和熏陶就不会有了。我今天给你们讲的话，都是我现在回想出来的，我平时不是很自觉，但是现在有这个机会串起来想想，这就是整个南京大学古代文学学科给我的影响，我的老师们在一些关键阶段给了我许多暗示。很多时候老师给你的暗示，你都没悟到，而老师也不会有意为你设计一些暗示，庆幸的是，对他的一些暗示，我还是心有灵犀了一两点。我能在现在说出来的东西，应该是塑造我和建构我的东西，只是我没有达到老师塑造的目标。

三、谶纬研究

王：其他人对您学术研究有影响吗？

徐：除了学科里的老师们给我的影响之外，我自己受到影响比较大的首先是顾颉刚先生，此外就是刘师培、王国维、钱穆，余英时的书读得比较多。跟着周先生做学生，陈寅恪先生的书也读了一些，因为做谶纬研究，闻一多先生的书也读了一些。大概这是求学时期对我影响比较大的一些学者。为什么呢，下面谈到我的硕士论文和博士论文时再说。我不像很多人把学术看得很神圣，我觉得一个人的生活是最重要的。尽管我在学生面前经常讲学术的价值关乎我们很多很多根本的意义，但就我个人来说，我觉得做学问就像体育运动一样，我们是思想运动员。奥运会的运动员的短跑速度是多快，证明了人类这个生物体做某种肢体动作能达到的极限。我们做学问也是这样，就是说有些人可能认为学术是我的事业，我要把一个领域都探究尽了，做一个很大、很系统的学问。对我来说呢，我觉得当我介入到做古代思想、古代学术的时候，就某个问题，我这个肉体能思考多深，做出来的成果就是一个记录，记录我的思维运动和学术行动能达到的程度。我们做的都是象牙塔里面的学问，和现实没有什么直接关系。但是事实上，做纯粹的学问就是在挑战人类思考某一个问题的时候能发挥出来的思想能力。因此，如果做学问，就要能在其中感到兴趣和快乐。我的兴趣比较广泛。本科的时候，每个礼拜都去杨公井和新街口逛书店，喜欢看里面各种各样的小说，我对笔记小说也很感兴趣，有一阵子想研究笔记小说。我上大学的时候很想做一个作家，郁达夫的书我基本上全看过，后来看到他的日记、游记，看到他的散文的时候，就喜欢古典文学了，就觉得他写的小说都不如他写的这些文字好，还有他的旧体诗。鲁迅的东西我读过好些，能感受到他的古典文化修养，到了大学四年级，我就对古典文学感兴趣。那时候考研究生，就考上了古代文学。

王：您为什么要研究谶纬？

徐：有一次，郭维森先生给我们上“八代散文”，叫我做一个作业，就是《后汉书·张衡传》中张衡的《请禁绝图谶疏》，文中张衡要求光武帝禁谶纬。郭先生让我标点、做注释并译为白话。注出来之后，我就想去查查这个纬书到底是怎么回事，先查索引，发现 1949 年一直到我那个时代（应该是 1988 年），只有《光明日报》上有一篇 200 字的“谶纬”词条，定义为“封建迷信”。我说这个怎么办，还是不知道这个知识啊。那时候又没有电脑，你不知道就没法搜，好在本科时上过古汉语专业高小方老师的“中文工具书使用法”，又参加过他办的本科生暑期研究班，可以进到只给教师和研究生开放的系资料室学着查工具书做论文，知道查各种索引。于是就去查 1949 年以前的文史类研究论著索引，我发现民国的时候有个叫陈槃的人，写了不少有关谶纬解题的文章，里面涉及的书和材料十分丰富。还有《古史辨》里面也有，后来我就去借《古史辨》，然后就看“中研院”集刊上陈槃先生的文章，我觉得很有意思，很有挑战性，很多东西我看不懂，有些字也不认识。看完了我认认真真为张衡的文章做了个注。郭维森先生当时很称赞，给了我一个很高的分。

王：您硕士论文就做谶纬研究？

徐：是的。我觉得要继续做这个事情，所以接着做硕士论文。那个时候我开始在看任继愈先生的《中国哲学发展史》，当时钟肇鹏先生的《谶纬论略》还没出来。反正能找到的我都看，包括冯友兰先生的《中国哲学史》。在做硕士论文之前，把这篇作业扩展，写了一篇《论汉代对谶纬之学的批判》，郭维森先生推荐刊在《南京大学学报》上。纬书是个辑佚的东西，怎么找？当时安居香山和中村璋八的《纬书集成》还没编完，是油印的，在日本也没正式出版。所以我只能去找清朝人的辑佚，就去《玉函山房辑佚书》《七纬》中找。当时南大的古籍部书还不全，后来我又去北京图书馆，在北京图书馆住了有半个多月，大开眼界，读到姜忠奎的《纬史论微》、蒋清翊《纬学源流兴废考》等资料，我发现原来前人都有研究。但是，我看下来之后呢，包括姜忠奎的在内的研究还属于传统的研究，只有陈槃的研究是现代的学术。陈槃的老师是顾颉刚，所以我又去读顾颉刚的东西，特别是他的《中国上古史讲义》，启发很大。我的硕士论文题目是《中国古代的国家神话——汉代谶纬学说研究导论》。主题并没有写好，“国家神话”的说法，借用了德国哲学家卡西尔的说法，也有点概念化，但副标题的内容倒是下功夫写的。在《导论》里面，我发现所有的古人都在讨论谶纬是真的还是假的；是西汉哀、平之际兴起的，还是西周、东周或是东汉兴起的，而且越是乾嘉学派讲求考据实证的人，越是认为纬书是可信的，他们认为周、秦之际就有了。但是顾颉刚和陈槃两位先生的观点，让我明白一个道理，那就是纬书都是汉人的造作，即使里面有一些古代的传说，我们也要首先把它看成是汉代的思想，是研究汉代思想的第一手材料，或者叫“第一义”的价值。从思想史研究的角度看，我们探索文献的真假有时是毫无意义的，只有思想的真假，没有文献的真假，即使是一个假的文献，它都是具有真实性的。我原来以为章黄学派讲究实证，可能会排斥伪书。近来张伯伟教授整理他的老师管雄先生的著作《三思斋文丛》，其中收了管先生记录的黄侃先生《训诂略论》的课堂笔记，我看到其中记录黄侃先生说“辨真伪常有误人者”，认为明人伪造的《天禄阁外史》等，当成历史读是不行的，但当成小说或文章读，难道就无可取之处？《列子》是伪书，但谈哲学的要看。《孔丛子》《家语》是王肃伪托的，但学者往往引用，因此姚际恒《古今伪书考》这样的书不值得看重。这说明，黄侃先生也洞察到文献与作者的真实与否与文献内容的真实与否并不是一回事。这才是具有方法论意义的思辨观点。所以，我受顾颉刚这种“层累构造的古史”的古史观念的影响，断定谶纬这样貌似荒诞的东西是最具有汉人思想特征的一种文献。所以如果从这个文献入手，虽然它是残缺的，我们能够描述汉人思想的风貌。

因为宋儒对汉儒纬书进行批判，后来的人都认为纬书很荒诞。越是受到后人批判的，认为很荒谬的东西，往往是当时最真实的思想。就像我们看“文革”时期文字，会觉得这个时代的人脑子都进水了，都胡说八道，但是这才是最真实的历史现象。如果我们进行思想史考古的话，纬书是很有价值的，这也是我开始入手的原因。我一直跟人家讲，我不是做经学的，我是做纬学的。你们不能想象，当时我们的论文是用蜡纸打的，那个打字机很大，一个女孩子在一个字盘里选一个字，“啪”打一下，再选一个字，再打一下，一万字要几天才能打出来，打到蜡纸上以后再去油印。那时候学校也很穷，每个人只能印个五本，打印蜡纸费用现在看没几个钱，在当时是很大的一笔钱，所以硕士论文只许写两万字，写完了之后，我就把这个两万字的硕士论文寄给了《中国社会科学》，那时候的学术杂志还没有什么C刊、权威、一流、超一流等说法，所以胆子也大。后来全文登出来了，责任编辑叫马自力，是这篇文章的伯乐，他现在是首都师范大学文学院院长。

王：您攻读博士期间接着做谶纬？

徐：周先生面试我的时候，因为我是他的老学生，对我没怎么多问，但是他说了一句话很重要。他说你准备博士期间做什么研究？我说我还是做先秦两汉的研究。周先生说：“那你从什么地方入手啊？”我说我还是做汉朝的题目吧。周先生脱口说了一句话：“是啊，先秦的东西都是汉朝人整理的。”我就觉得这句话跟顾颉刚先生的思想是能够印证的，就是说，事实上我们现在看到的所有先秦的东西，里面都有汉人做过的手脚，都是汉人思想的一种重要的表现，现在出土文物更加证明这一点。因为我一开始遇到的研究对象就不是完整的书，就是丢掉的书，碎片化的书，所以这些碎片的文本，怎么处理？我觉得我很有幸的是，一开始就从顾颉刚和陈槃那里入手，到现在为止，我对所有的经典文本，都习惯性地把它们看成流动的东西，从来不把它们看作是静止固定的东西，或某个作者亲自写的东西。还有，从来不认为里面有个真相或真理，只有文本里面讲的意义是我要去追寻的东西，这是最有价值的东西。所以孔子这个人，他到底是什么样子？一点不重要，因为对我们来说，只有《论语》里的孔子是真实的，还有《孟子》里讲的孔子是真实的。同样，孟子、荀子，所有的古代思想家，都是这样，我们看到的都是他们的书，都是他们的思想，这才是他们给我们的一切。现在出土文物经常会颠覆我们一些想法，比如说郭店简出来了，上博简出来了，清华简出来了，里面讲了很多东西，有的能和我们传世文献相印证，有些就不相同，有些学者就认为这才是真正的古代文献的原样。其实我个人认为，那些出土文献，尽管再有文物价值，哪怕是孔子摸过的，孔子亲自讲过的文献，可是我们想想，我们的精神世界是什么？是由意义构成的，是由传世文献建构的，即便这些我们从没看到的文献现在从地下挖出来了，但是这些文献，也许就是历史自身把它们淘汰掉了，也许就是被更好的文本吸纳掉了。它们里面出现了一些和传世文献不同的地方，只能证明传世文献是怎样传承和由什么构成的。我们不能推翻传世文献对我们世界的建构作用，有人说要重写中国思想史、哲学史，我认为这是不可能的事情，因为我们的世界就是用传世文献建构的。宋儒看的书，汉儒看的书，都是什么书？我们想一下就会明白的。

王：您的想法很有意思！为什么会这样想？

徐：我再举一个例子，《周易》里面讲“元亨利贞”，那个“贞”是占卜的意思，后来甲骨文发现了，更能证明这一点。如果

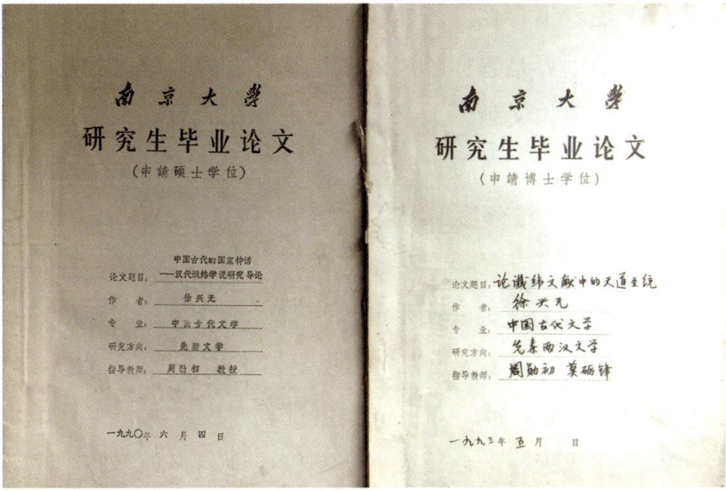

徐先生硕博士论文

这样，“元亨”是大享、大顺之意，“利贞”是利于贞问，吉卜嘉占之意，对吧。但是《乾卦》的《文言》中讲的元亨利贞，是四种德行，“元者，善之长也。亨者，嘉之会也。利者，义之和也。贞者，事之干也”，就是《左传》襄公九年里面那个穆姜讲的意思。古文字学家说这个“贞”不是《文言》里的意思。文字学作为一门学科，可以认为这个字是占卜的意思，但是你不要用来讲思想史意义上的《易经》，因为我们的有关“贞”的概念是传世文本的《易经》以及对它的一系列解释建构出来的，在这个建构起来的意义世界里，“贞”字就是一种德行。这才是真实性。所以，“假作真时真亦假，无为有处有还无”，就是这个意思。事实上就是谁建构了我们的世界，谁就是真实的；谁没有建构我们的世界，他对我们来说就不存在。当然我们从考古学的观点，能够还原性地观察我们的世界是怎样长成的，这是可以的。所以我觉得我们现在对出土的考古文献，大家要有一个辩证的观点，不是说他们没价值，价值很大，对考古学，对文字学，对研究先秦的思想价值很大。但是不要过分落实，以为实物就是真实。

王：您如何看《太一生水》？

徐：因为郭店出土的道家文献里出来了一个《太一生水》，和《老子》丙组抄在一起，讲宇宙发生过程。说“太一生水，水反辅太一，是以成天。天反辅太一，是以成地。天地复相辅也，是以成神明。神明复相辅也，是以成阴阳。阴阳复相辅，是以成四时”等等，出来后，许多人写文章讨论这个宇宙发生过程，李学勤先生认为与《老子》“道生一,一生二、二生三、三生成物”的思想有关。但是为什么太一首先独自生出了水？水反辅太一生了天，天又以辅太一生了地。下面的生成方式就是传世文献里常说的天与地、阴与阳交合而生成事物的方式。这个模式其实一直没有确解，后来李零教授写的《郭店楚简校读记》说其中有古代术数背景。我自己在纬书里面也找到“太一生水”的说法，纬书里面的太一就是天上的太一星，是元气，元气生水，它说“水者，天地之包幕，五行之始焉；万物之所由生，元气之腠液”。这段文字，郦道元《水经注》里引用了。“腠”就是腠理、肌脉的纹理，就是《庄子》中庖丁解牛运刀时“依乎天理”的“天理”。医书《针经》说“腠理发泄，汗出腠理，是谓津。液之渗于空窍，留而不行者为液”。所以“腠液”就是存于身体腠理中的水，发泄出来就是汗。中医看病除了号脉之外，还要观察你身体里出来的所有的液体，汗水、鼻涕、眼泪、唾液，等等。太一生水就像我们出汗一样，这是一个知识背景。《九歌》里东皇太一神下面就是云中君，宋玉《高唐赋》记云梦之游时“祷璇室”，“祀太一”。这似乎都暗示太一神与云水有关。但这些是不是郭店简讲的那个太一生水，就是纬书里面讲的？我想不见得是，只不过我想表达一种猜测和探索，就是那种表述后面，很可能有一个知识背景。2001年，我在哈佛访学时，因为我们几个访问学者要去达特慕斯学院（Dartmouth College）东亚系访问艾兰教授并举办一个学术报告会，我写了《太一生水解：谶纬文献与郭店竹简“太一生水”的知识背景》。1998年，达特慕斯学院的韩禄伯教授主持召开过第一次郭店简的国际学术讨论会。记得那次哈佛燕京学社给我们几个访问学者租了车，由我驾驶着去访问了两天。会上达特慕斯的艾兰教授、北大哲学系的王博、川大道教所的姜生和我都作了关于“太一生水”的报告。我后来没有把这篇文章发表，只是作为附录，放在我的《谶纬文献与汉代文化构建》一书里，我也不主张我的看法是定论了。总而言之，由于我的博士论文研究的是辑佚文献，所以我就更加注重方法的问题。不然我就会走向传统的文献考据的路，也去考据这个里面哪一句可能是什么，这一篇可能是哪一个人写的，那一篇可能是什么时候写的。这样的话，我不可能跳出清人，跳出前人的方法与结论，只有在方法上有一点小突破才行。

四、《谶纬文献与汉代文化构建》

王：《谶纬文献与汉代文化构建》一书，是在博士论文基础上修改的？

徐：基本上是这样的。博士论文，我们只许写五万字，当时的理由有两个：第一个就是经费紧张，第二个不像我们现在，博士生导师多在四十来岁，我们那时经过“文革”，学术断代，导师和答辩委员们年纪都偏大，当时好像研究生院说他们看不动字数太多的文章。所以我们那个时候，老师还是蛮幸福的。我们现在看论文都要看几十万字，确实是对老师的折磨。所以一个博士生导师能从你们几十万字的论文里面抽五万字认真地看一下，我觉得已经很好了，不需要把论文逐字看完，对吧。所以当时只写五万字，其他章节只列一个纲要，但事实上当时也只能写五万字。所以我当时提交答辩的论文题目是《谶纬文献中的天道圣统》，先秦诸子们和汉儒构建了一个三皇五帝的古史，这是顾颉刚先生给我的思想，就是三皇五帝是构造出来的，不是古史，而是古史观，但构造的方法呢？或者说，是不是只有一种方法？还是有几种方法？为什么？顾颉刚先生没有讲。

王：您怎么看？

徐：我发现传统的构造方法里面有两个思路，第一个思路是按照古代的氏族宗法制、昭穆制来编排三皇五帝和夏商周三代受命圣人的族谱，这样的话，他们都是一个宗族的子孙，他们的子民、所有的人都是炎黄子孙，都是同胞，血浓于水，到现在我们还在祭扫黄帝陵、炎帝陵。但是这种血缘关系是胡说八道的，都是建构出来的观念，不过这种观念的作用却很真实，影响了中国统一的历史，因为在这样的观念表述里，血缘只是个比喻，真正的意义指向是文化认同。我把这种谱系叫作“宗法圣统”。第二个思路就是不考虑血缘关系，只考虑天道秩序，也就是自然关系，万物的自然构成就是金木水火土，叫作五行，比相生，间相克，木下面肯定是火来继承，火下是土，土下是金，金下是水，水下又木，循环不已，这个火跟木之间就没有血缘关系、宗法关系了。这两种思想，叫“五德终始”，我觉得在先秦就酝酿了，那么到了纬书里面呢，是后一种思想占了主要作用，我称之为“天道圣统”。因为这个时候的汉朝是一个统一的国家，又是一个平民建立的国家。经过春秋战国，过去的宗族、封建贵族被全部扫荡光了，所以无论是秦始皇还是汉高祖，他们的统一国家一定是用宇宙秩序作为意识形态的。其实我做的基本上是一个国家意识形态的研究。纬书里面把这个意识形态的谱系表达得特别全，没有一个文献像它这样表达得这么周全。第一轮：太皞帝（伏羲）木德——炎帝（神农）火德——黄帝土德——少皞帝金德——颛顼帝水德。第二轮：帝喾木德——唐帝（尧）火德——虞帝（舜）土德——伯禹金德——成汤水德。第三轮：周文王（武王、周公）木德——汉高祖（火德）。每轮五个王朝，按木火土金水的五行相生的次序执政。就为汉高祖找到了一个根据，他这个平民家族与尧同属于火德，所以汉人说“汉家尧后”。但这个自然谱系很快就受到修正，我发现到东汉的时候，儒家又用他的宗法圣统来修补它，让他们合而为一。所以最后完善的表述就是郑玄的观点，还有王符的观点，既符合天道秩序，又符合宗法血缘关系。

我最近跟王锷老师一起到北大参加经学研讨会，又提交了相关的论文。我总觉得这个问题还值得研究，最近我就发现，董仲舒提出的“三统论”——这个从儒家《春秋》学中归纳出的律历学思想——是公羊家提出的历史秩序，这个三代一循环的秩序怎么跟五行秩序配合呢？五行秩序，或者“五德终始”说是阴阳家提出来的，儒家提出的方案是黑统（夏）、白统（商）、赤统（周），下一个统还是黑统。孔子这个玄圣素王作《春秋》当一王之法，是为汉家制法，所以汉也应该是黑统。我在博士论文里面已经想到这个问题，但是我搞错了。我总觉得是三五相生，就是三和五配合起来，其中虽然有不 match 的地方，我觉得这是逃不过去的，没有办法，只好这样了，留下了一个设计的缺陷。我现在发现这个办法是刘歆做的，是他根据《左传》而不是《公羊传》做的。但是董仲舒不是这样设计的，董仲舒说夏商周以前是五德相争，而且是相生的、顺数的。相生就代表着不相克，相克是暴力革命，相生就是禅让制。《史记·邹衍列传》，或者《吕氏春秋》里面记载阴阳家邹衍的学说都是相克的。按照相生，秦始皇应该是金德，他是西方人嘛，西方为金，应该是白色的，所以你看高帝斩白蛇的传说，赤帝杀了白帝子是不是，高祖是楚人，是南方人，是赤帝的后代。但是秦始皇不承认这一套，《秦始皇本纪》里写“以周为火”，秦为水德，水克火，所以秦始皇的服色制度尚黑。为什么？他就是用的邹衍的学说，一个克一个，一物降一物，这是战国最流行的暴力革命的根据。汉承秦制，也不知道改德，对吧，还是穿黑衣服，还是一样的。但贾谊在汉文帝的时候就要求改德，汉文帝这个人没兴趣。到汉武帝的时候改德，改成土德，也是用的相克的学说，土克水嘛，所以“色尚黄，数用五”。董仲舒在汉武帝的时候提出“天人三策”，其中提出一个根据《春秋经》设计的儒家的历史循环观念，叫“三统”：夏、商、周的历法分别是建子、建寅、建丑。此前尧、舜、禹是禅让，天不变，道亦不变。可是夏、商、周之间是革命，天命有变，改命了，所以治道也要变，就有夏的忠道、商的敬道、周的文道，所以新的王朝，要按照孔子所作《春秋》里的原则，就是据鲁、新周、故宋，损益前朝的政治文化。你们看三统论的次序，夏是建寅，商是建丑，周是建子。夏商周是按时间次序顺着排的，可是他们的历法斗建次序并不是建子、建丑、建寅的顺数次序，所以，天道次序是倒过来数的，是逆时针，不是顺时针，董仲舒叫“逆数”。所以他告诉你，尧舜以前是五德相生，都是顺着走的，到了这儿之后不对了，天命改掉了，暴力代替禅让，没有“德”“行”了，商革夏命，周革商命，我们现在春秋要革周的命。从东周到“暴秦”，它算一个阶段，都是乱的，现在我们汉朝革周之命，所以其治理方式必须“损周之文，从商之质”。董仲舒的“三统论”其实是如何治理革命王朝的理论。

王：《春秋繁露》也是这样讲的吗？

徐：《春秋繁露》里讲得很清楚，前面的五帝次序是“顺数”，到了夏代就“逆数”了，它明明讲“逆数三而复”，夏、商、周的天道次序按照寅、丑、子“逆数”。但是到了刘歆就不一样了，你们看《汉书·律历志》里刘歆写的《世经》里面怎么讲的，秦不算，大汉直接继周，《律历志》里面有段话说：“《经》曰‘春王正月’，《传》曰‘周正月’。‘火出，于夏为三月，商为四月，周为五月。夏数得天’，得四时之正也。三代各据一统，明三统常合，而迭为首，登降三统之首，周还五行之道也。故三五相包而生。”这里的《传》不再是《公羊传》而是《左传》，“周正月”就是按照周朝的历法讲，夏得天统，商得地统，周得人统，那么夏商周的“三统”不再是建寅、建丑、建子倒过来“逆数”了，而是天—地—人，三月→四月→五月这样顺着数了。所以从刘歆开始，把“三统”从逆的变成顺的，然后再从五德配起来，用了《周易》里的“三五相包而生”，又建构了一个朝代循环谱系，周为木德，木生火，继承周的汉应为火德。这样就把董仲舒的学说偷梁换柱了。所以我就觉得，董仲舒讲的是“拨乱反正”的学说，《公羊传》说“拨乱世，反诸正，莫近诸《春秋》”。你们看《史记·高祖本纪》记载汉高祖崩时，群臣皆曰：“高祖起微细，拨乱世反之正，平定天下。”董仲舒和《春秋繁露》的政治思想的关键在于主张拨乱反正，他的“三统”论是要告诉你，汉朝是一个靠革命建立起来的王朝，所以你就不能像舜受尧禅那样前圣绍后圣，萧规曹随，不改道就能治天下，你必须改道，因为天命改了。到了刘歆的时候，汉朝已经很稳定了，特别是汉宣帝时已经将汉武帝的土德改为火德，这就是为什么王莽标榜以土德接受汉朝的禅让，因为在王莽之前，汉朝已经改成火德了。这一点在历史上没有记载，但是改火德很清楚是汉宣帝干的，赵翼的《廿二史札记》里有一条说汉朝多凤凰的现象是从汉宣帝开始的。他把权臣霍光除掉以后，从山东开始报告有凤凰这样的祥瑞出现，一直报到凤凰出现在未央宫的宫殿上，然后就改元五凤、神雀，这就说明改德了。所以王莽宣称他是土德。后来光武皇帝宣称火德未消，汉家中兴，说明汉朝人的观念里已经很清楚是火德，那是从汉宣帝开始的。

我在《刘向评传》里有过考证，所以你们就可以看到，汉朝从宣帝以后，就开始宣布我们这个王朝不是革命得来的，而是继承周代的传统文化延续下来的。所以我认为，董仲舒主张《春秋》当新王，落实在现实之中，可以概括为"大汉代周"的思想，替代的周不是周文王、武王、周公开创的周，而是《春秋》以来的衰周，凭什么代？就是根据孔子修的《春秋》，《春秋》是"拨乱反正"的大纲。可是到了刘歆，他用《左传》改变这样的历史观，改成了"大汉继周"。我们总是认为经学史上刘歆争立《左传》是一种经学内部的利益之争，其实不是的，汉代《左传》学的建立，代表着汉朝的政治意识形态有一个重大的转型。《律历志》是根据刘歆的《三统历》改编的，都是用《左传》的文字。《五行志》里凡是举刘歆的说法，也是用《左传》，他不用《公羊传》，董仲舒讲三统、灾异等等，都是用《公羊传》。所以我就觉得，到宣帝以后，到刘向、刘歆父子的时候，汉朝开始改变自己的文化形象，他们不再愿意说自己的王朝是通过暴力得来的，而是愿意说是从前面一个伟大的王朝延续下来的。这个现象在中国历史的朝代兴替时经常出现，这是我做纬书研究发现的一个秘密。

纬书为什么老是被禁？就是纬书里面虽然很杂乱，但是讲五德相生、三统循环，王朝之间一定要按照阴阳五行的天道次序传递，没有像秦始皇宣称的一世到万世的王朝。一个王朝兴起时自然会利用纬书，等到稳定之后，纬书就必须被禁，因为其中宣扬了改朝换代的必然性。汉武帝独尊儒术时，汉朝已经建立七十多年了。为什么我们一直认为董仲舒的学说没有得到汉武帝的完全认可，其实就是因为汉武帝想要做的事情，不是扮演一个革命领袖，是想直接绍休圣绪，成为接续尧、舜、禹、汤、文、武的圣王。可是董仲舒《天人三策》的意思很清楚，他劝汉武帝：你现在先不要忙着制礼作乐，你现在要拨乱反正。你的国家很乱，继承的是“暴秦”的政治制度，人民的性情还没有得到教化，与其临渊羡鱼，不如退而结网，搞文教，培养士人，选贤治国，而不是制礼作乐，进入太平盛世。制礼作乐和恢复文教不一样。恢复文教很像什么呢，“十年动乱”刚结束，邓小平出来主持工作就恢复高考，提倡干部“四化”，即革命化、年轻化、知识化、专业化。这就改变了从工农当中提拔干部的做法，而是从受过教育的人当中提拔干部。我们是邓小平时代过来的，“拨乱反正”恰恰也是那时候用得最普遍的话语。一个做学问的人，应该对所处的社会和生活有自觉的理解，这样也可以反思我们的历史，你们可能觉得我这样说有点“古为今用”，“以古喻今”，甚至有点比附。其实这是治文史之学很重要的传统方法。清儒陈立说汉儒“皆缘汉制释经”；周勋初先生讲陈寅恪的学问，说陈寅恪特别注重古人的家世、家族等问题，就是因为陈寅恪自己的家世和经历，使他会从这些角度来考虑问题，从而发现了一些历史上重要的问题。你们都知道他讲唐代的政治制度时，特别重视分别寒族和士族两个集团，对吧？因为我们回不到历史现场，所有的历史叙述和评论都是我们自己对历史的解释，而这样的解释首先要分析历史的遗迹与史料，尊重历史，不能把历史当成任意打扮的小姑娘。但是历史决不等于这些遗迹和史料，理解历史的角度和方法都是当代的。真正的“古为今用”“以古喻今”是有道理的，因为历史说到底是古今之间的对话。

王：您的博士论文也体现这样的思想？

徐：差不多。还是讲我写博士论文的事吧，我提供了五万字的论文，可是一直到现在，我还在思考论文中的一些问题。我们都知道饶宗颐先生写过一本《中国史学上之正统论》，他主要是从宋代的正统论开始入手研究的，因为宋代面临宋辽金的局面，这是不同的民族来争夺中国了，而这个中国更多地是文化意义上的“正统”，所以从那个时候开始就讲“正统”了。但在这之前，都是汉人，有内无外的时候，他们怎么办，他们的意识形态，他们建立政权的根据是什么？他们讲“三统”“五德终始”，用这个方法确立朝代的历史、道德和文化权威。后来有所谓的“五胡乱华”时代，进来的都是长城外面的民族，怎么办？这个时候，佛教起了作用。佛教是超越民族、超越血缘关系的宗教，你看连武则天都知道只有利用佛教，她这个女人才能当皇帝。宋人新儒家意识复兴，欧阳修等人不再根据历史的秩序讲“三统”，而是根据逻辑的秩序讲“正统”，这是从儒家经典里提炼出来的新的政治观念，这样的研究都属于思想史的研究。因此，严格来讲，我的博士论文和我的研究领域不是经学研究或谶纬文献研究，而是思想史研究。留在南大工作后的几年里，我继续把我的任务完成。

王：为什么这样说？

徐：比如说我从《易纬》里面，看到汉人如何把传统的《易经》改造成一个具有汉人阴阳五行思想的体系，并且用它来推算天人灾异。后来我又做了一个《孝经纬》的研究，主要是研究汉人是怎么样重建道德。我们都知道，中国的道德最根本的是孝，但是孝这个道德必须建立在宗法血缘上。能不能让孝突破宗法血缘的格局呢？我们现在都知道，墨子有点像基督教，主张博爱，你爱别人，你才能爱家人，你对没有血缘关系的人都爱，那对家人更加爱，这叫博爱，普遍的爱。但儒家不是的，要推，你对父母不好，你对别人的好，那是虚伪的。但是不要忘了，在儒家内部，也不是没有想超越的。比如说荀子，荀子认为“出孝入悌，人之小行也。上顺下笃，人之中行也。从道不从君，从义不从父，人之大行也”。这什么意思？就是在忠孝顺笃这些伦理道德上面，还有道义，道义就是孟子讲的“吾善养吾浩然之气”时说的“其为气也”，“是集义所生也”的“义”。道义才是和宇宙，和整个人类普遍相关的东西，一个人如果只能做到忠孝的话，那顶多是个君子，不能做圣贤。为什么会有这样的突破意识呢？因为礼崩乐坏了，旧的氏族统治、阶级统治的格局破坏了，封建社会郡县制转变了，此时思想家要呼唤普遍化的道德和文化，可惜先秦发端的这些积极伟大的思想，后来中国人不大讲了。

王：汉代学者也这样看？

徐：汉儒怎么办呢，汉儒总不能说我不要孝，我不要忠。可是汉代是一个统一的郡县制国家，跟我们现在的格局差不多，血缘贵族阶级没有了，家族不大了，再也没有春秋时期的那种大氏族，也没有后来魏晋南北朝那种大士族，汉朝是小农文化。汉朝时有户籍制度，国家要征兵要收税，是小自耕农文化，怎么讲孝呢？我们现在看到睡虎地秦简，里面的孝被法制化，这就是《韩非子·忠孝篇》的思想。年轻人触犯了老人，判重罪，但那个老人不见得是你家里人啊，这样就把孝法制化了，这也是一种途径。但是把孝法制化有没有伦理的根据，有没有思想和文化的根据呢？没有。所以也是推行不了的。你看《吕氏春秋》里面讲的是“孝悌力田”，这就是法家思想，就是他在家里孝，他就会好好种田，然后这个小的生产单位就稳定。在秦朝、汉朝的制度里面，如果一个家里人多，就要强行分家了，有几个兄弟是一定要分家的。按说孝支撑的是家族制度，家越大越好，不仅尽孝于父母，还尽孝于其他的叔叔伯伯，乃至一个宗族。你们看东汉后期、魏晋南北朝就这样，西周、春秋时代也是这样，但是秦汉是小自耕农社会，又是统一的国家，二级行政管理，而且国家对户籍制度要强行把它分成不同的生产单位。那么要不要讲孝？《吕氏春秋》，还有《孝经》，就是针对小农家里讲的孝。一个小家庭的父亲，既是这个国家的一个家庭生产单位的生产队长，同时也是这个小家庭的长官，孝带有法制化，就是你对长官和国君的忠，在家就是对这个父亲的孝，他跟早期讲的孝是不一样的。早期尽孝于父母，还尽孝于朋友呢，《墨子》中还说尽孝于君主呢，因为朋友、君主跟我也是有亲族关系的。后来礼崩乐坏，贵族衰落，朋友、君臣之间都没有宗法血缘关系了，所以“忠”字就突出了，就靠“忠”了；再下去“忠”也靠不住了，就出现了契约，这就是“法”。为了利益效力于君主长官，给钱就效力，不给钱就去搞连横合纵，战国时期就这样，就像现在的大学，大学不能够满足教师待遇，人往往就被挖走了。要进取、争夺，这样的道理古今是一样的。

王：汉朝人如何解决这个问题？

徐：汉朝人做了很了不起的事情。你们看《孝经纬》,《孝经纬》是解释发挥《孝经》的,《孝经纬》里面的思想文字现在还遗留不少。王国维先生在《汉魏博士考》中指出，汉朝的小学教育就是《孝经》加《尔雅》。第一是做人，读《孝经》知道基本的做人准则和道德。第二是认字，把秦朝赵高、李斯搞的那些培训法官书吏的识字课本《急就章》等等推翻掉。《尔雅》是经学词典，认了字之后，读经就顺利了。水平高一点的就可以读《论语》，算是大学预科了。再好一点儿的，送到五经博士那里做弟子。但是《孝经》是每个人都要学的，包括王子和皇族。每个乡都有《孝经》师。但是我发现《孝经纬》的思想很丰富，也很荒诞，可是它最重要的思想是什么呢?《论语》里面讲“孝”是最重要的，“孝悌”是仁之本嘛。汉朝人以孝治国，但是如果汉朝人对“孝”没有发明的话，我觉得只能和秦朝人一样，把“孝”法制化。但是汉朝人很了不起，做了一件最重要的事情，就是把“孝”的内涵改掉了，改成了什么呢?《孝经纬》里面讲得很清楚，“元气混沌，孝在其中”，不要小看这八个字，这八个字了不起。为什么？元气是混沌的，分出来是阴阳，阴阳相交媾，形成五行，构成万物。汉人很清楚，元气是“孝”，分出来的阴阳是仁义，仁和义一交叉，生出了“仁、义、礼、智、信”的道德体系。

他们了不起的地方，现在看来很可笑，因为他们的思想逻辑太幼稚了，但是他们了不起的地方是什么？这一套理论超越了血缘关系，是不是？所以董仲舒说得好啊，“父母不生人，天生人”。我们的父母没有生我们，是天生了我们。我们的身体是宇宙化的，《春秋繁露》里面说，我们为什么有三百六十个骨节？因为一年有三百六十五天。我们为什么有喜怒哀乐？因为月有阴晴圆缺，“天人相副”。董仲舒把我们身体的每一个器官连同我们的生命都和宇宙联系起来，这就让我们超越了家族和血缘的关系，这样就为一个统一帝国、平民社会提供了道德根据和理论支撑。你们再也不要说我是世家，我是贵族，我天生高贵了不起。这里面有很重要的道德平等的思想，这是汉朝给我们的最大贡献，道德平等是与生俱来的，没有天生的贵种和善种。我们每个人、每个关节、每个内脏都是和天在一起的。你是贵族，我是平民，我平民也能成为圣人或皇帝，汉高祖就是布衣，不是也当了皇帝吗？汉人推行教化的基础是把每个人道德化，从身体开始驯化，但同时也把每个人崇高化了。他们用的方法就是宇宙学说。你们看《汉书·艺文志》，其中把六经也宇宙化了，《易》是道之原，配上仁义礼智，就是《诗》《书》《礼》《乐》，都是宇宙化的。我研究《易纬》就是研究汉人的宇宙观念，研究“天道圣统”就是研究汉人的历史观念，再研究《孝经纬》就是研究汉人的伦理观念，考察他们是怎么样从不同的角度创发汉朝文化的，所以我给博士论文起了《谶纬文献与汉代文化构建》这么一个名字。

王：您一直从思想角度关注经学？

徐：是的。我一直关注经学思想的问题。我的本科、硕士和博士阶段有一个很特殊的学习经历。上本科的时候，《文学概论》课没有《马列文论选》课重要。《马列文论选》课对我来说很受益，主要是马克思的思维方法和语言表述对我们是很好的逻辑训练，那是西方思想中最精密的学说之一，读了之后会让我们想问题多绕几个弯。周先生也说过，他当年参与编写《马列文论选》教材，对自己的思维方法是很好的提升。我到现在都喜欢读点外国的书，不是说我要相信里面的学问，或是要刻意地采用里面的方法，我对我的博士生讲，你们没事的时候不要只盯着中国的书看，看点外国的书，训练自己的脑子。看看他们论述问题的过程，怎么翻腾，这对脑子是有训练的。到硕士阶段的时候，大量的西方现代哲学思想涌入，比如说尼采、解释学、存在主义等。当时叔本华、尼采等西方哲学家的书还是内部发行的，有个中国和平出版社出版了一套《拿来丛书》，翻译了一批这样的书，但是不上市，《发行启事》中说采用“邮购与批发并行的方式发行，满足院校、图书馆、文联”。我在大学四年级的时候，同宿舍住八个人，有两个同学为了赚钱，旷课跑了一趟广州，坐火车带回了好几箱子此类的书，塞在宿舍的床下，在学校开水房外面贴小广告，哲学系的研究生和一些老师都来向他们买。现在我的书架上还有一本从他们手里买的尼采《快乐的科学》，两块六毛钱。你们知道，南京大学是西方现代哲学史研究的重镇，主要是夏基松先生，他带出了一批在哲学学界有影响的弟子，后来他到浙大去了。

王：和这批书有关系啊？

徐：所以思想的传播是一件很好玩的事情。随着中国的改革开放，慢慢地就解禁了。硕士的时候，夏基松先生和哲学系的一些青年教师在南大校园里经常举办讲西方现代哲学的讲座。我记得还有钱皎如先生，他是外文系的，一度被派到联合国做官员。他回来后，也讲过解释学，讲西方新批评，讲得很清晰生动。那时候听这样的讲座，窗台边上站的都是人。大家对此都很新鲜啊！因为以前只知道外国有康德、黑格尔、马克思，现在一下子就看到这么多，尼采、弗洛伊德，还有胡塞尔、海德格尔、萨特等等，这些人的学说，大家都不懂。那时候大学生、知识分子们谈恋爱，都会讲点存在主义、现象学。所以说，那时候中国的高校里有一个西方哲学热，我作为青年人，不可能不关注这些，也算是赶时髦吧。现在回想起来，这段经历对我来说是特别珍贵的，到现在为止，我都有兴趣关注西方的东西，如文化理论研究，福科、海登·怀特的东西也看一些。还有科林伍德，科林伍德的 *The Idea of History*，《历史的观念》多好，我读了好几遍，何兆武先生译得也好。我觉得这个书，简直就是顾颉刚的书在西方的翻版，余英时先生也讨论过顾颉刚和科林伍德的相似性。所以，这段经历使我一直对思想感兴趣。

王：您为什么会一直关注思想研究？

徐：还有一些外在的机缘。留校以后，2000 年到 2001 年，我去哈佛燕京学社担任一年的访问学者。来面试我的 director 是杜维明先生。那个时候郭店楚简刚出土，杜维明先生组织我们一些做中国思想、哲学、文化的访问学者举办了一个郭店简研读班，周一早上从八点到十二点。我记得成员里有王博、张辉、姜生、人大历史系的刘后滨、中山大学政府管理学院的肖滨，等等。从读郭店简入手，我才系统地读了一些宋明理学的东西。原来在我的求学过程之中，宋明理学是个缺陷，我一直读的都是经，清人的书读得多。在中国的学科系统里，宋明理学被认为是哲学系的，经学的学术又继承了乾嘉的传统，排斥宋明理学。但是那段时间，我系统地读了《四书》，读了《朱子语类》，后来又读了一些王阳明以及海外现代新儒家的一些东西。在哈佛的一年中，余英时先生也来过，举办杨联陞讲座，讲的是朱子和他的历史世界。我记得那个时候余英时先生讲完以后到杜先生家与访问学人们举行了夜谈。2001 年 3 月，我和王博、张辉、刘后滨、肖滨在陆扬和陈怀宇的安排下，还去普林斯顿大学余英时先生的办公室里和他座谈了一个下午。

王：为什么说宋明理学很重要?

徐：我觉得宋明理学很重要，如果我们研究经学，不懂宋明理学的话，可能经学里面的一些最重要的大义是不能够明白的，而且也不能把握中国思想学术的整体风貌。我们一直秉持崇尚实证排斥玄虚的学术倾向，比如治经学的人，比较推崇《左传》，看不上《公羊传》。我在南大教“《左传》研究”课，但是我也会用《公羊传》的观点来讲《左传》，因为比较着讲学生才懂。就是讲《左传》，也必须通《公羊传》，才能把《左传》讲通，不然你就变成历史系的老师在讲先秦史，讲春秋史，而且你还讲不过他们。我上的是经学课，我能在课上说《左传》比《公羊传》好吗？能这么讲吗？就像我刚才跟你们讲的“三统论”，这是我们把握汉代《左传》学的一个重要角度，汉代《左传》学在西汉和东汉都是对《公羊》的摹仿与修正，二者展开了长期的对话。我在美国那段时间很短，西方的学术对我的影响并不深，而且那个时候我也快四十岁了，已近不惑，难接受新奇的东西了。我读钱穆先生和余英时先生的书比较多，就已经对宋明理学感兴趣，他们都是从思想史和文化史的角度来阐论宋明理学的。但是在哈佛跟着杜维明先生主持的读书会读书，我开始注意了解宋明理学和海外新儒学的思想与治学方法，其长处在于对概念内涵的分析和对思想的创发。《中庸》里说君子“尊德性而道问学”，一般以为汉学、经学重在道问学，宋学、理学重在尊德性。但《中庸》里的这句话不是针对汉宋之学讲的。其实《荀子》论学，分判“数”与“义”，说“其数始乎诵经，终乎读礼。其义则始乎为士，终乎为圣人”。数是数度、知识；义是价值、判断。前者是张载说的“见闻之知”，后者才是张载说的“德性之知”。钱基博先生认为重数的学问是古典主义，重义的学问是人文主义的。这是两种不同的学问。但二者不可完全分割。前者是学习的重要途径，不知格物穷数，光靠冥想反省，对于宗教和哲学或许是可行的，但是对于治学来说，则会流于空虚无据；后者是学习的目标，不知尽理求义则会流于繁琐饤饾，缺乏辨证和反思能力，特别是理论与方法上不能创新。这也是程先生讲考据与批评相结合，周先生讲文献学与文学研究相结合的学理根据。去年，我专门给本科生开了经典研读课。南大的 DIY 的课，就是不同院系的本科生搞一个书社，到任何一个系，选一位教授带你们读书，读一学期书。这学期我带他们读的《左传》，上学期带他们读的是《四书》。后来他们把我讲《四书》的那些问答整理了一下都发在了公众号上，搞得很像《朱子语类》那个样子，其实我讲得很肤浅，但是《四书》这样的理学经典也要能讲。

就现代新儒学而言，我觉得以杜维明为代表的新儒学，和以钱穆、余英时为代表的这种历史主义的、从中国的思想文化史出发的治学方法有很多不同，他们关注的问题也不同。我觉得自己主要还是沿着王国维、陈寅恪、钱穆的路径走，还是以文献为根基，秉持历史的态度，在这个基础上再去阐明一些思想文化现象。这些阐释不像宋明理学那样——根据经典创发自己的学术和思想，或者像康有为等人那样——根据经典建立自己的政治思想；而是在文献和历史的基础上，做考古的工作，就是还原经学、还原宋明理学和康有为们的思想和语境。我们现在的研究，比较多的关注古人的学术有什么背景，古人的文献是有什么版本或传授源流，但是古人的思想是什么样子，为什么是这个样子，也就是他们思想的形式是什么，比较少地去关注。其实最重要是思想的形式，海登·怀特说“形式的内容”，形式是创造意义的，是对内容的不同解释。比如你们看电影，不就看那几个主题嘛，恋爱、战争、生死，对不对啊，为什么你一趟一趟地去看？里面不同的意义世界在吸引你。你看《魂断蓝桥》，再去看《芳华》，看完了，都感人，其实内容都一样，不就是男女恋爱故事嘛。但为什么你要看呢？因为这两个电影讲恋爱故事的手法不同，不同的叙事、不同的表现形式，其实是不同的时代和文化对爱情的不同的阐释。真正的价值在形式里面，内容往往是个媒介，就像我们经学，孔子是否编订了六经，怎样编订的，在何时编订的，其实不重要，但是人们讲述孔子编订六经这个故事，以及人们怎样讲这个故事才是最重要的。

王：请您举例谈谈，为什么解释很重要？

徐：吕思勉先生是钱穆先生的老师，吕思勉先生多聪明。章学诚写了《文史通义》，不得了，对吧？书的开头就说“六经皆史也。古人不著书，古人未尝离事而言理，六经皆先王之政典也”。影响多大啊！《文史通义》上来就说，古代学在王官之学，六经都是王官之学。如果你们去买一本上海世纪出版集团出版的吕思勉评《文史通义》，你看看，吕先生第一个评点就批在章学诚的这句话上，他说六经虽然都是古代史书，但是“既经孔子删修，则自有孔子所取之义。为孔子之学者之重六经，亦重孔子所寓之义，而非重其固有之书也（非谓固有之书不足重，不可误会）。不然，自古相传之书多矣，何以儒家独尊此六种邪？”为什么那么多王官之学、那么多史书没传下来，就六经传下来了？这才是最重要的问题，不进入解释的东西，就不存在，对吧？你们看《左传》，《左传》里面提到的古代的书多啊，我统计了一下，有几十种之多，一本都不存了，存下来的就是《诗》《书》嘛，为什么？它进入到教育传授体系中，进入到解释之中了，意义从中生产出来了。《左传》里提到的《三坟》《五典》在哪里呢？《九丘》《八索》在哪里呢？那顶多算档案，就算哪天在地底下挖出来了，它也没构成我们的思想和历史，它等于零！其实真实存在过的东西不重要，具有真实性的东西才重要。我这样讲可能比较偏激，但是你们现在年轻，如果你们以后做学问想要有锐气的话，有时就要攻其一点，才能培养创新能力，这点很重要。

所以我经常和学生讲，你们做学问可以“空疏”一点，不要太追求文献学功底扎实，考据功夫好，达到这个境地不仅要靠态度，还要靠积累。只要坚持治学，实事求是，认认真真看书，自然而然会达到那个程度。但是开始治学的时候，不仅要训练自己的专业技能，更要训练自己的思想，要训练自己的逻辑能力、联想能力、悟性，特别是在信息很丰富、资讯很发达的时代，思想能力和判断能力更重要，可是这是最难的事情。

王：如果简单归纳，您觉得《谶纬文献与汉代文化构建》这本书里主要讨论一些什么问题？

徐：首先讲了谶纬文献，纬书这个文献是按照经学建构出来的，通过不同的时代建构的。建构的方法，我同意陈槃先生的观点。他写出来的文章看似是考据的，但是他的逻辑跟顾颉刚先生是一样的，比如他发现了一个重要的现象：“七经纬”里引用《河图》《洛书》，但是《河图》《洛书》却不引“七纬”。于是他就认为《河图》《洛书》一定是早期的谶纬，是邹衍一路的方士或阴阳家造作的；“七经纬”才是汉人根据《河图》《洛书》(《河图》《洛书》是一些谶类文献）造作的。我当时是同意他的说法的，我的研究重点是从谶纬文献中搜集非儒家的思想，比如墨家的思想和道家的思想。有一次陈鼓应先生来南大讲学，我和他谈了我的一些想法，他说写出来寄给我。于是我写了《谶纬文献与战国秦汉间的道家》，发在他主编的《道家文化研究》第 12 辑上。但我现在想想，可能陈槃先生还有盲区，他不知道这种现象恰恰也是造作的人干的。《隋书·经籍志》讲得很清楚，说《河图》《洛书》是伏羲以来传给孔子的，九圣相传的文本，“七纬”是孔子做的，是来解释《河图》《洛书》的。《隋书·经籍志》认为这就是真理，我们一看就知道是个神话，但恰恰印证了为什么《河图》《洛书》不会引“七纬”，“七纬”里面经常说的“《河图》曰”“《洛书》曰”也是造作出来的，都是汉人造作的。陈槃先生运用的是一般的文献学方法，只有后出的文献引用先出的文献，不可能先出的文献引用后出的文献，于是断定纬书分两批。这一点，他受了考据学的迷惑。我的判断是，这恰恰说明了造伪者的自觉。

2013 年 10 月在哈佛中国文化工作坊讲座

其次讲了《易纬》，揭示汉人的天道观是什么样的，为何是这样的。再次就是在我提交的五万字论文基础上修改的，讲“宗法圣统”和“天道圣统”的问题。这两个概念是我博士论文中的定义，已经被学界援引。再就是研究《孝经纬》。上面已经介绍过。最后一章从谶纬文献中的“郊祀”“河洛”“封禅”思想看战国秦汉间国家神话与祀典改造。郊祀是古老的祭天礼，以统治氏族的始祖配祀，这种祖先崇拜和宗法信仰不适应春秋战国时期的霸主和七雄们，他们都是庶出或异姓、蛮夷，他们只能用自然秩序、宇宙秩序来确立自己的权威，所以，周天子把权威建立在祖先与上帝的血缘关系以及礼乐文化上的方法行不通了。于是方位帝（东帝、赤帝、黄帝、白帝、黑帝）这一套就盛行了，是强调分权称霸的模式，秦始皇的雍祀就是这种模式。齐国的太一祭祀也是根据星象学建立的祭天典礼，是强调宇宙中心的极权模式，《楚辞》中的《九歌》就是这个模式。河、洛地区是东周的中心，谶纬里说所有的圣王都有到黄河、洛水边上领受《河图》《洛书》的经历，这是天命的颁发仪式，“河出图”“洛出书”既是圣人兴起的天启，又是文化经典诞生的神话模式。这三种模式在战国秦汉的现实政治中都有实践，《战国策》说秦王称西帝，齐王就称东帝，赵王不干了，就称中帝。苏秦出来搞外交斡旋，让他们一起去掉了帝号。汉家一统，汉武帝将五帝环绕在甘泉太一神坛之下，又去泰山封禅。所以谶纬中讲这些东西特别有系统。总之，先讲文献，这是汉朝人特有的思想形式，在经之外，还有一种“纬”。关于《易纬》的研究，我想探索汉朝人怎么把儒家带有封建礼乐文化色彩的经典，改造成一个符合郡县制度的天道观，把阴阳五行学说糅到儒家经典里面来，好像变成了儒家本来的思想。宗法圣统、天道圣统、王朝祀典等等是汉人建构历史观、空间观的手段。《孝经纬》建构的是伦理观。人类的文化有三个指向，第一指向自然，反映为天道观；第二指向人类社会，反映为历史观；第三指向自我，就是伦理观念。事实上，我用了一个文化学的架构，来考查汉人怎么样来建构他们的文化世界。2003年这本书出版了，现在买不到了，编辑是李晨光先生，有一次他说要我修订，我也没时间啦。现在有电子文本，也很好下载。

五、谶纬和经学

王：我们现在讲汉代经学，尤其讲到郑康成的时候，都在说郑康成引谶纬是一大缺点。那根据您的研究，如何看待谶纬和经学之间的关系？

徐：谶纬和经学呢，我觉得有两重关系，第一重关系，纬书是一种积极和激进的经学思想，要把当时儒家的经典的思想，改造成了一个能够适应秦汉郡县制度的思想体系。郡县制度是对封建制度的反动，郡县制度提倡的伦理观大多是反对儒家的。《战国策》里说得很好嘛，“仁义者，自完之道也，非进取之术也”。但是儒家就要做一个事情，就是当我们处在一个和我们的理想不同的世界里，怎么样让这个世界，而且是用暴力统一起来的世界，用严刑苛法和国家权威统治的世界，能够转变成为一个以道德和文化统治的世界。把“暴秦”驯化成一个礼乐文明的、有文化价值的世界，这个文化价值是传统文化，汉儒就做这样的事情。他不仅要教化民众，他还要驯服王朝。我喜欢用“驯服”这个词。汉承秦制，但经过七十年，汉武帝继位的时候，开始接受儒家思想作为政治意识形态，再往后，汉朝就有了400多年，成了一个以传统文化为价值观的，同时又不是贵族阶级统治的、由士农工商组成的平民社会。平民社会对中国是好的，所以有的学者就认为秦汉以后，中国就具备了近现代社会的行政模式：中央、地方二级管理和文官制度，这和我们现在的行政制度也没有太大差别。

但是这个社会里的价值观、文化理想是什么呢？汉儒要积极地去改造成儒家想要的样子，同时，儒家也要先改变自己，才能改造世界，纬书的激进和荒诞，实际上是一种积极的行动。

2014 年南京大学百年院庆与王伯沆先生女儿王绵先生合影

第二重关系，纬书是经学的异类和工具。等儒家改造汉代社会使命完成了，纬书就成了刍狗，就要被踢出去了。因为儒家的话语系统不允许这些荒诞不经的东西在里面，儒家的话语系统是六经确定的，不在此内的就是“不经”。等到它把这个世界稳定下来了，它要自我清场，自我扬弃。再者，先秦儒学发展到孟子、荀子，已经具备第一流的思辨传统，但是到了汉朝，儒家独尊，要承担起所有的思想文化教育任务，所以它一方面要放下身段，更换话语来教育民众，还要限制君主，“奉天法古”，讲灾异谴告，就必须确立权威性的话语。权威来自何处？一是六经，二是常识。《汉书·律历志》说：“稽之于古今，效之于气物，和之于心耳，考之于经传，咸得其实，靡不协同。”经传是文献，古今、气物、心耳都是知识。这种经典与常识建立起来的实证思想，再被阴阳五行的联想式逻辑建构起来，这个世界，天与人全是一体的，相互感应的，一切都是可以解释的，汉王朝就是稳固的，所以儒家必须放弃先秦的思辨传统。但是到了东汉后期，王朝开始崩溃了，思想也要另寻出路，先要自我清场。

清场有三个方案：第一个是最笨的方案，就是反对它。比如说张衡，你别看张衡虽然反对谶纬，但他写《二京赋》，里面有不少纬书的东西，这是当时的意识形态，他必须讲，他也知道这东西是意识形态，但是他不相信，要反对。还有一些人激烈地反对，差点被光武帝杀掉。只知反对而不知建树，所以是最笨的方法。

第二个是比较高明的方法，把要清除的东西转化掉，消解掉。消解的方法就是把它碎片化、知识化，这就是郑玄注经的方法，郑玄注经引纬书，还用注经的方法注了很多纬书。我们现在辑出来的纬书内容，基本上是从《五经正义》等汉唐经注和义疏里面辑出来的，但是这里的谶纬文字基本上是在补充儒家经典里面没有的知识，这就是为什么我们现在看到的纬书文字都是片段的文字，而且被安排在注疏的具体语境里。打个比方，就像是从螺壳或贝壳上割取下来嵌在漆器上的螺钿，我们很难知道它的螺壳或贝壳长什么样了。真正的纬书文字一定不是这样的。我举个例子，天上有五帝，《周礼》里边讲完五帝就结束了，但是郑玄就开始注了，五帝哪五帝，青帝、赤帝、黄帝、白帝、黑帝，每个帝还有名字，那都是纬书里面讲的。这说明什么呢？纬书为解释儒家经典提供补充知识的工作，但纬书的知识包括了道家、阴阳家，甚至墨家的思想，特别是包含了相当多的术数、方技的知识，由此我们也可以看到汉人为什么需要引纬证经，纬书确实不是一脚就能踹掉的。其中最重要的是天文知识。儒家的经典里面关于天文的知识是很简略的，但是要想把《周礼》中的《保章氏》讲好，就要动用很多天文学知识。纬书有相当多的天文内容。唐人编写的《开元占经》，辑录的古代天文文献，除了《甘石星经》之外，基本上是纬书里面的天文学知识。纬书里有《河图》，讲地理知识也丰富。还有大量的方技，即医学知识。包括我前面讲到的太一生水的问题时提到的宇宙知识。关于抽象的观念，汉人也会用纬书。什么是抽象的观念？比如说，什么是天，刚才讲的五帝是什么，你们再看《说文解字》就知道了。《说文解字》里凡是抽象的观念，基本是用的纬书的思想，跟纬书都是吻合的。比如说什么是“帝”，《说文》曰：“帝，谛也。”这是《春秋元命包》里说的。“王”这个字，《说文》曰：“董仲舒曰：古之造文者，三画而连其中谓之王。三者，天地人也，而参通之者，王也。孔子曰：一贯三为王。”“孔子曰”就是纬书里造作的。这在文字学上是个大笑话，文字学家谁也不承认这个“王”字是贯通天、地、人的意思，《说文解字》就这样讲。文字学家可以说这是错的，但是我们的世界就是由这个错误的解释构建的，这个解释是不真实的，但具有思想的真实性。儒家是先秦诸子里最缺乏形而上学的学派，所以纬书要在这方面下很大的功夫，才能打倒道家、打倒阴阳家，或者吸收他们的观点。儒家对自然科学知识也不太关注，只关注名物，《尔雅》里面的这些东西，所以纬书要在知识上做出补充。可惜我们现在看到的纬书已经被后人碎片化，把这些碎片收集起来之后一拼，发现可能纬书的世界更大。等到魏晋玄学兴起，这些谶纬的思想和知识就被扬弃了，王弼注《论语》、注《周易》都不用谶纬，后来唐宋新儒家兴起，也不再引谶纬，因为他们不仅能够运用由思辨和逻辑来讲义理，也能用自己建构的道理来教化民众，所以宋代以后，没人引纬书了。你们看邢昺写的《论语疏》，基本上就把纬书清掉了，朱子他们注经，宋元人注的《四书》《五经》里面就没有纬书了。欧阳修还写了一个要把《五经正义》中的纬书删除的札子。所以我就觉得我们现在讲到纬学的时候，都说是历代统治者禁纬，其实禁是禁不掉的，只有当它被思想史淘汰掉，或者被吸收掉了才会消亡。由此可见，谶纬消亡的最主要的原因，还是它自身的内涵和思想水平达不到经典的境界。

第三个方案，也是高明的，就是把它极端化、神秘化。这是道教的方法。你们可以去看早期的《太平经》，基本上就是纬书，可能纬书基本面貌就是这个样子的。你们看陶弘景的《真诰》里面，也大量地引纬书，而且这些纬书我相信已经被他们改写了。纬书很像恐龙。你们看恐龙，什么样的都有，有四只脚走路的，像鸡那样两只脚走路的，还有天上飞的，水里游的，我们现在地球上大多数动物的形态，恐龙这一种物种里面都有，也是说，恐龙以一种单一、笨拙的物种实践了多种多样的在地球上生存的方式。但现在这个物种灭绝了，它的生存方式，或者说它的形式却被后起的许多物种吸收了。纬书也是这样，所以我在书里就用了恐龙作比喻，其实中国人的思想里面都有纬书的基因，只不过它这个文献和思想的主体没有了，中国的各种思想里，包括我们现在的民间思想，有很多纬书的东西。

六、谶纬研究现状

王：根据您的研究，您认为学界目前对谶纬的研究是一个什么样的状况？有哪些可以接着做？

徐：我觉得传统的对纬书的研究工作还是继续在做。近十几年来，大陆和台湾都有一些博士论文做这个的，但我个人觉得在方法上创新不多，还是属于量的增加，还是传统的文献考据然后进行思想归类，比如纬书对文学的影响，纬书对什么什么的影响，或者纬书与什么什么，讲这一套讲得比较多。但是关键问题在于，纬书的文献应该重新整理，才能为新的研究领域和方法的运用提供基础。日本学者安居香山和中村璋八对中国流播到日本的汉籍《五行大义》感兴趣，研究这本书自然会涉及纬书，他们编纂《纬书集成》的工作有两方面：首先把明清两代的纬书辑佚成果汇总起来，然后在下面注出文献出处，有原始出处，比如汉唐注疏等，也有辑佚书的出处，比如《玉函山房辑佚书》，清人没辑出的，他们也会辑出一些。还有《五行大义》等流传到日本的汉籍，日本文献中引用的谶纬，等等。1964 年就出版了油印稿，1971 年，他们又开始编《重修纬书集成》，到 1985 年陆续出版。我做硕士、博士论文的时候，都去国家图书馆（当时叫北京图书馆）查资料，但是《纬书集成》在中国还看不到，只能从《中国丛书综录》里查找明清的辑佚，这样亲自过过手很有必要。所以现在我们有很多大型的文献集成，用起来很方便，但专业研究者最好还是去接触一下原始文献。当时我在国家图书馆里查阅到几种他们的著作以及他们编的日本学者纬书研究的论文集，做了一些笔记。2000年我在哈佛燕京学社时才看到日本出版的《重修纬书集成》，后来我做纬书研究，用了河北人民出版社1994年出版的《纬书集成》，只是其中没有印日本版后面的《索引》。用的时候经常觉得有很多怀疑，句子到底是不是应该这样断，还有这里面会不会有漏掉的字，那我就去查原文，你知道查原文是很辛苦的，那时没有电子数据库，有的时候我也只好抽查，就是觉得有疑惑的就去查，没有疑惑的就算了。但这一查不得了，我发现清人的辑佚就有很多错误。

后来我到台湾开会，碰到张以仁先生，张以仁先生是陈槃先生的学生，现在也过世了，他是研究《左传》的。我第一次去台湾是1999年跟李学勤和葛兆光两位先生去的，我在台湾待了十五天，当时台湾“清华大学”举办纪念闻一多先生诞辰一百周年活动，所以需要大陆派一个学术团队和闻一多先生的家属出席活动，大陆组团喜欢老中青三代人都有，最好要有一个做神话研究的，因为闻一多先生在这方面成就很大。周勋初先生就推荐了我，当时去的还有闻一多先生的公子闻立雕先生、清华大学刘国忠教授。那时候两岸还没有实现“三通”，陈水扁执政，我们所有的行程都被安排得很满，没有自由活动的时间。我在发表论文《谶纬文献中的“河洛”“郊祀”与“封禅”——战国秦汉间国家神话与祀典的构建》之后，“中研院”的张以仁先生给我提了一些意见。我知道《历史语言研究所集刊》上发了张以仁先生好几篇专门纠正安居香山《纬书集成》里面的标点、引文错误的文章。我问他是否还要做这样的工作。他说实在是没精力再做了，因为陈槃先生要我做，就写了几篇，但是陈先生过世之后我也不做了，想把它全部弄一遍需要很大的时间和精力，就停了。陈槃先生自己到了台湾之后把工作重心放在订正顾栋高的《春秋大事表》上，一搞搞了十几年，也把纬书研究工作丢掉了。他把《春秋大事表》订正完了之后，又回头做纬书，发了一些文章，合编为《古谶纬研讨及其书录解题》，由台湾编译馆于1991年出版。张以仁先生很早就跟我说过《纬书集成》的错误很多。大陆做经学的学者，很多人都受到台湾经学研究界的帮助，一则是因为大陆经学起步晚，二则是因为台湾保持了民国高校中经学研究的学脉，我研究的谶纬也一样，读博士时，台湾“中研院”林庆彰先生和成功大学张高评先生曾来南京，周先生命我陪他们到杨公井书店购书，林先生知道我做谶纬，回台湾后将陈槃、吕凯等一批台港学者的谶纬专著全部购寄给我，对我的博士论文提供了极大的支援。

2017年在哥伦比亚大学

除了《重修纬书集成》，上海古籍出版社也影印过一个《纬书集成》，把清人辑佚的主要成果合编影印。但是我们现在有电子索引，在基本古籍库里搜索一下，就会发现清人辑佚也有错，不仅引文有错，还有和经注混淆的，此外出处也有错，甚至会不明出处。我估计今后有人要重新做纬书的编纂整理工作，就是把这些错误改正。但是，我认为这样的工作在方法上没有什么突破，我个人是不愿意做这样的事。我关注的是，辑佚文献有一个重大的缺陷，就是把引用纬书的语境破坏了。我们以前的工作，是将谶纬从汉魏文献，比如从《白虎通》《后汉书》《三国志注》当中辑取出来，然后将这些碎片尽可能地连缀起来，再还原到汉魏时代的思想语境之中，找出他们话语框架，就好像我们谁也不可能看到活生生的恐龙，只能将化石碎片联缀成一副骨架，梳理出谶纬的话语框架。但是，我们看到的谶纬文献的原生态是它们被引用在不同的文本之中，这些语句的碎片被禁锢于解释性的话语或者文本当中，永远失去了文献的完整性与主体性，因此，只有将谶纬文字连同其所在的语境看成一个密切关联的体系来加以分析，从中考察谶纬与所引文本中的思想的关系，将此作为思想史现象研究，这才是谶纬研究的第一义，而这个工作尚没有开展。从这个角度，我觉得谶纬文献的整理工作确实值得重新做。应该做成一种“疏证体”的辑佚文献，才能为上述思想史研究提供基础。只是我这个人天生很懒，性子又急躁，不喜欢做文献整理。让我点校一个东西，两小时下来胸闷就开始了。改革开放后研究纬书比较早的学者当中，有一位吕宗力先生，他是美学家宗白华先生的外甥，先在中国社科院跟张政烺先生读研究生，后来又去美国威斯康辛大学麦迪逊校区读了博士，他从香港科技大学退休以后，担任哈尔滨工业大学深圳分校的人文部主任。他和栾保群先生召集刘国忠教授和我到深圳讨论过一个“谶纬文献整理与研究”的选题，作为国家哲学社科重大项目的选题申报，可惜没有通过。近年来也有人重编过纬书，是山东大学郑杰文教授，他算是我的师弟，他们编的《两汉全书》里面有纬书。

王：有一部分是吧？

徐：有一部分，既然是《两汉全书》嘛，不能没有。但《全书》求全，没有进行精加工。我曾经问过郑杰文教授，他说把白文印进去，稍做了校勘。我说那你们以后准备不准备做，他说我们要做的，那是好多年以前了。他有个学生叫李梅训，博士论文是做谶纬的，做得很扎实。

王：也就是说纬书文献需要重新整理？

徐：去年在北大国学中心搞过一个经学文献的工作坊，邓小南教授主持的。我发现北京大学的博士生里面有几位做《纬书集成》纠谬工作，做得很细致，这些年轻人有兴趣做最好，因为他们有精力。总之，我认为，如果要重新整理，首先要把现在辑佚文献里面的每一条都核对原文。其次最好把引文的上下文语境整理出来。再次是用电子数据搜索等方法，一定还能辑出一些古人没有辑出来的。最后，要对它进行重新标点。还有一事我一直关心，就是安居香山他们辑佚纬书的时候，辑了不少日本的。但是为什么到现在一条朝鲜的都没辑出来？宋人的笔记里记载高丽向宋朝进贡过纬书，这说明高丽是有纬书的。现在我们发现那么多“域外汉籍”，居然没有这方面的发现？如果秉承此五条原则，把纬书搞一个新的集成的本子，我想肯定比安居香山的本子好。所以，我很希望吕宗力先生的课题能够再次申报成功。

七、《经纬成文》

王：您后来出版的《经纬成文》一书主要探讨什么样的问题？

徐：《经纬成文——汉代经学的思想与制度》是我的一本论文集和承担的国家哲学社科项目的中期成果。平时我很忙，参加境内外学术会议时陆续写了一些经学方面的论文，将这些论文合成一集，出版了此书。周先生曾经教导我，参加学术会议，就要认认真真地写文章。我到现在都没有马虎过，写不出论文就告诉人家不参加会议，去的话一定是带去最新的文章。《经纬成文》里的论文有两个目的，一是研究汉朝的经学，如果没有对纬学进行研究的话，那不是汉朝的经学。二是探讨经学跟先秦诸子不同的地方是什么，是以经典为中心的思想生产方式，经学有传授，有师法，有家法，这些是什么呢？怎么概括它呢？我认为有思想的制度和有制度的思想。我特别关注了制度的研究，比如《石渠阁会议与汉代经学的变局》讲石渠阁会议以后经学的变局，我提出来在博士经学、民间经学之外，我认为还存在郎官经学。郎官经学和博士经学可以互相往来，但没有师法、家法的束缚，还能保持经学早期的样子。再如《东汉古学与许慎的〈五经异义〉》讲东汉的古学与《五经异义》。《五经异义》是今古学进行对话，主要是《春秋》学的对话，我从这个里面想还原《左传》学是怎么样被立为学官的，被立为学官之后跟传统博士学官不一样。东汉章帝时贾逵将《春秋左氏传》争取为官方的学术，实际上是研究生教育。章帝命令从《春秋公羊传》博士的弟子里选拔高材生来读《左传》。我们知道汉代博士弟子一旦毕业，射策甲科就可以授予郎官。而这些高材生一旦被选拔出来，就被授予千乘王国郎官的职位，然后再去跟贾逵读《左传》。这说明读《左传》确实也比较难，只能用研究生教育的方法来做。所以，东汉出现了一种新的学官制度。但是以往的经学史研究一直未睹其秘，一会说立了，一会儿又辨论说没有立。其实是以另外一种形式确立了《左传》，所以要研究得细。《议郎与汉代经学》一文，我特别梳理了西汉的议郎制度。东汉讲经，很多都是议郎讲，就在郎署里面讲，还设有“讲郎”这样的职位。这就补充了王国维先生《汉魏博士考》里的观点。他认为东汉之后，博士已经倚席不讲，专管课试，于是学术就到了民间。其实在郎官系统里还是讲的，因为你想想看，当时在太学里面住着两三万太学生，议郎里面也有很多经学家，像班固这些人，他们都是议郎出身，他们难道不讲经学吗？东汉的民间经学并不都是像马融、郑玄那样在家里面收徒弟，它也存在于太学、郎署、宫廷等机构里。郎官往往是太学生出来做的官。我觉得这个系统是很重要，就在制度方面做了一些考据性的研究，方法上模仿了严耕望先生《两汉郎吏制度考》，他这篇研究汉代郎官制度的著名的论文，在议郎制度方面没有做深入全面的考察。

《经纬成文》中还有几篇有点突破的文章，一篇叫《道德、政治、医术——谶纬文献中的儒家治气养性之术》，关注的是汉儒纬书里面的医学，关注纬书里面如何融合了《黄帝内经》这样的医学思想，又是怎样在儒学中展开的，特别是关于身体的思想。我的博士论文里更多关注纬书是怎么建构汉朝思想的，现在关注它们怎样渗入到汉人的知识体系之中。人们把纬书碎片化，来消解它，但留存在其中的知识很珍贵很重要，必须研究。再如《汉代人性论中的“魂”“魄”观念》一文，讨论汉代的魂魄观念。我最近这些年经常读《白虎通》，我觉得《白虎通》是讲关键词（keywords）的书。它是一种很重要的思想表述方式。它讲到“性情”的时候又讲到“魂魄”，这很奇怪啊，为什么讲“性情”的时候要讲到“魂魄”呢？因为《白虎通》中引用纬书，我在纬书里面找到了答案。正是在纬书里，把“魂魄”和儒家的“性情”观融合到了一起：性是阳气，情是阴气。但是魂呢，是阳的精气，用来控制人的情；魄呢，是阴的精气，放在性里面，用来调节人的性。它们好像两个清道夫，或者是两味补药。这样一来我就把《白虎通》里这个问题解决了，顺便也把陈立《白虎通疏证》的一些错误也纠正了。用汉人的魂魄知识去看东汉王逸注《招魂》，里面很多东西，包括洪兴祖不理解的，就全懂了。赵岐注《孟子》“养浩然之气”也讲了一些“魂魄”的知识，宋儒认为是胡说八道，焦循《孟子正义》也认为“迂”，其实看起来，当时的知识背景就是这样。汉儒将医学与经学结合起来，医治社会、道德和政治的病状。

书中的第一篇《论说与叙事——从〈左传〉看儒家史学传统的形成》，运用了美国后现代史学家海登·怀特《形式的内容》（*The Content of the Form*）的理论。我讨论了《左传》这本书的价值。这个理论比较玄，我简单地给大家讲。海登·怀特说西方早期历史文本的表现形式是讲故事，基督教时期是“年代记”（theannals）。我们中国的《春秋》(《春秋经》) 翻译成英文就是这个。年代记的特点是什么？第一，它的文字是记录的，不是叙述的，不讲故事。为什么被记录下来呢？就是因为这个事情重要。第二，记录只追求时间的完整，不追求事件的完整。时间是次序，是自然次序，就我们中国人讲的“天”。《春秋经》是不是这样的？我们都知道，《春秋》一年四个季度的第一个月哪怕没有事情，“春王正月”“夏四月”“秋七月”“冬十月”几个字也要写在那里。这些时间大纲下面系着的事件，全是记录性的文字。记录性的文字是写给自己看的，不是让别人看的，所以没有叙事的动机。“郑伯克段于鄢”这句话写在那里，如果没有《左传》，正如桓谭说的，圣人闭门十年思之，也不得其解。“郑伯克段于鄢”里面有很多隐晦的笔法，但是“郑伯克段于鄢”这几个字是记录的文字。什么叫记录的文字？就像我今天回家写日记，只要写“下午在学礼堂座谈”几个字就行啦。我死了以后，有人看我的日记。会发现我的日记很完整，每天都有日记，里面记着今天下午在学礼堂座谈。学礼堂是怎么回事啊？在哪儿啊？王锷教授是谁啊？多少人参加座谈啊？谁提问的？谈的什么问题？全都没有，都没有啊！你们当中有一个人活得很长，或者有人回家后有意识地把今天的座谈整理了一个文本，又写了一个背景介绍，这就是“左丘明”的工作。为什么要有《左传》呢？就是古人发现这种记录的语言只有记录者知道，我现在要把里面的事说给其他人听，这时才产生叙事，要有动力。我自己写日记是写给我自己看的，当然可以如胡适先生写日记，或者像写博客的那些人那样，通过写日记来叙事或抒情，但这就不是日记的正体了。你看鲁迅先生的日记就是《春秋》的体式。有时就写“今日看病”“今日无事”。这些“今日”的细节是什么？其中的意义是什么？只有问许广平先生了。所以海登·怀特就说年代记追求的是时间的完整，也就是自然次序的完整，这说明记录者认为人类的历史只是上帝的“道”的展开而已，其细节不重要，其中没有太多的意义，只有当它能证明、表现上帝的时候才写进来，追求的是上帝的日历的完整。中国古代的史官也是代天写史，代天记录，代天的儿子——天子及其朝廷记录，所以孟子说：“《春秋》天子之事也。”他们相信这些记录性的文字，天会明白，所以有一套史法、史例，就像卜辞和卦爻辞一样，有一套专门的释读方式，不给人们知道。但是过了一阵子，人类就不满意了，人类要把火盗下来。于是就开始讲这些事情的细节，呈现当中的意义。这就是先秦贵族教育和孔子的“取义”。人们发现我们的世界开始崩溃了，价值观在崩溃，怎么办呢？他要站出来把道理说给大家，于是就讲故事，把过去的故事，《春秋经》里面记录的故事讲一番。讲完一个故事，人们就被说教了，故事是有“诉行”作用的。有了叙述的欲望之后，编年体（the chronicle）就出现了。编年体呢，是个改良的方案，既要照顾到时间的完整，又要把事件记录文字背后的故事和意义用叙事的方法说出来。有时作者还要直接在叙事完了以后引述，甚至假造一些“君子曰”来对讲述的事件进行价值评判，这就是《史记》中“太史公曰”的滥觞。编年史还要把史官的技术壁垒打破，把记录的体例，即所谓的将“春秋笔法”“史例”“书法”揭示出来，叫作“发凡起例”，告诉你为什么要写“春，王元年”，为什么要用“春”，为什么要用“王”。总之，议论与叙事两个方法都出现了。但是编年体还有缺陷，它总是被时间的秩序打断。

真正的历史作品，必须是独立的叙述，英文叫 the history。《春秋》是代天子记录，它只要写出“郑伯克段于鄢”就足够了。第一，史官看得懂。史官是老子传给儿子的，你们看司马迁写的《太史公自序》就知道。第二，“天”是永恒的，我只要写“郑伯克段于鄢”，不管多少年之后，“天”看见这几个字，就知道他的哪一个儿子执政的第几年发生了这个事。“天”是不需要回忆的，全知全能，提醒他一下就可以了。所以汉语里凡是得不到解释的东西，都可以用“天知道”三个字搪塞掉。但是现在要对人讲事讲理了，于是就有了《春秋左氏传》《公羊传》《穀梁传》。你们读了《左传》以后，会一下子明白这样的书是对史官行业之外的人说的话，对不懂历史的人讲的，不然要讲史例干什么？要把“郑伯克段于鄢”这个故事讲那么复杂生动干什么？那些死于句下的实证主义者们说，《论语》里没有孔子提到《春秋》的记载，但你们看看，《论语》里面的孔子讲了多少春秋时期的人物，评价他们的事情，不都在《左传》里面的嘛？比如他讲了不少管仲的事，是不是？孔子的创发，才使得后期的儒家逐渐编纂出三《传》这样的编年体史书，这是对传统史学的巨大突破，好像普罗米修斯把火种盗到人间。但编年体还是不能满足建构完整的意义世界，于是进而有《史记》这样的纪传体史书。

我们讲到中国历史书，都知道有三种体例：编年体、纪传体、纪事本末体。如果按照海登·怀特的分类，《春秋》不算编年体。《左传》《资治通鉴》这样的才算。纪事本末体是什么？《资治通鉴》出来后，南宋的袁枢不满意，因为叙事总是被时间打断嘛，就重编了《通鉴纪事本末》，他将叙事变得完整了，强调了文化道德的意义结构。但是我们还要进一步思考一下，为什么司马光要采用编年体，用《左传》这样的编年体，而不是《春秋》那样的编年体，写了一部《资治通鉴》。也不要忘了，虽然袁枢对这种经常被时间次序打断的叙事史书不满意，重编了一种纪事本末体史书的同时，还有另外一种书出现了。是什么书呢？就是南宋的朱子写的《通鉴纲目》。《通鉴纲目》反其道而行之，把《资治通鉴》里详细的叙事删减掉！他把一部《资治通鉴》还原成了《春秋经》的样子，也就是年代记的样子，朱子通过这样的手段，强调了天理在人类历史中的展开过程。而我们研究朱子的历史观，对此也不太重视，因为研究史学的人不太理解经学，不太理解“述而不作”恰恰是经学的思想形式。因此，南宋出现过两个改编《资治通鉴》的历史书，一个是弱化里面的自然次序，另一个强化里面的自然次序。

我们中国的历史制度，皇帝活着的时候，给他写起居注，这就是日记。等他死了，把起居注送进史馆，写一朝的实录，开始写编年史了。等王朝灭亡了，新起的王朝为前朝设一个国史馆，编纂纪传体的国史，这是历史。所以在中国，这三种体裁并用。可是中国人没有发现其中的奥秘，倒是海登·怀特启发了我们。我发现在孔子之前的贵族教育里面，已经有“论说”和“叙事”这样的讨论方法。到《左传》实现了中国的编年体，把只给“天”看的东西，拿来给人看。此外，我们都认为《公羊传》是只讲大义，不重叙事的。即便叙事，也是不经之谈，刘知几说“其言河汉”。其实《公羊传》《穀梁传》要么不叙事，一旦叙事都是很戏剧化和小说化，比《左传》更精彩、更通俗，当然有时也更荒唐。这说明《公羊传》《穀梁传》不是精英写的，是口说。就像一个老师，今天给你们讲课，讲大义你们都要睡觉，忽然讲个故事给你们听。我上课时给学生们对比了《公羊传》《穀梁传》中和《左传》相同的故事，讲得生动极了，有点像百家讲坛的风格了。这说明越往战国，文化越普及，中国人的叙事能力越强，这就是《史记》里的语言风格。为什么学界讨论《史记》的语言和叙事往往不符合常理，像传奇小说。因为《史记》写到战国的时候，没有什么原始史料了，只能根据《战国策》这样的战国的叙事文学文献改编。你们再看《战国策》里的叙事，那就是《公羊传》的叙事，很夸张，很通俗，而且有些东西很荒唐，但是生动！所以李零在《简帛古书与学术源流》里说，战国到秦汉之间出土史书类文献中，故事类的书最丰富。说明这个时代是一个讲故事的时代，文体开始平民化，开始世俗化。

《论说与叙事——从〈左传〉看儒家史学传统的形成》这一篇文章我写得比较满意，但是这篇文章真正写了二十年。为什么？读博士时，周先生让我看四本书：焦循的《孟子正义》、郭庆藩的《庄子集释》、杨伯峻的《春秋左传注》，还有杨树达的《论语疏证》。每看完一本书写个作业，要求达到发表水平。我当时写了《〈左传〉中故事在诸子叙事中的变形》。周先生评价不高，说你这个只是归纳了现象，没发现什么问题。这个问题我就一直揣在心里，等到周先生过八十岁生日的时候，我写了这篇文章给他祝寿，把他布置的作业交了，后来就登在《庆祝周勋初先生八十寿辰纪念文集》里面。

八、《刘向评传》

《刘向评传》

王：您为什么要写《刘向评传》？这本书有一些什么特点？

徐：我写的第二本书是《刘向评传》，是周先生给我的命题作文，写了很长时间，原因大家都知道，因为匡亚明先生要编“中国思想家评传”两百部。匡老自己写了《孔子评传》，开了个头，他年纪大，由周勋初先生、茅家琦先生担任常务副主编，南大成立了中国思想家研究中心，还把中文系吴新雷老师调去做过一个时期的主任，后来主要由学报的蒋广学先生统摄具体的编辑工作。我的师兄巩本栋教授留校后也在思想家研究中心工作，过了些年又调回中文系。我记得《刘向评传》原来是华东师大的一个老师写的，评审不合格，周先生就让我来写。匡老他们编“中国思想家评传”不像我们现在，先立项，然后签协议，给经费。那个时候文科基本上没有什么科研项目和经费，出书很难，看出版社的脸色。所以约了就写，一下子约了不少，后来周先生和审稿的专家觉得很多人写得不行，否了之后怎么办？就得用自己的人填。我做系副主任时分管中文系“985工程建设”的科研工作，我总结院里的学术成果时，发现“中国思想家评传”两百部里，我们两古专业的老师写了十六部，加上我的师兄、你们南师大文学院的王青教授写的《扬雄评传》，还有其他出自南大“两古”专业的作者写的《评传》，就更多了。“中国思想家评传”其实是匡老和南京大学在改革开放初期就率先组织的一项传承中华优秀传统文化的大工程，率先的实践，才是文化自觉的真正体现，而这样工程，无论从组织、编纂还是撰写，南大“两古”专业师生和校友们的贡献最大。2008年，“中国思想家评传”两百部荣获首届中国出版政府奖，学校开表彰大会，授予南京大学的出版社和中国思想家研究中心“编纂出版工作集体贡献奖”，其实这是他们的本职工作，分内之事，集体贡献奖应该给贡献出作者最多的单位。

我很敬仰匡老，我上本科时，匡老喜欢请省昆剧院的张继青等名角到南大礼堂演折子戏，中文系的学生常常也被通知去陪匡老看戏，吴新雷老师有时还做些讲解，我对昆剧从看不懂到喜欢看，是因为有这个机会。1986年大学三年级时，文史哲的学生组织了一个中国文化研究会，那年清明节，匡老接见我们。我带了笔墨和纸，请他题字，他拿起笔就在一张整幅宣纸上写下了《中庸》里的“博学之，审问之，慎思之，明辨之，笃行之”，落款是“与诸同学共勉”“南大学生中国文化研究会留念”，一气呵成，笔力劲健，可惜的是他当时身边没有篆章。我一直带在身边，直到2004年中文系院庆九十周年时，拿出来请匡老当年的秘书周欣展带给匡老的夫人补盖了匡老的篆章，装裱挂在中文系会议室的墙上，后来又挂到仙林校区的文学院会议室。2012 年南大庆祝校庆 110 周年，洪银兴书记主编《南京大学藏近现代名人手迹选》，匡老的字就用了这一张。所以，能在匡老主编的丛书里忝列一本，是我很大的荣幸。

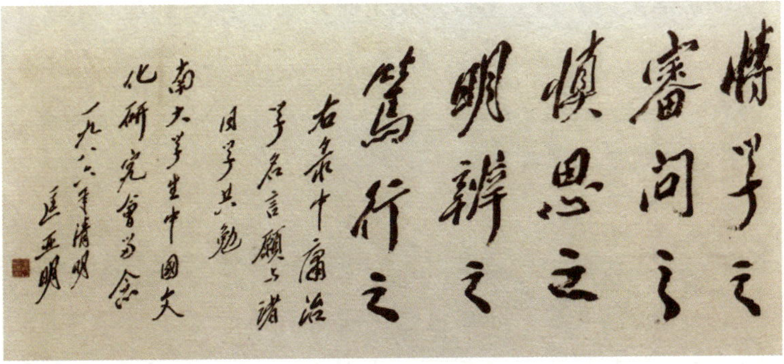

匡亚明先生题字

我开始觉得《刘向评传》应该很好写，刘向、刘歆的史料就那么点东西嘛!《汉书》里有记载他们事迹的《楚元王传》，杨树达先生说这个《传》就是刘向写的《汉书》中的《叙录》，所以叙述家世十分详细。还有刘向编的《说苑》《新序》，我以前也翻过，我想把他的思想分成什么政治思想、经学思想、校雠学，等等。但是一写之后，我发现不得了，这个人很难对付。为什么呢？校雠学我不精通，特别是刘向的校雠学，你必须懂，要花功夫。我只好认真读孙德谦的《汉书艺文志举例》，还有《刘向校雠学纂微》，余嘉锡的《目录学发微》《古书通例》以前读过，再拿出来读，我搞了近一年，还要看章学诚的《文史通义》跟《校雠通义》，这时我才觉得这方面我能讲点话了，不然我只能泛泛而谈。现在黄曙辉先生标点孙德谦的《古书读法略例》出版了，建议你们看看，孙德谦先生是一流的文献学家，这本书很好。王欣夫先生在他写的《目录学》中，讲到刘向父子校雠学那一章，居然一个字不写，把孙德谦的《刘向校雠学纂微》的文字抄录在里面，堪当李太白登黄鹤楼，“眼前有景道不得，崔灏题诗在上头”。

王：说明他很看重！

徐：是的。刘向的生平也很难把握，不能全根据传记。后来我干脆认认真真看一遍《汉书》，我就拿着《汉书》，备了王先谦的《汉书补注》呆看，谁知道这一看就看了四年。把《汉书》看得比较熟，收获特别大，做了一些笔记。就人物生平考证而言，连刘向是继室或是小妾生的，都考证出来了。刘歆也不出于正室，父子俩都是小老婆生的，当然这是笑话啦！此外，我对刘歆《移让太常博士书》的理解，对汉代的经学问题，还有所谓的纯儒，还有钱穆先生提到的西汉中后期灾异派转向了礼乐派等问题，都有些心得。还有，我发现这两个人都是郎官出身，所以我去读严耕望先生的东西，对郎官制也做些了解。我对郎官经学的看法，还有对汉代文学侍从和文学关系的一些看法，都萌生于这段期间对《汉书》的研读。我做博士论文的时候通读了《后汉书》，因为《后汉书》和李贤注里面谶纬资料多。做《刘向评传》把《汉书》又看了一下。我觉得写成一本书是次要的，但是为了写一本书而认认真真地看一些书才是终身的收获。但是我四年了不交稿，周先生和蒋广学先生催了，匡老年纪大了，他要看到五十部出来，所以赶快写。蒋广学先生还请了我和一些迟迟未交稿的人吃了饭，很不好意思。其实真正写，就写了半年，一气呵成。我现在看到里面有相当多的文字很粗糙，还有很多文献引错了，没校出来的。一方面是写得顺手，有点忘乎所以，另一方面也是周先生和蒋广学先生催，写得急了一些。先出了一版去发布，好在印得不多，我请院里张宗友老师和我的博士生詹刚等人帮我校了一遍，订正了很多错误。通过写《刘向评传》，我对汉代的学术史、文化史、经学史有了一些系统化的理解。《经纬成文》里面好几篇文章都是这本书的副产品，很多意识到的问题，再继续往下走。

《刘向评传》还有一个基础，钱穆先生在他的《两汉经学今古文平议》中有一篇《刘向歆父子年谱》，而起初是刊在《古史辨》里边的，要能突破一些他的研究是很难的。首先我要把年谱里讲错了的地方做些修正，他讲对了的，得再核对证明一下。钱穆先生关于汉代经学的研究，你要继承它，同时又要有推进。所以，我做了有关郎官经学、金马门文学侍从等方面的研究。还有武帝立乐府的事，我也有些新的看法，我觉得王运熙先生讲这件事是值得商榷的，后来我就写了一篇文章，刊在《文学遗产》。所以，写《刘向评传》对我研究汉代的历史、文学、文献和思想起到很大的作用，如果没有周先生这个命题的话，我这个机会就没有了。在南大，我基本上是一个被动的被人引导的人，不是一个很主动地自己去找题目做的人，都是老师或学校、朋友们看得起我，派个活给我干，我干得还算认真，然后从里面学到很多东西，大概就是这样。

九、参加整理《册府元龟》

王：您参加了《册府元龟》的整理，做了一两百万字？

徐：对。程先生和周先生都有一个共识，就是不要把年轻人长期地拖在文献整理工作中去，影响他们个人的学术研究。所以程先生、周先生都主张大家集中时间做研究，不搞大型的文献整理。周先生年轻力壮的时候做文献整理与研究工作，都是自己做。比如说周先生做《唐语林校证》，要找到唐代很多书，很见功力的。还有对《全唐诗》的刊刻过程的研究等等，规模不大，但是往精处做。1993 年我留校的时候，河北教育出版社就来跟我们谈能不能把《册府元龟》做一个校正，标点、校勘。他们可以提供一笔钱，每人可以买一台“486”的电脑。那个时候还没有 Word 界面，都是在 DOS 界面上做的。当时我们经费很少，能买台电脑是不得了的事情了，当时的几千块钱，是十来个月的工资。古籍所考虑，一则可以让老师们有台电脑，二则可以训练一下古籍数字化整理技能，将来再做一点大些的集体项目。电脑买来后还不能拿回自己家，放在古籍所，要在那里干活。

首先是学了一个多月的五笔字型，我的五笔字型基本上能达到盲打的程度，跟当时校门外打字行的小姑娘的速度差不了多少，你说话我打字都可以。但是那个时候五笔字型是在 DOS 上打，半个字半个字地出现，速度慢，而且我们用繁体，打不出来还要查代码，录入得很痛苦。其次，当时没有大型的古籍数据库，如果我现在整理《册府元龟》，可以先在数据库里下载一个《册府元龟》的文本，然后边校边改。可那个时候每个字都是我们录入，边录边点边校。比如《册府元龟》里抄了一段《史记》的文字，我就一边录，一边点，一边就要去翻检《史记》的原文来校勘。古籍所那套《二十四史》都给翻烂了，大家都要用。我分了三个部分，一个叫《邦计部》，讲经济的；一个叫《台省部》，讲官制的；还有一个《将帅部》，讲军事的，大约两百多万字。我开始做《将帅部》。我们都知道《册府元龟》里有很多唐五代的史料。即便它抄古书，也有版本价值。但是我们只能用现在的版本来校，这种现象校还是不校，其实是有一点问题的。古籍整理工作要求校，出校记。但是现在回头想想，如果一两个字不同而意思不改，很有可能宋人看的书是另一个版本。但是很快我就吃不消了，我点了五十多卷以后，我决定不能这样干了。我有个朋友的亲戚在电脑行里做录入员，我就拿了一笔经费，请她用繁体字录入，她录得快得很，给我全部录入了。后来又请电脑行里的人死校。我1993年留校，1996年我就申请了一个国家哲学社科青年项目。尽管那个时候拿到国家项目也不奖励。但是青年项目有6万块钱。我手头比较宽裕，已经能发工资了。

王：您已经当老板了，哈哈！

徐：打印费可以从科研经费里面开，我在上面标点就快了，后来把电脑搬回家了。就住筒子楼，十八平米一间，我在那里天天点校。那时候我精力也好。但是我们大家还是拖了时间，后来拖了十几年，中间又找了几个别的单位的老师来做。最后还是由武秀成、姚松等古籍所的老师们帮大家收摊子，他们辛辛苦苦又搞了些年，最后由凤凰出版社出版，得了首届中国出版政府奖。现在想起来，这个磨人的工作有什么好处呢？第一，我们平时都能讲古书点校要注意什么，都读完博士了，真的拿一个古书给你标点，那是很头疼的。《册府元龟》多少卷标点下来以后，标点古书的能力有了大的提高。这可是个技术活，要有感觉，这是我一生很好的文献学训练。第二，在我们那代人里，我还算比较早地拥有电脑和能熟练使用五笔字型输入法的人。据说现在的年轻人都不太用五笔字型了，对吧？

王：是的。整理古文献是很好的锻炼！

徐：一个人对自己的看家本领，一定要娴熟，不要光会说，光会想。我就觉得像程先生、周先生这样的人，他们都很聪明的，能持宏论，但是你们看他们自己做文献整理工作或者组织这样的工作，做得很精细，很有步骤，这很重要！

十、《白日薄西山：大汉帝国的衰亡》

王：您写的《孟子》一书很有影响力！

徐：没有没有，《孟子》这本小书，只是因为一个机缘。在我的学术工作之外呢，我被拉着写了一些通俗的书。我的第一本通俗的书是《少年国士》，浙江古籍出版社 1997 年出版的；第二本是《白日薄西山：大汉帝国的衰亡》；第三本是《孟子》；第四本就是去年由江苏人民出版社出版的《龙凤呈祥：中国文化的特征、结构与精神》。

王：您为什么要做这些通俗工作？

徐：1993 年留校后，周先生派我去北京参加全国高校古籍整理与研究工作委员会筹备委员会成立五周年的展览，后来古委会副主任夏自强老师主持落实《爱国主义教育实施纲要》和《加强和改进学校德育工作的若干意见》的工作，组织古委会所属单位的老师编写“中

《白日薄西山：大汉帝国的衰亡》

华英杰故事丛书”，一共 18 册，就找我写了其中的一册。大概在 1995 年，莫砺锋老师找我，说是江苏省团委要组织写一些通俗的历史读物给青少年读，由江苏人民出版社出版，当时是佘江涛策划的，他和赵益教授是朋友。当时流行黄仁宇先生的《万历十五年》，这种叙述史学，不像历史教科书那样，可读性很强，让我们大开眼界。他们两个人就策划了一个四大帝国的衰亡史，希望借鉴黄仁宇先生的叙事方式写。赵益先写了《日落九世纪：大唐帝国的衰亡》，然后就准备写宋朝、汉朝、明朝的。汉朝的找了莫老师。莫老师就“转包”给我。赵益又写了一本《月沉西子湖：大宋帝国的衰亡》，明朝是历史系的夏维中教授写的，叫《景山的晚风：大明帝国的衰亡》。我就模仿赵益的那种体裁，写了一个《白日薄西山：大汉帝国的衰亡》，书名取汉乐府的一句诗。四本书出来以后也没什么反响，因为那个时候百家讲坛还没有，讲史的人都在讲孙子兵法与商战、水煮三国之类的，出版了七年也没第二次印刷。

王：后来影响如何？

徐：后来易中天讲三国火了，陕西师大出版社有两个编辑来找我们。他们说现在讲史比较热，江苏人民出版社七年没再版，版权已经归作者了，给你们再编辑出版一次怎么样。我们授权他们出版了，做了个插图本。但是后来他们把我们四本书的名字改掉了，变成《徐兴无说汉朝》《赵益说唐朝》《夏维中说明朝》，也没有和我们商量，这怎么行呢？后来他们道了歉，书下架，我们将版权收回。前年，江苏人民出版社觉得这四本书还值得再印，又请人写了一本清朝衰亡的题材，一并五本再出了一遍。

我写这本书很简单，因为读过《后汉书》嘛，再把《三国志》看看，把《资治通鉴》和《通鉴纪事本末》拿来做一个纲要，很快写好了。这样的东西不算是学术成果，算是练笔的少作吧，年轻的时候，有个机缘写本书而已，写完了我就不多管它了。这本书的特色就是用现代散文的叙事方式讲述中国古代的历史。

《白日薄西山：大汉帝国的衰亡》

十一、《孟子》

王：那《孟子》呢？

徐：南大出版社不是出了“中国思想家评传”两百部吗？出版社打算从两百部里选五十位思想家，每个人写五万字左右的“中国思想家简易评传”，不要学术化。希望得到国家汉办支持，找外国汉学专家翻译成外文，作为孔子学院的读物。于是成立了个编委会，定了五十个人的评传，我负责写《孟子》，写了五万字。要知道自己的文章是否流畅，是不是好的普及性的文章，就是当你在广播里读的时候，人们都能听得懂，这是个写作诀窍。但是翻译的速度太慢，我就建议出版社的责编胡豪，他也是我的学长，先出中文本，封面是白色的。其中大概不到八种翻译成了外文。《孟子》也翻译成了英文，后来日本北陆大学出版社与南大出版社联合出版了日文

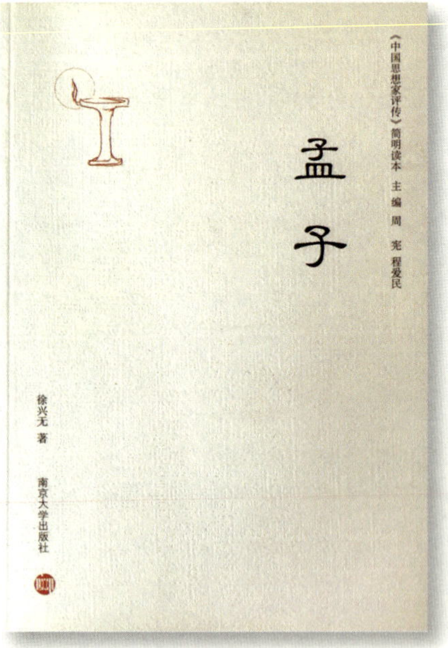

《孟子》

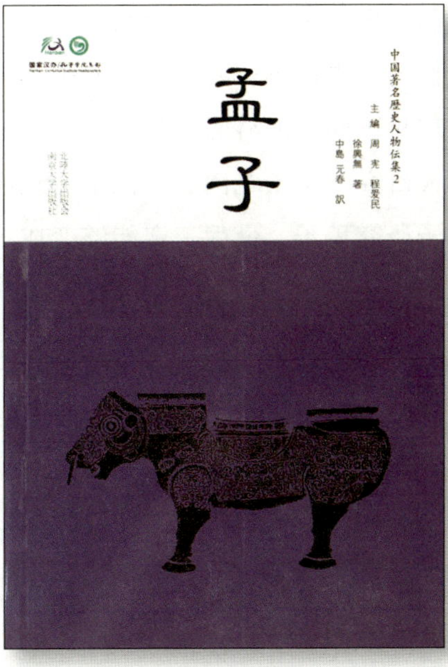

《孟子》日文本

本和日中对照本。

为什么我愿意写《孟子》呢，因为焦循的《孟子正义》我是看得很熟的，我上博士的时候写了《论赵岐的〈孟子章句〉》，我觉得到现在为止都没有人写过《孟子章句》的专论，所以我在编《经纬成文》的时候，又把它收在里面。当时莫老师跟周先生都给了我非常好的评语，又推荐登在纪念汪辟疆、陈中凡、胡小石三位先生的那期《古典文献研究（1989—1990）》上，我近两万字的文章全文都登载了。我细读赵岐的《孟子章句》，感到东汉末年的思想与魏晋玄学之间已经有一点关系了。除此之外，也给本科生讲过《孟子》。这次写《孟子》，我又努力从《孟子》的思想本身出发，再结合宋明理学的角度重新理解一次，书中的章节都是从《孟子》当中选取他的一句话概括。这本书虽然通俗，也算是我对《孟子》的一个比较新的理解。

王：您认为人文学科应该关注什么？

徐：这又说回来，事实上做人文学科的人，不能完全把门关起来搞考据，在书斋里只对着古人，一定要对生活敏感，要对我们的世界敏感，要多关心时事，最终是探究人性。做人文学科跟理科不同，理科的人与研究对象之间不能融合。我常常讲，一个人研究一辈子花岗岩，他不能变成花岗岩，但是一个人要是一辈子研究孟子，最后一定能够变成一个小孟子。为什么呢？因为人性是相通的。人文学科跟自然科学是不一样的，我们研究的东西往往不是客观知识，是观念和智慧，朱子说读书能变化气质，就是指这些。

十二、《龙凤呈祥》

王：您为什么写《龙凤呈祥》？

徐：因为我担任中文专业教学指导委员会的委员，教指委的主任是南开大学前副校长陈洪老师，四年前，我和他策划一套中国文化方面的通俗读物，作为中文教指委推荐读物。中国文化概论、中国文化通论之类的书太多了，所以我们设计了“中国文化二十四品丛书”，请了二十四个教授，一人写一本十来万字的小册子，涵盖中国文化的几个方面。每本书的正标题都是四个字，比如《书史纵横》，程章灿教授写的，讲中国的文献；比如说《风月同天》，张伯伟教授和卞东波教授写的，讲中国与东亚文明。名字都是我先拟好了，交给大家讨论，有的做了修改，但都是四个字。我又找了二十四种古代书法家的字帖或碑刻，

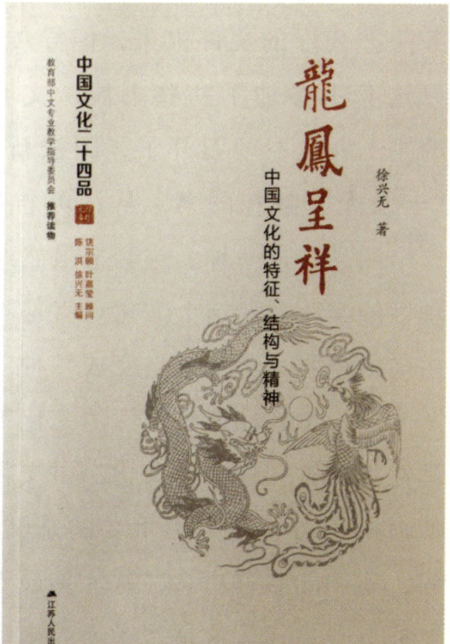

《龙凤呈祥　中国文化的特征、结构与精神》

把书名的字集出来做封面。陈洪老师约一半的人，我约一半的人。我们两个都以身作则，陈老师自己写了《今古传奇》，讲小说；我写了《龙凤呈祥》，讲中国文化的特征、结构和精神。写了之后交江苏人民出版社出版了。后来我去香港办事，请我的师兄、浸会大学文学院署理院长陈致教授托饶宗颐的秘书郑炜明先生，请饶宗颐先生担任丛书顾问并为丛书题写“中国文化二十四品”八个字，饶公已经快一百岁了，赐下了墨宝。陈洪老师又请南开大学叶嘉莹先生做顾问。

书出版的时候，正好是2017年1月，中共中央办公厅和国务院办公厅的文件出来，倡导传承弘扬中华优秀传统文化，所以这套书参加了一些书展，文明网也推介过这套书。后来党的“十九大”要召开了，国家新闻出版署在全国遴选六十部向“十九大”献礼图书，从江苏省出版的图书中选了“中国文化二十四品”这一种。这套书虽然通俗，但是我们还是秉持了一种理性的文化观。这个文化观就是不要带有极端的民族主义和道德主义的色彩，不要把它变成一种“教”，所以我不太主张“国学”两个字。学者应该有理性的文化观念，我们讲文化自觉，其实是理性地了解任何一种文化，讲文化自信，就是要有承担人类文化使命的信心。但是更重要的是文化自主，当文化遇到问题的时候，我们能够解决它，这才是最重要的，就是对自己的文化发展要拥有自主权。这是费孝通先生的观点，他的老师是马林诺夫斯基，英国人类学家，功能学派的祖师爷。这个学派主张文化相对论。所以，不同民族的不同文化，没有高下之分，只不过格局大的文化的自主能力会强。自主能力是什么？就是会自觉而理性地选择、吸收、融合古今中外的文化来发展自己的文化。文化格局越大，首先在于加入它的文化多，一种格局小的文化，往往是个文化孤岛。所以多元文化并存不是提倡文化孤立主义，不能因为多元，就可以拒绝到人类的文化舞台上去表演，既不与人家交流对话，又不许人家来干涉你，管你的事。2001 年联合国教科文组织发表《文化多样性宣言》，认为文化多样性和物种多样性一样重要，提倡文明对话。他们还请法国结构主义人类学家列维·斯特劳斯，为联合国写了文化多样性立场的《种族与历史》《种族与文化》。他认为不存在绝对意义上的世界文明，所谓世界文明就是多种文化的联盟，既然是联盟，其中的成员不能自我孤立。我们现在都很强调要保护物种，保护原住民文化、少数民族文化，其实大自然自己淘汰的物种和人类历史淘汰的文化也不少，问题往往出在这些物种和文化的自主能力不足。中国历史上从来没有过单一文化独存的现象。我们现在讲中国传统文化，是为了发展我们的文化，让文化里面有更多的包容性。文化多样性代表了包容，代表了融合，和而不同，而不是各自对峙。就像离了婚的夫妻一样，住在一个房子里面，你过你的我过我的，这是不可能的，对吧？既然在一起过日子，在一个地球上过日子，你中必须有我，我中必须有你。地球这么小，资源这么紧张，这种情况不可能也不允许。为什么叫《龙凤呈祥》？中国文化里认为只有具备阴阳两种力量，才能和谐共生。

王：作者都是一些名家？

徐：都是名家，除了院里的伯伟、章灿两位，其他如《书同文字》，是古文字学大家黄德宽教授写的；《王霸之道》，是中国秦汉史学会会长王子今教授写的；《莲花净土》，是复旦大学中文系主任陈引驰教授写的，等等。也是因为阵容比较好，所以才受到比较多的重视，这本书现在又修订了第二版，出版了精装，又被香港商务印书馆出版了繁体字版。这套丛书，我在里面只是担任了一部分创意和组织工作，都仰仗学界的同仁们支持。

十三、《新译金刚经》

王：您还翻译过《金刚经》？

徐：是的。台湾有个三民书局，它要把中国所有的经典翻译成白话，每个字还要注音，这是一个大工程，原来的老总是刘振民先生。1993 年我留校以后，有一次刘振民先生就来拜访我们“两古”专业，希望南大有一批老师能够帮他们做这个事，他们当时是付美金。那个时候两岸还没有开始“三通”，他从香港过来付美金，为什么呢？首先当然是台湾的工资太高，我们工资低。美金当时跟人民币是 1∶10。其次是大陆的学术力量比较齐全。

《新译金刚经》

当时我们“两古”接受了很多本的翻译工作，有的很厚。我是青年教师，派给我的活我必须接一个，我不愿意整理一本厚书，看到《金刚经》，我就想佛教嘛，我以前也感兴趣，我上大学的时候，还在寺院里面住过，于是就要求译注《金刚经》。

王：哈哈，修行不下去了，是吧？

徐：也不是修行，就是跟着和尚一起生活了几天，具体多少天也记不清楚了。扬州城南有个高旻寺，做过康熙南巡的行宫。里面的住持是德林长老，2015年已经圆寂。我上中学的时候，唐代东渡日本的鉴真大和尚的夹纻坐像从日本回国巡展，我在大明寺瞻仰过。夹纻坐像是当时从他真身上脱模制作的，这就是真容了。我们从小受到唯物主义教育，家里也没有人信佛教。一次，我和同学王少华在母亲工作的医院里看到一个老和尚排队看病，那时候好像刚刚读完本科一年级，暑假回家，就和少华一起和他攀谈，他说是高旻寺的。我们请少华的母亲、医院的护士长安排他挂号看病。我记得那个和尚叫德勤，就和他约了参观高旻寺。去了以后，德林长老接见了我们。“文革”中，和尚们被赶走还俗，寺院被工厂占了，此时刚刚恢复旧观，临着运河的寺门上有一块康熙皇帝写的“敕建高旻寺”的匾额。寺里废池乔木，是行宫的遗址，还有很多房子里排放着古书的雕板，扬州广陵古籍刻印社看护板子的师傅，还刷了几页《礼记》送给我。

王：寺庙生活对您的人生重要吗？

徐：德林长老跟我说的一句话，我到现在还记得，是我理解禅宗的入门。我也翻看过《什么是佛教》以及吕澂先生的《中国佛教源流略讲》，我问他：为什么说佛性无处不在？他的回答很简单：你看院子里那棵树有佛性吗？我说：看不出来。他说：可以雕成许多佛像呢。还有那个德勤和尚，我说：你做和尚读经吧？他说：我不认识多少字。我说：你懂佛学吗？他说：我不知道什么叫佛学，我只知道学佛。当时我也没有对他们的话有什么参悟，现在想想，都是话头机锋，至理名言。宗教是实践，就是学佛啊，哪有佛学呢？佛学是我们这些研究佛教的人做的，对它进行描述，作为一个佛教徒不就是学佛嘛！所以宋明理学就从这佛教中吸收了一些精华，天理要从自己身上体会来，不是说你必须去做一番伟大的事业，而是你在日常生活当中要时时想到，时时履践，在平凡的人性中发现天理之性。学佛怎么学？在自家身上发现佛性嘛。这两句话我到现在都受用，这是禅宗的要义。后来我上博士时，读《五灯会元》，一度很迷恋，还为一个书商选编了一百来条《五灯会元》的禅宗故事，翻译成白话。

王：读《五灯会元》，也会引起您对佛教的兴趣？

徐：是的。因为我读过《五灯会元》，对佛教比较喜欢，所以我选择译注《金刚经》。《金刚经》译完了以后，三民书局又请我把《心经》也译注出来附在里面。但是翻译这个《金刚经》花费了我一年，还要写章旨，是章句之学。所有《金刚经》的版本知识，还有《金刚经》里面提到的那些佛教术语，全部要搞懂，还要注音。当时没法打字，三民书局专门发了竖写的稿纸，一个字一个字地写，写有个好处，写几遍大多记住了，等于抄经。译注工作对我的佛学知识是一次大的提高，这本《新译金刚经》还成为台湾佛光大学《金刚经》课的参考书。所以讲讲禅宗，讲讲佛教，我也能应付一点。同时呢，我觉得佛经的思辨性比较强，对提升自己的思维能力非常好。你们看近代的学人里面，章太炎为什么那么聪明？他有佛学的根基，章太炎对《法华经》《华严经》等研究得很深，所以他的思辨力很好。

上面说的这些通俗和文献整理的工作，都是别人安排我做的，偶然相遇，有兴趣，就去认认真真做一下。虽然人家觉得我这个人做了很多乱七八糟的事，好像没有一个方向，但事实上还是对自己有好处的。我还是认为，学问这个东西不重要，生活很重要，我做了一些自己喜欢做的事，得到不同的历练，丰富了生活，就满足了。

十四、整理《汪荣宝法言注释残稿三种》

王：做自己喜欢做的事情非常重要！请您再讲讲整理《汪荣宝法言注释残稿三种》的情况。

徐：我们现在看到的《法言》的整理本，最权威的是《新编诸子集成》里汪荣宝先生的《法言义疏》。汪荣宝是中国近现代史上的重要人物，苏州人，黄以周的门生，南菁书院的学生，家里面的人学问也很好。父亲汪凤瀛、伯父汪凤藻等都是清代的进士，官至知府。汪荣宝年轻时经过拔贡，考入兵部，到北京做小京官。他在南菁书院的时候已经在写《法言》的札记，到北京正好遇到戊戌变法，对国事比较担忧。他赞成变法，他的父亲不许他出去，在家避祸。这样他就开始写《法言疏证》。他的八弟汪东，是我们民国时期中央大学文学院的院长，原来叫汪东宝，拜了章太炎做弟子之后，章太炎说你就叫汪东，加个“宝”字太俗。戊戌变法失败，汪荣宝就到日本早

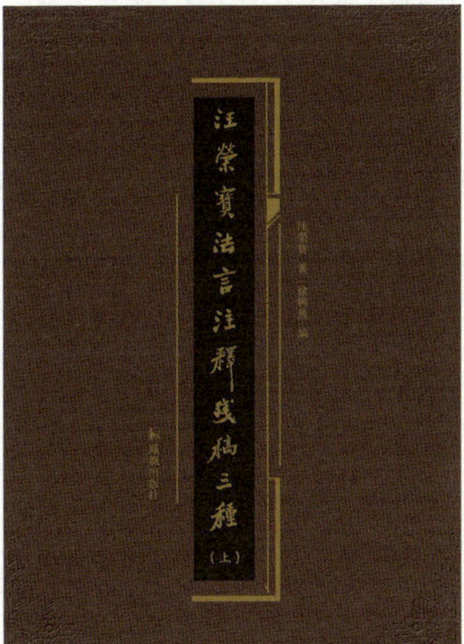

《汪荣宝法言注释残稿三种》

稻田大学读法律去了，后来他弟弟也跟着去了早稻田大学。正好章太炎在日本鼓吹革命，他弟弟激进，反清了。他不反清，主张改良。他回国之后，清朝要立宪，要写大清国的宪法，他学法律的，就参与起草宪法。但是清朝还是亡了，袁世凯还器重他，让他参与起草中华民国的宪法。去日本之前，他就把《法言疏证》出版了。《法言疏证》把唐人李轨的注拿掉，对《法言》的正文进行疏证，他的前辈或同僚里面有相当多的学者，比如他的同乡曹元忠、叶昌炽、湖南人钱维骥等，也和他讨论，当时他自费线装印了两百部送人。现在这个《法言疏证》很少，大概只有几个图书馆藏着。他在日本期间，汪东说你这个书里面要修订的地方很多，写了《法言疏证别录》登在《华国》杂志上。汪荣宝后来到日本做中华民国的驻日公使，开始修订旧作，将李轨的注也收进来，写《法言义疏》，回来之后又给了很多学者，比如胡玉缙等人看，大家又提了不少意见。张元济是他的朋友，开商务印书馆，《法言义疏》书稿完成后，就交给了张元济。他的父亲做大清国的驻日公使，他是中华民国的驻日公使，驻了十年，时间最长，还做过驻比利时、瑞士的公使。他多次告诉中国政府日本想要灭亡中国，但是中国所有的政府，袁世凯、蒋介石、张学良都认为日本只是想占中国的地方，跟鸦片战争以后的列强一样，就是不听。

王：说明汪荣宝了解日本人的狼子野心！

徐：是的。日本人鼓动朝鲜人搞了一个宝山事件，驱逐中国人，中华民国派他去调查的时候日本就介入，他因为不满政府的软弱态度，就辞职了，在北京买了个房子，修订书稿，交给张元济出版。北大营被日本打了以后，张学良撤到北京，张学良认为他是知日派，就聘他做顾问，他就进了张学良的幕府。张学良也不听他的话，他又辞职，专心做《法言义疏》。不料日本人轰炸闸北，把商务印书馆给炸掉了，他的书稿化为灰烬。于是他又重写，稿成后就病逝了。你们看现在“新编诸子集成”本，他的《序》里说书稿被炸毁了以后，德国汉堡大学汉学系向他要一部手稿去教学用，只好请北平图书馆拿了一部残稿写真（影印）寄送。《义疏》里有黄侃先生给他写的《序》，黄侃和汪东是朋友。他去世以后，他的儿子又用线装出版，叫《法言义疏》，就是我们现在看到的，这本书的线装本在国内很多图书馆都有。

我 2013 年到台湾大学去开会，南大法律系张仁善教授介绍我认识了汪荣宝的两位孙女，台湾的电影导演汪莹女士和台湾政治大学新闻系汪琪教授，她们的父亲是汪荣宝的长子汪公纪，做过中华民国新闻局驻法国办事处的长官，1949 年国民党败退台湾。汪莹女士的先生张伟仁教授是台湾“中研院”的法学史方面的著名学者，汪琪教授的先生彭家发教授也是做新闻专业的著名学者。联系后，我去南港“中研院”见他们。他们汪家在苏州有个祖坟，汪荣宝、汪东和他们的父亲、祖父等都葬在里面，苏州吴中区要开辟科技开发园，可能要影响墓地。他们问我能否以文学院的名义帮他们问一下苏州市，我说这个应该努力，也是我们前辈的墓园。回来之后就和院里刘重喜书记去吴中区找区委书记金洁，她是我们中文系 84 级的，算我的学妹。她很重视，把文化局局长等分管领导请来，苏州像这样的名人墓太多，要保存下来是要有理由的，我向他们介绍了汪荣宝的情况。他们也做了不少努力，在墓地周围砌了墙，把它保护住了。我们很感谢，汪琪回来扫墓的时候也去拜望了金洁书记。汪琪对我说家里面有很多汪荣宝留下的手稿，做了高清扫描，妥善保存。台湾沈云龙先生是汪公纪先生的朋友，他编的《近代中国史料集刊》里收了汪荣宝的《金薤琳琅斋文集》和汪东的《梦秋词》。我说能不能把扫描件给我看。我看其中有《法言疏证》和《法言义疏》的残稿，二者之间少了五卷，我建议不管怎么样，先允许我把这两种残稿影印，因为是手稿，太有学术价值了。我就跟凤凰出版社姜小青社长讲，姜社长很支持。我为了写《前言》，必须找到这两本书的线装刊印本，去年暑假我就到国家图书馆，到文津街去看。先调看《法言疏证》，发现目录上还有一本《法言疏义》影印本，我想只有《法言疏证》和《法言义疏》，怎么还有个《法言疏义》呢？我又调看，确实叫《法言疏义》，是晒图本，我一子明白这就是汪荣宝先生在《序》中说的请北图写真送汉堡大学的残稿。一对之后，《疏证》《义疏》两种残稿中间缺失的部分，就是《疏义》的残稿。所以他是先出版《疏证》，又做《疏义》，再改为《义疏》。汪荣宝有个诗集叫《思玄堂诗集》，汪东写的《跋》里说“家兄整理《法言》，三易其稿”，这个“三易其稿”不是多的意思，就是三次。姜社长他们出钱，请北图做了《疏义》的扫描件，将三种残稿一并影印了。最近，汪琪教授和彭家发教授来南京，把这些残稿和其他几种手稿以及汪东先生的《梦秋词》手稿都捐给了南京大学图书馆，我们明年要举行接受仪式，办一个汪荣宝和汪东先生的学术研讨会。

王：您做了一件大好事！姜社长也是成人之美啊！

十五、编纂《程千帆书法选集》

王：您是书法家，请您谈谈编纂《程千帆书法选集》的情况。

徐：谈不上书法家，只是能拿住笔写字而已。2013年，文学院举行程千帆先生诞辰百周年纪念活动，莫老师编纪念文集，徐有富老师编《程千帆沈祖棻年谱》，程章灿修订《闲堂书简》，程丽则编图片集，周欣展写了《千帆诗学与中国哲学》，我负责编《程千帆书法选集》，一共出版了六种书。先让《中华读书报》刊登了搜集程千帆先生书法作品的启事，但半年下来，响应的人不多。好在程先生将他的一些重要的书法作品和印章全捐在图书馆，史梅馆长帮我们做了汇总，程先生的女儿程丽则老师做过中文系教务员，我留校就做教学秘书，和她一个办公室好多年。程先生以前天天来系里开完信箱，就到我们办公室坐一会儿。她也帮我搜了很多，程先生在南京的弟子和朋友也多，因此就先编出一册，让章灿兄写了《序》，我写《编后记》，做了释文。拿到出版社，美编赵秦做了编辑，版式也让人满意。程先生的书法，既有婀娜飘逸之貌，又具劲健雅致之骨，笔划很有弹性，写长篇小字，如抄写陈寅恪《王国维先生挽词》，堪称精品；他晚年喜书大字对联赠给朋友弟子，洒脱淡逸。他赐我一幅草书何绍基的联句："酒面匀时真燕婉，莲花开处即江湖。"他喜欢吃甜点，这幅联句是我用回扬州给他买的两笼富春茶社的千层油糕换来的。

程先生是金陵大学的学生，他的老师辈中，胡小石先生自是一代大书家，王伯沆、汪辟疆、黄侃、汪东等人的书法都能自成一家。所以程先生的书法也自成一家。现在他的一些手稿也在被整理出版。这些学者的书法和现代书法艺术家的字不一样，他们的字往往有艺无术，里面没有文化；也和现在的文人字不一样，他们的字往往有术无艺，功夫不到家。而程先生这些学术前辈的字才是传统书法的原貌，有功夫也有文化。虽然他们不把书法当作艺术来追求，但书法已是他们抒情散怀的艺术工具。程先生的捐赠物中有一件王伯沆、黄侃、汪辟疆、胡小石、陈汉章、胡翔冬、王晓湘等七位教授在鸡鸣寺豁蒙楼联句的长卷，黄侃先生传给侄子黄焯先生，黄焯先生赠给沈祖棻先生。他们的书法都好。

中文系还有一位黄淬伯先生，是做音韵学的著名学者，陈独秀的学生。陈独秀被国民政府判刑入狱后，研究文字音韵学。抗战爆发出狱，病死在四川江津，其间刊印自己的音韵学和文字学著作，与黄淬伯先生通信两纸，草书。解放后，黄淬伯先生用小楷抄录为一纸，他写魏碑《张黑女》极其精美，一并装裱为立

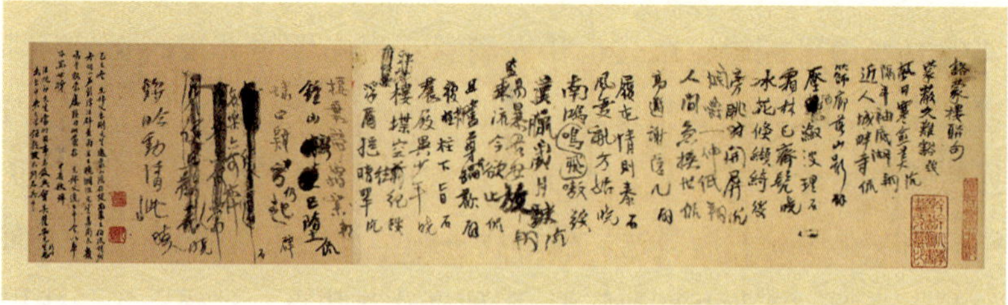

豁蒙楼联句

轴，请胡小石先生题耑，陈中凡先生题跋，可谓四美并俱，是书法和学术的精品。后来黄淬伯先生在“文革”中被斗死，立轴被抄，“文革”结束后发还家属，黄淬伯先生的公子黄东迈教授是南京农业大学著名的土壤学家，把立轴赠送给了院里。中文系系庆九十周年时，我负责将这件立轴按原样复制为系里的纪念品；文学院院庆百周年时，又负责将《豁蒙楼联句》按原样复制为院里的纪念品。所以我做编纂书法艺术作品的工作是有点积累的。

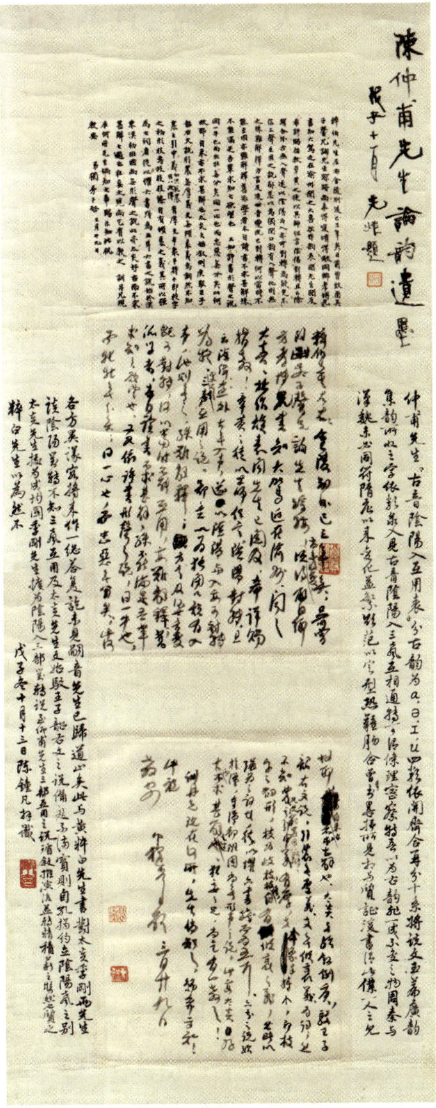

陈独秀论韵遗墨

十六、南大文学院与江苏文脉

王：您多次参加《中国高校哲学社会科学发展报告·文学部分》的撰写，请谈谈有关情况。

徐：这个报告因为是蓝色封面，所以也叫《蓝皮书》，是教育部社科司2005年启动的专项任务，按年编写，南京大学文学院负责中国文学部分。从2005年起，每年一册，直至2010年这项工作结束，花了6年，每年度文学部分的报告大约2万字左右，送教育部后统一编入《蓝皮书》之中。其间的2008年，正值中国改革开放30周年，所以又加编了一册《中国高校哲学社会科学发展报告（文学卷）1978—2008》，近30万字，对改革开放30年来，我国高校中文院系和科研机构的主要成果与理论创新做了描述与总结。按照历史的线索，全方面地介绍文艺学、中国古代文学、中国现代文学、比较文学与世界文学一共四个学科的发展历程。现在看起来，这项任务其实是属于智库类工作，由当时的院长丁帆教授和我两人主持，文艺学的汪正龙教授、古代文学的苗怀明教授、古典文献学的徐雁平教授、现当代文学的黄发有教授、比较文学与世界文学的肖锦龙教授各自负责相应的学科，对全国各高校本学科当年的主要成果、理论创发和热点问题做出统计、概述、评价、展望，格式是规定好的，只是数据和评价、展望要我们研究提供。我负责统稿工作，每个字都经我的手过一遍。这个工作尽管花费了大家不少时间，但对我个人具备大的学科视野，掌握各个学科发展动态，在管理工作中规划学科发展的方向与聚焦点应该是有帮助的。参与这个工作的同仁们，他们平时对学科发展也特别关注，这个工作也锻炼了他们。南大现在启动了校史工程，各院系都在编写学科史；2015 年百年院庆时，我们也编写了文学的《百年史稿》，所以这些学科发展与学科史的意识，我们应该具备。

徐先生为学礼堂留言题字

王：您是江苏文脉整理与研究工程中《江苏文库·精华编》的主编，请您谈谈江苏文脉工程的进展情况。

徐：文脉工程是江苏历史上规模最大的一次地方文化整理与研究工程，2016 年由省委省政府启动，其中《江苏文库》的成果分为“书目编”“文献编”“精华编”“史料编”“方志编”“研究编”六大类。受工程领导小组和编纂工作委员会委托，由莫砺锋老师和我担任“精华编”主编，由张伯伟教授担任顾问，许结、卞东波、俞士玲担任编委，还有外国专家戴思客担任外译调研工作。“精华编”的任务是收集1949年以前江苏人写的堪称江苏、中国乃至世界性的经典著作，以点校本（或称整理本）的形式呈现，共计200多种。经过几轮选择，又经省内外、境内外专家评审，召开地方文史专家会议等工作，目前刚完成选目、版本调查、内容简介编写、书名英译和英译版本调查，今年争取能出版几种。我们的选目方案，一是“选取全面，以精品为主”，在广泛调查的基础上聚焦传世经典、名人名著，凡是在中国和世界历史文化发展过程中具有典范价值的文献，要首先选取出来，譬如陆贾《新语》、刘安《淮南子》、刘向《战国策》《说苑》、葛洪《抱朴子》、萧统《文选》、刘勰《文心雕龙》、钟嵘《诗品》，还有文学名著《西游记》《水浒传》等等。二是“有著有述，以著作为主”。著就是原创类的书，述是研究阐释类的书，孔子说“述而不作”嘛。三是“选择版本，以通行为主”。“精华编”以排印本面貌问世，这些书不仅供学者使用，也要便于大众阅读。所以小众的书不选，稀见的史料文献不选，大型的官书、丛刻不选。比如二十四史里有江苏人写的，但考虑到二十四史早已通行于世，读者也比较熟悉，我们就不再选取了。“精华编”选取的200多种书大部分在历史上已经被点校整理过，没有被点校过的约有30余种，已经在英语世界里翻译出版的约有22种。对于已经被点校过的书籍，我们要对它们进行全面评估，选择其中的好版本，没有点校过的书籍则需组织专家重新点校。此外还要挑选出12本适合在海外传播的作品，组织翻译出版。

通过选目工作，我们初步把握了江苏文化的特色。第一个是江苏文化的经典性和影响力很突出，涌现上面列举的一大批对中外文化产生深远影响的第一流作品。第二个是江苏文化的地域性和时代性很强。江苏地处南北交界，历来是沟通南北的交通枢纽，地域对文化的影响在江苏体现得非常明显。从时代性来说，中国历史上，江苏共经历过两次文化高峰，分别在六朝和明清时期，这两次文化高峰的出现都和江苏政治经济繁荣的局面密不可分。第三个是江苏文化的学术性和文学性很强。仅在明清时期江苏就出现了钱谦益、顾炎武等学问大家，同时期江苏城镇文化的发达直接促进了小说、戏剧等文学形态的繁荣。第四个是江苏文化具有显著的先进性。江苏古代就是海上丝绸之路的重要通道，唐五代和宋朝，阿拉伯人云集江苏经商、传教，穆罕默德十六世裔孙普哈丁的墓地就在扬州。明代，郑和七次下西洋均从江苏出发，近代江苏又是中国洋务运动的发源地之一，中国的民族工商业就在这一带兴起，更不用说现代中国的第一个首都南京、中国最早的新式高等教育学校——通州师范学校都在江苏。通过编纂“精华编”，我们要为江苏标定文化高峰，找准主脉，勾勒特色。

王：您主政南京大学文学院多年，与国内高校交往甚多，您觉得文学院应该怎么办？

徐：谈不上主政，因为高校的“政”不在院系这一级。院长、系主任这种行政职务，以前我上本科的时候，就在全系师生大会上听陈白尘先生说“不是人干的”。但是我做行政工作时间较长，是个特例，从1993年留校就做系里的教学秘书，直到2000年去哈佛燕京。2001年回来，还做了一届博士生辅导员。2002年，周宪教授做系主任，我做分管教学的副主任。两年后他去做校长助理，莫老师做了一年主任，我也是副主任。丁帆教授上任，我做分管研究生和科研的副主任，2007年文学院成立，我做副院长。2012年9月做文学院院长。所以，我在南大没有一天不担任行政工作，所谓的“双肩挑”。学校不给系主任和院长以及分管院长们任何津贴和奖金，这就叫“白干”。如果现在能解脱，我决不会留恋这个岗位，无论从理性还是从情感上，都不认同这个岗位，事情多，应酬也多，吃饭也多，太累太烦人了！什么时候都希望“痴儿了却公家事，快阁东西倚晚晴”。能在家安静地读一天书，发半天呆是最幸福的事。如果你问我为什么没有钱又不快乐还干着，我只能告诉你说了就没意思了，辛弃疾说“而今识尽愁滋味，欲说还休”，就是这样的。如果非要说出来，那就成了“多余的话”了，就不讲了。

王：请根据您的经验谈谈文学院应该怎样办？

徐：学礼堂堂主问我文学院如何办，我只能“吾无隐乎尔”了。但是这里不便说具体的事，只讲三个感想。

首先是认清形势。要明白生存发展的环境，中国的大学在快速发展是事实，但是中国大学的体制，科层化、同质化很严重，都是公办、教育部管，大家都要办各种学科，都追求高、大、全。教育部有三大评估，本科评估、学位点评估、学科评估，每年一个，轮番上阵，各自的标准是统一的。现在的“双一流”建设，以学科建设为主，所以学科评估就成了拔优的评估。中国的民间资源还不能很自觉很积极地投向大学，我们只能在一个体制内生存。不过不管什么体制，对于学科建设和人才培养来说，都是工具性的，它只能起到保障、服务、引导、管理的作用，体制不等于每个学科自身的建设和专业人才的培养，就像高等级的学术刊物并不等于高水平的文章一样。所以做学科建设和人才培养一定要学会运用体制这个工具，来做好自己的事业。既不能惟体制，又不能无视它，所有的工作，既要符合体制要求的绩效，充分争取体制的资源，又要符合学科建设和人才培养的自身要求。这是一个充满张力的生存环境，院里要在每一件事上保持平衡，两头都要有交待。所以，体制是一杆秤，是个评价和管理的工具，科研与教学事业是被称量的东西，事业要发展，要资源，就必须接受考量，上秤称一下，而它的轻重缓急，就要看秤砣放在何处才能平衡，我们就要做好体制这杆秤上的秤砣，搞好平衡，包括教学与科研之间的平衡、成果评价的平衡、利益分配的平衡，等等。院里与学校体制之间能够保持平衡，就是道相同可以相谋；不能保持平衡了，义利不可兼得了，道不同不能相谋了，就要做决断。如果不能妥协就只有自己退出，辞职不干，不做秤砣了。孟子说，可以“以道殉身”，也可以“以身殉道”，但决不能“以道殉人”。也就是说，不能拿原则做交易。

其次是做好服务。要明白学科建设和人才培养工作中最重要的事是人。院长、副院长是什么？就是生产队长，这是我的前任丁帆教授时常挂在嘴上说的，他下过乡做过知青。自己是个基层的小管事，做事靠大家，责任自己负。所以，不要有管人之心，而要出助人之力。做好服务工作，让大家或者大展宏图，或者闲庭信步。张伯伟教授说过，一个学科群龙无首，才是大吉，我很认同。服务工作不仅是行政事务上的服务，还有营造自由的学术文化环境。但是说说容易，与人打交道最难，文学院都是些极其聪明的人物，所以我主张“细人粗治”，做事尽可能透明公开，有话明说，有必要吵架，就吵上一架，让大家互相明白，工作中产生的矛盾都不是个人之间的恩怨，平等待人，不会有负担。我们已经做“义工”了，就必须尽可能降低工作成本。不过真要做到这一点，让人家理解你，就必须离名利稍远一些，吃相好看点，吃点亏算了，这样自己的麻烦就少些。董仲舒说：“以仁安人，以义正我。”虽说肯定做不到，但要有这么点意思在心里。

最后是要有担当。这不是说我们特别有使命感，而是你在这个位置上，无可奈何，必须负责任，所以只能有担当。就像电影《泰囧》里的境界，都是被逼的。我愿意对别人讲道理，但不愿意对别人讲道德，道德这个东西不能说出口来，只能靠各人自家去做，特别是在关键的时候，一个人的选择才是能看出他的道德判断力。但是我要求大家讲点义气，做人做事风格可以不同，但要考虑一点别人，情商高一点，有点幽默感。既不能砸自家的饭碗，也不能砸别人的饭碗，更不能砸大家的饭碗。如果有人不明事理，非要砸大家的饭碗，那就要站出来和他讲道德了。这是迫不得已的，谁都知道捍卫良心比循规蹈矩付出的代价大得多。

我今年五十四岁，过了“知天命”的年纪了。什么是天命？去年，我们本科同学毕业三十周年聚会时，他们要我这个当年的班长发言，我说回顾这几十年的经历，就是八个字“事与愿违，愿从事生”。我想这大概就是天命。再次谢谢你们的邀请，浪费了一个下午的时间听我讲废话。

王：感谢您今天来到学礼堂，您讲了治学的经历、思路和治学方法，对学礼堂的学生有很大的启发。相信也会对从事文史哲研究的同学、同道有一定帮助。再次感谢！（鼓掌）

徐先生与学礼堂师生合影

2018 年 1 月 6 日，王老师于学礼堂采访徐兴无先生，访谈稿由王宁玲、张琪、李佩、李学辰、侯婕、陶晓婷、刘晓咏、王少帅、吕梁、董政、孙术兰、蒋林佳、刘婧恩整理，已经徐先生、王老师审定。